书山有路勤为径，优质资源伴你行

注册世纪波学院会员，享精品图书增值服务

项目管理核心资源库

PMI-PMP认证考试参考用书

项目经理便携手册

（第3版）

Project Manager's
Portable
Handbook

Third Edition

[美]　大卫·I. 克莱兰
（David I.Cleland）

刘易斯·R. 艾尔兰
（Lewis R.Ireland）

著

傅永康　陈万茹　译

电子工业出版社·

Publishing House of Electronics Industry

北京·BEIJING

David I.Cleland，Lewis R.Ireland

Project Manager's Portable Handbook, Third Edition

ISBN: 978-0071741057

Copyright © 2010, 2004, 2000 by McGraw-Hill Education.

图书在版编目（CIP）数据

项目经理便携手册：第 3 版/（美）大卫·I.克莱兰（David I.Cleland），（美）刘易斯·R.艾尔兰（Lewis R.Ireland）著；傅永康，陈万茹译. —北京：电子工业出版社，2023.6

（项目管理核心资源库）

书名原文：Project Manager's Portable Handbook, Third Edition

ISBN 978-7-121-45269-7

Ⅰ.①项…　Ⅱ.①大…　②刘…　③傅…　④陈…　Ⅲ.①项目管理—手册　Ⅳ.①F224.5-62

中国国家版本馆 CIP 数据核字（2023）第 096550 号

责任编辑：卢小雷　　文字编辑：刘淑敏
印　　刷：天津千鹤文化传播有限公司
装　　订：天津千鹤文化传播有限公司
出版发行：电子工业出版社
　　　　　北京市海淀区万寿路 173 信箱　邮编　100036
开　　本：720×1000　1/16　印张：21.5　字数：433 千字
版　　次：2023 年 6 月第 1 版（原著第 3 版）
印　　次：2023 年 6 月第 1 次印刷
定　　价：108.00 元

凡所购买电子工业出版社图书有缺损问题，请向购买书店调换。若书店售缺，请与本社发行部联系，联系及邮购电话：（010）88254888，88258888。

质量投诉请发邮件至 zlts@phei.com.cn，盗版侵权举报请发邮件至 dbqq@phei.com.cn。

本书咨询联系方式：（010）88254199，sjb@phei.com.cn。

感谢电子工业出版社的邀请，很荣幸有机会来翻译《项目经理便携手册》一书，借此机会能与本书作者大卫·I.克莱兰博士有个跨越时空的交集，实属三生有幸。

克莱兰博士（1926—2018）是位二战老兵，早年曾在美国海、空军服役，后来成为匹兹堡大学工程学院教授。他是全球知名的项目管理专家、学者，也是项目管理学科的早期开创者。早在1964年，他便在《商业视野》杂志上撰文《为什么要进行项目管理？》回答了对项目管理而言极其重要的一个根本性问题。1965年，他在《空军大学评论》上发表了文章《项目管理：管理思想与理论创新》。1968年，他出版了获得麦肯锡奖的成名专著《系统分析与项目管理》。他的这些早年文献为项目管理学科的发展奠定了重要的基础。同时作为一名志愿者，克莱兰博士也为项目管理协会（Project Management Institute，PMI）的发展做出了巨大的贡献。自1972年以来，他几乎参加了所有重要的PMI研讨会和专题讨论会，包括在1985年主持了PMI知识体系研讨会，该研讨会奠定了《PMBOK®指南》的基本框架。如今，每年的PMI全球大会都会颁发以作者名字命名的项目管理文学奖，该奖堪称项目管理界的诺贝尔文学奖，以表彰全球范围内有贡献和影响的项目管理著作。由于在项目管理领域声誉卓著的开创性贡献，克莱兰博士被业界誉为"项目管理之父"。

我对于克莱兰博士的认知，最初是在早年阅读《PMBOK®指南》第2版和第2版原文时，看到PMI非常难得地直接在其附录中列出了参考引用的少数几本书籍，其中就包括克莱兰博士本书的前身著作《项目管理手册》。后来在翻译《如客户般管理干系人》一书时，在正文中也看到作者对克莱兰博士的观点的引用。再后来负责翻译的《项目风险管理实战——ATOM方法论》和负责再审校的《项目思维》这两本书则都是曾经获得过PMI克莱兰奖的项目管理名作。之前的种种耳濡目染，最终都得以汇聚在本次对克莱兰博士本人作品的翻译中。

克莱兰博士虽著述等身，但本书作为他人生的最后一部著作，可谓是集多年项目管理学术思想大成的最重要的一部著作。本书的合著者艾尔兰博士是PMI的前主席，由这样顶级的项目管理专家来配合写作，其专业度与影响力自然非同一般。

顾书名而思义，本书是面向项目经理而写的一本项目管理工作参考用书。项目经理作为管理者，离不开管理的基本框架。本书在内容设计方面借用了管理学的四大职能模块——计划、组织、领导与控制，只不过把领导拆分成激励与指导两个部分，从而形成项目管理五大职能模块，同时把这些职能贯穿到项目生命周期的各个阶段中。因此这些管理职能和生命周期构成了项目经理需要掌握的基本专业能力。另外，对于项目所处环境、战略、领导力、文化、改进等项目管理相关的重要问题本书都有详细的描述，这对项目经理从全局的角度理解和应用项目管理会有很大的帮助。

客观地说，与以项目环境+项目生命周期为主线结构类似的项目管理书籍市面上有不少，但是对于把项目管理作为一门专业学科，能以学科历史发展的开创者与亲历者角色，深入浅出地介绍项目管理的全貌和项目经理工作所需要具备的职业能力的书并不多见，本书的写作相比于其他类似书籍而言更加权威也更加综合全面，确实是一部很经典的项目管理著作。

本书的内容与克莱兰博士早期的一些书籍一脉相承，基本上反映了他的一些重要学术观点。事实上，作者的很多观点早已经内化到《PMBOK®指南》的内容之中了，比如矩阵型组织的管理特点、项目经理的能力要求、项目管理信息系统组件、项目干系人管理等。至于 PMI 的项目经理能力发展框架，则是几乎原封不动地沿用了作者的观点，即能力=知识+技能+态度/行为。

由于本书写作于 12 年前，当时敏捷运动对于项目管理学科的影响还比较有限，所以本书未涉及很多敏捷的概念，主要还是以预测型生命周期的项目管理为主来加以阐述。任何学科与实践都是从传统走到现在再走向未来的，尽管敏捷运动后来发展成为当今的主要潮流，但毕竟基于预测型生命周期的知识体系仍然是项目管理的基础，传统的项目管理模式无论是现在还是将来都依旧有着巨大的生命力，也是项目经理学习与管理项目的能力基础，基础打扎实之后，再去应对各种变化或敏捷场景也就会更容易适应与掌握。相信只有将传统与敏捷相结合，才能在各种项目环境下更加游刃有余地开展工作。

PMI 在 2019 版 PMP 认证新考纲中，正式把本书列为 PMP 认证十大学习参考书之一。对于项目管理从业者而言，本书对于学习与理解项目管理，对于指导实际的项目管理工作，甚至对于应对 PMP 考试都仍有持久的生命力与价值，相信经典书籍一定会经得起时间的考验。

最后，就本书的翻译工作也要特别感谢陈万茹女士所做的努力。疫情之下，能够静下心来，用心翻译、传递作者的思想并不是件容易的事情。

傅永康
于上海清晖

　　"项目管理将在未来十年日益壮大······项目管理是未来的潮流。"这是《财富》杂志对项目管理未来发展的判断。的确，项目管理的时代已经来临，其前景极为可观。作为一种可供选择的管理体系，项目管理在许多工业和商业领域正受到越来越多的关注与重视。

　　作为管理变革的一种可选择的体系，项目管理的持续发展及普及被广泛接受，反映出当今社会无论是在概念方面，还是在实践方面，人们对信息的获取是迅速且便捷的。在一次会议上，一位经理在发言时曾这样表达他对本书的满意度："离开家的时候记得带上它！"本书的作者则补充道："工作的时候更要带上它！"

　　在从业者和学者们的不懈努力下，项目管理已经在过去的 60 多年里获得了长足的发展。在此发展过程中，从业者们摸索出了项目管理的基本过程，并积累了一套至今仍在运用的实践经验和通用法则；而学者们则致力于研究如何更好地提升项目绩效的方法。这些从业者和学者们撰写了成千上万的与项目管理理论和实践相关的论文和书籍。

　　许多专业的协会也先后成立，它们致力于提升项目管理的重要性，为与项目管理相关信息的沟通提供平台，并为信息的发布提供通道。这些专业协会在提供发布和传播项目信息的同时还提供其他服务。目前，世界上最大、最著名的项目管理专业协会是总部位于美国宾夕法尼亚州费城新城广场的项目管理协会。

　　如今，关于项目管理的众多信息和浩如烟海的各种文献反而有碍于忙碌的人们获取有效信息，人们想要了解和掌握项目管理所必需的基本知识、技能和态度，人们想要一本关于怎样进行项目管理的简明且实用的书籍。而本书的编写正是为了满足人们的这些需要。

　　由于项目管理理论和实践的持续拓展，新的议题不断涌现。这些新的议题已包含在本书之中。

　　本书提供了有关当前项目管理理论与实践的关键概要信息。本书适用于从经验丰富的资深项目经理到初涉项目管理的从业者等不同层次的项目管理人员，如职能经理、项目经理、项目管理从业者以及项目管理专业的教师和学生等。

　　本书的内容通俗易懂，并在设计上力求简单易用。作为参考资料，本书将以摘要的形式给出如何定义、设计、开发和产生项目结果的实用资料。毫无疑问，这是一本为项目管理从业者提供项目管理关键信息的日常工作手册。

　　当代项目管理理论和一些重要项目专题领域的实践是项目管理知识的基本构成单元。摘要形式的内容编排，尽可能地避免了没有价值的内容和那些在其他现存的项目管理书籍中已经有所叙述的内容。图形和表格的使用使本书的信息呈现显得更为精练，我们尽了最大的努力将本书中的信息提炼为最简洁的形式。

大卫·I.克莱兰

刘易斯·R.艾尔兰

　　项目经理及其他从事项目工作的专业人士需要具备四个方面的素质：一是知识，即对项目管理理论、概念和实践的理解；二是技能，即运用技术和通过专业工具取得相应结果的能力；三是能力，即以行之有效的方式综合运用知识和各种技能的能力；四是动机，即树立并保持正确的价值观、工作态度及有助于项目干系人为项目持续改进而共同努力工作的热情。

　　项目经理及其他专业人士将会发现，本书提供了有关培养和提升他们在项目管理工作中所需的各种能力的有价值的摘要信息。本书在排版上进行了巧妙的设计，以便读者查找与某项目管理主题相关的内容。

　　本书以大标题的形式提供了一种将不同主题的领域的内容组织起来的形式。读者可根据自己的需要以各种不同的顺序将这些主题领域的内容组织起来。

　　第 1 章——项目管理学科：论述的是项目管理作为一门学科所包含的有关内容，包括"项目的成功与失败""项目管理能力""项目管理哲学""项目管理的职业道德规范""项目生命周期""项目管理过程""项目集管理"等主题。这一章构建了项目管理学科的基础框架。

　　第 2 章——项目组织设计：为如何进行适当的项目管理组织设计提供了一些标准。本章探讨了"职权—职责—担责"以及其他如何组织项目的基本概念。如果你想了解如何将项目干系人有效组织起来的"模型"，可在本章找到极有价值的内容。

　　第 3 章——不同类型的项目应用：讨论了目前项目管理学科中人们越来越感兴趣的问题，即项目管理如何作为组织在进行战略管理过程中的一项基本要素而被应用于非传统型项目中。本章展示了若干应用项目管理的例子。

　　第 4 章——项目的战略背景：提出了要把项目作为组织战略设计与实施的基本要素这一概念。在本章中，高层管理者负责对项目和项目组合的选择和使用进行监督，以促进新的和改进的产品、服务和组织流程的开发；还介绍了如何将项目组合管理作为组织战略中不相关项目的保护伞。

　　第 5 章——项目领导力：本章提出了可供项目经理和其他人员使用的标准和过程。这些标准和过程有助于他们在项目管理过程中具有方向感，并依此承担相应的责任。其中的一个要点是，有能力的人既能够领导一个项目团队，也能够管理一个项目团队，同时这个人更应该清楚地知道领导力和管理之间的差别。本章还对整个团队的领导力进行了阐述。

第 6 章——项目启动和执行：本章说明了在为支持组织目标而进行项目选择时需要评估的各种重要因素，如何提出能够获得批准的建议或方案以及如何启动一个项目等。本章还讨论了其他一些主题，包括项目合同谈判与管理、项目质量、项目终止等。

第 7 章——项目规划与控制：这一章介绍了制订项目计划的基本方法以及如何监督、评估和控制项目所需的资源。如何建立和使用挣值管理来对项目进行监督与控制也在这一章中有所呈现。本章有很多子主题，这些子主题所体现的内容是项目规划与控制的管理功能的组成部分。

第 8 章——项目文化：深入讨论了项目的文化氛围及项目干系人对项目成果所产生的影响；介绍了项目团队的角色和职责、项目经理的能力、团队的积极和消极方面以及项目管理中的政治。

第 9 章——项目沟通：论述了项目管理信息系统的概念和用途、项目会议中的沟通、谈判以及在项目管理中进行信息沟通的其他重要方面。

第 10 章——项目管理的改进：当项目管理中出现了某些重大挑战时，为项目干系人如何有效地履行其在项目中的职责提供了对策。本章涉及了评估组织级项目管理能力的主题领域，以帮助大家洞察一些主要力量，用以塑造与企业项目相关的高层管理者的角色和职责。

目 录

第 1 章
项目管理学科

1.1 项目的成功与失败

1.1.1 引言

能够预见一个项目的成功或失败是非常重要的。项目是成功还是失败，很大程度上取决于项目运行过程中以及项目完成时评价该项目所使用的方法。具有预见性并且事先对那些关系到项目成败的举措有明确的认识，就可以避免不良后果的产生。

1.1.2 项目成功与失败

仁者见仁，智者见智。"成功"还是"失败"就好像"美丽"一词，不同的人对其有不同的理解。在项目管理领域，"成功"一词通常指人们达到了预期的愿望、完成了某些计划或尝试要做的事情等，也就是说，项目得以在预算范围内按时交付，且项目所交付的结果在战略上或运营上与企业的宗旨、目标及目的相适应。

"失败"一词通常表示最终未能完成预期的结果，项目失败是指某种未能提交预期项目结果的情形。然而，如果项目的结果对用户而言是可以接受的，那么项目的成本超支或进度拖延通常也在可容忍的范围之内。

确定项目成功与失败，应事先建立项目绩效标准，通过这些标准对项目所产生的各种结果进行比较。记住下面这点很重要，即客户能否有效地通过项目实现最终结果是一个关键的绩效指标。

对于项目是成功还是失败，不同的干系人可能有不同的看法：

- 一个成本超支、进度延期但为用户提供了所预期结果的项目，可能被用户认为是一个成功的项目。
- 一个团队成员在项目团队工作中获得了有益的经验，他可能会认为这个项目是成功的。
- 一个为项目提供了大量资源的供应商，可能会认为该项目是一个成功的项目。
- 一个投标失败的承包商可能认为该项目是一个失败的项目。

由于项目本身具有临时性，所以判断项目是成功还是失败比较困难。由于在确定项目成功或失败的过程中存在主观性，使得制定项目成功或失败的客观绩效测量标准面临挑战。如果在项目生命周期的不同阶段对项目的成败进行评价，项目成功或失败的具体内涵也会有所不同。

虽然如此，还是存在一些通行的标准，用于判断项目的成败。

1.1.3　项目成功的因素

- 项目结果已提交给客户，且客户认为该结果与其公司的宗旨、目标和目的相一致。
- 在预算范围内按时完成各种项目工作包。
- 在预算范围内按时实现所有计划达到的结果。
- 项目干系人对管理项目的方式和项目所产生的结果感到满意。
- 项目团队成员认为在该项目团队中工作对他们而言是一次有价值的工作经历。
- 从项目所完成的工作中获益。
- 项目工作导致了某些科学技术上的突破，这些突破为企业带来了某些竞争优势。
- 在项目执行过程中进行了有效的团队合作。
- 项目为客户带来了新业务提升的可能和商业机会。
- 当代项目理论与实践在该项目中有所应用。

1.1.4　项目失败的因素

- 项目的成本超支或进度拖延。
- 项目与客户的宗旨、目标和目的不能保持一致。
- 项目与其技术绩效的标准不相符。
- 项目在其未来结果超出客户预期的状态下运行。
- 项目采用了不恰当的管理过程。
- 项目采用了错误的技术绩效设计。
- 项目干系人对项目的进展和／或项目的结果不满意。
- 高层管理者缺乏对项目的研究和支持。
- 项目团队成员不合格。
- 项目达到了最初的要求，但没有解决长期商业运营的需要。

从以上列出的判定项目成功或失败的一般标准看，导致项目失败或成功的因素包括表 1.1 和表 1.2 所列的内容。

在列举可能导致项目成功与失败的因素的同时，还应认识到，项目的成功与失败是由众多力量和因素共同作用的最终结果。这里并没有计划将所有的这些力量和因素都列出来，因为每一个项目都有其独特性，可能会有一些影响个体项目成功与失败的其他因素。对读者而言，明白项目的成功与失败取决于众多事项，这一点是非常重要的。清楚地了解这些力量和因素，将会提高项目成功的机会，减少项目失败的可能。

表 1.1　可能导致项目失败的因素

- 不恰当的状态／进展报告
- 高层管理者的监管或支持不足
- 项目经理能力不足，包括：对技术的掌握、管理技能、人际关系技能、沟通技能、决策能力、眼界狭窄——不能纵观全局
- 与项目干系人的关系不好
- 不良的客户关系
- 项目团队成员对项目决策的制定和执行的参与度不够
- 项目运营过程中缺乏团队精神
- 资源不够充足
- 规划或控制不够
- 工程变更管理不当
- 不切实际的进度安排
- 低估成本，导致资金不足
- 不利的公众舆论
- 未及时计划的项目终止
- 不能有效地利用资源
- 在项目团队的职权和职责定义方面存在问题
- 部分项目团队成员缺乏责任感

表 1.2　可能导致项目成功的因素

- 高级管理层的适度监督和支持
- 前期有效的规划
- 合理的组织设计
- 授予合理的职权和职责
- 用于监控、评估和控制项目资源使用的高效系统
- 有效的应急计划
- 项目团队成员积极参与决策的制定与实施
- 切实可行的成本和进度目标
- 客户参与项目的实施
- 客户对项目进行适度和持续的监管
- 项目经理对下列工作负责：明确的技术绩效目标、预算、进度、采用现代管理概念和管理流程
- 适用的信息管理系统
- 切实有效的项目管理系统

1.1.5　小结

本节介绍了一些关于项目成功和失败的概念，突出了项目管理问题的潜在

关注领域。表 1.1 和表 1.2 提出了一些可用于确定项目相对成功或失败的标准。无论是高层管理者、项目团队、客户还是公众，从干系人的角度来考虑项目成功与失败是很重要的。

1.2　项目管理：一门持续发展的独特学科

1.2.1　引言

项目管理已有 60 多年的发展历程，并在许多不同的工业领域中得以应用，而项目管理实践则可以追溯到数百年前。在过去的几十年中，项目管理的发展和实践被记录下来并广泛传播，从而发展成为一门学科。如今，这门学科分支已然出现。

1.2.2　项目管理：发展概况

项目管理的应用可以追溯到古代，古代一些重大的基础设施，如埃及金字塔、欧洲的古教堂、运河、桥梁以及城堡等皆是明证。而如今，项目管理的时代真正到来了。关于项目管理的发展历程，以下文献有所描述：

1959 年 5—6 月出版的《哈佛商业评论》中的一篇名为"项目经理"的文章，对项目管理的一些基本概念进行了阐述：

- 项目跨越了企业中各传统职能部门的界限，项目将这些部门统一起来，并按照任务的要求加以组织。
- 当项目管理在跨传统组织和部门的基础上开展时，形成了一种独特的"权利—责任—义务"关系。
- 项目团队是临时性的、独特的组织，它致力于在一定的时间、成本和技术绩效要求下交付项目的结果。

1961 年，杰拉德·费希（Gerald Fish）在《哈佛商业评论》上发表了一篇关于线型职能组织日益陈腐的文章，其中阐述了在当代组织中，采用"职能团队"已成为工作组织形式的发展趋势。

1964 年，印第安纳大学教授约翰·F.梅（John F.Mee）在《经济视野》上发表一篇文章，首次描述了矩阵式组织形式，这对项目管理文献库是一个重要的贡献。这篇文章的贡献在于它第一次对不断发展中的"矩阵式组织"的本质进行了描述，包括取代工作绩效中的直线和员工关系的"关系网"。

项目中高级管理者的角色

1968 年，一个关于领先行业公司的高级管理实践的重大研究报告提到了领导者对项目的职责。该研究指出，高层委员会（如董事会）被广泛地作为一个从事以下工作的重要组织，这些工作是：

- 确立发展方针。
- 协调直线管理与技术管理。
- 对公司所从事的业务进行集体评价。
- 对正在进行的计划或项目进行定期的审查和监督。

1.2.3　项目管理的出现

项目管理出现的过程中，脱颖而出的独特因素包括：

- 诸如曼哈顿项目、北极星潜射导弹项目等这样一些非凡工程的实现，可以说明项目管理的有效性。
- 有关项目活动进度规划的特定技术的开发，如计划评审技术、关键路径法和成本−进度控制系统等。
- 项目在早期发展时的定义，即"项目是为达成某些特定需要和期望，具有明确最终目标的任何活动"。
- 以下出现的概念支持了项目管理领域的不断发展：
  - ➤ 特定的生命周期。
  - ➤ 成本考虑因素。
  - ➤ 进度因素。
  - ➤ 技术绩效因素。
- 项目结果对项目所在组织在经营和战略方面是否具有适应的评价。

在项目管理的发展进程中，一些项目管理独有的特征被不断提出，它们包括：

- 项目是具有特定生命周期的特定活动。
- 项目是组织战略设计和实施的基本组成单元。
- 项目是实现产品、服务和组织过程更新或改进的有力方式。
- 项目为组织中变革的管理提供了一种哲学和策略。
- 项目管理要求职能与职能间、组织与组织间的结合。
- 项目管理在组织上要求建立职能间和组织间的共同目标。
- 项目管理包括传统管理中的规划、组织、激励、领导和控制五大职能。
- 项目的成功实现需要领导和管理两方面的才能。
- 项目的主要成果是实现项目的技术绩效、成本和进度目标。

项目应在成功实现了成本、进度和技术绩效目标时结束；如果项目的继续执行在战术上或战略上对组织的未来发展毫无益处，那么项目也可能在其生命周期的早期结束。

1．职权与职责

1967 年，克莱兰在《经济视野》杂志上发表了一篇文章，其中描述了事实权力（赢得的、享有的）与法定权力之间的区别。

法定权力来自组织中设定的相关岗位，它是以委任状、职位描述、政策等文件以及其他相关文件的形式来确认的。

事实权力是指由个人的知识、专业技能、人际关系技能、经验以及展示的与他人共事的丰富阅历等而获得和拥有的权力。

2．项目管理系统

1977 年，克莱兰在《项目管理》上发表了一篇文章，其中对项目管理系统进行了描述。有关内容将在本书的第 7 章进行阐述。

1.2.4　项目管理的贡献

在项目管理的发展进程中，其理论和实践的内容不断得到丰富并达到成熟，从而形成一门学科。项目管理发展过程的总体变化内容如下：

- 认识到项目管理本身就是一门学科，是知识和技能的一个分支。
- 发现并确立了矩阵组织设计的合法性，并将其作为项目资源管理而授予职权—职责—担责的一种手段。
- 刺激和培育了这个领域的专业协会的成长。
- 发展和传播了"项目管理系统"这一概念，并用其作为对项目资源进行管理的一个绩效标准。
- 为组织运营和战略管理不同团队的出现和应用提供了一个"战略通道"。
- 成为组织中特殊活动管理的主要方法。
- 测试和确立了当代组织中"横向维度"的合法地位。
- 定义了"项目干系人影响"这个概念，并强调了对项目干系人进行管理的重要性。
- 为管理者和专业人士创造和定义了一个新的职业发展路径。

1.2.5　项目管理的现代模型

《财富》杂志上曾经发表过一篇文章，可谓抓住了当今项目管理现状的本质。表 1.3 列出了这篇文章的重要观点。

表 1.3　与项目管理相关的重点信息

- 组织撤销了传统中层管理职位
- 项目经理是经理层级中的新成员，他们履行着以前中层管理者的职能
- 项目管理是未来潮流
- 项目管理已超出了它的传统职能
- 项目管理是对变化的管理
- 项目管理专业知识是中层管理者的财富
- 个人工作保障在项目中难以实现，就像每个项目一样有开始也有结束
- 项目领导力是指项目经理的言行举止

1.2.6　小结

本节简要概述了项目管理演变的一些关键特征。这些关键特征定义了当今的项目管理，并为过程的持续改进奠定了基础。

项目管理起源于古代，并体现在历史的遗迹中。如今，项目管理被视为一种理念的时代已经来临。从项目管理学科的文献中可以看出，不断发展的项目管理已形成了一门与众不同的管理哲学。

1.3　项目管理能力

1.3.1　引言

对于在组织中开展的项目而言，项目管理能力（Competency）或胜任力仿佛是基石，对其未来成长和盈利起着根本性的决定作用。在过去，知识被认为是通往成功的钥匙，但在如今的项目管理中，个人能力被日益认为是更强有力的商业技能。

《韦伯斯特新大学词典 II》是这样定义"competency"的：为达成约定中明确规定的目的所必须具备的适当的资格和能力。《罗热国际辞典》给出了competency 的诸多同义词，如 ability（能力、才干）、ableness（能干）、enablement（使能）、capability（能力、性能）、capableness（能力、能干）、capacity（产能、容量）、efficiency（效率、功效）、efficacy（功效、效验）、sufficiency（充足、足量）、adequacy（适当、足够）、the stuff（素质、特殊能力）等。

这里所说的能力或胜任力依附于个人的特性而存在，反映了他（或她）的知识、技能和态度。知识包括通过学习和经历所获得的对事物的认识、理解和

领悟。技能指运用知识的能力。态度指对事物或状况的感受和思想。

1.3.2　知识

一位成功的项目经理必须具备的重要知识基础：

- 对项目所涉及的技术的理解，项目的执行通常是在相关技术领域中进行的，这些技术各式各样。例如，高速公路建设项目所涉及的技术就与涉及并行工程（Concurrent Engineering）技术的项目，以及为一个组织开发信息系统的项目有很大的不同。
- 对运用于组织中的战略管理的概念和过程有全面的了解。战略管理是用来解决企业未来发展动力这一问题的，而项目经理需要明白其管理的项目在组织战略设计和执行中是一个组成部分，并且理解该项目是如何构成这一组成部分的，这一点非常重要。
- 对项目管理的理论、过程和实践有坚实的理解，以对支持组织目标的临时举措加以管理。合格的项目经理应该明白项目管理与组织中传统工作及事务管理有哪些不同。
- 理解并且熟悉项目管理中所涉及的管理过程。这些管理过程通常与项目的规划、组织、激励、指导和控制联系在一起，组成了与项目干系人相联系的管理框架。
- 在一个项目的管理中，对"项目管理系统"相关的概念和工作有所理解。"项目管理系统"包括以下子系统：

a．促进组织子系统（Facilitative Organizational Subsystem，FOS），该系统是一种将项目团队与企业组织职能构成相互叠加的组织安排。随之产生的矩阵则明确了正式的职权和职责模式以及项目团队成员之间的相互关系。在这样的组织关系中，出现的是两个完整的组织单元，即项目团队和职能部门。

b．项目规划子系统（Project Planning Subsystem，PPS），该系统是伴随着工作分解结构（Work Breakdown Structure，WBS）的展开而启动的。在项目规划下，对项目的目标、目的及战略进行落实和准备，设定项目成本、进度以及技术绩效指标。此外，还要确定项目需要哪些资源以及在项目生命周期中如何管理这些资源。

c．项目管理信息子系统（Project Management Information Subsystem，PMIS），该系统包括管理项目所需要的信息。在对项目进行监督、评估和控制项目资源等方面，PMIS 扮演着重要的角色。PMIS 可能以某种正式或非正式的形式，在确定项目当前所处的状态、项目资源是否得以有效使用以及理解项目以多长时间和怎样完成等问题时，得以运用。

d．项目控制子系统（Project Control Subsystem，PCS），该系统是对项目

技术方面的规定、进度安排以及成本目标等方面的表现进行考核的一种选择。该子系统将项目的实际进度与项目的计划安排进行比较，并始终遵循"如何让项目运行在正确轨道上"的原则。PCS 存在的合理性在于人们需要对项目相关的各个组织进行监控。PCS 与 PMIS 一起运行，以确定项目的状态以及项目结果在多大程度上、如何服务于组织的短期目的和长期目标。

e. 文化氛围子系统（Cultural Ambience Subsystem，CAS），该系统展示了项目如何在一个企业或组织的人文与社会环境中得以执行。组织中的小社会团体性质的情感模式、他们对项目的理解、态度、偏见、假设、经验以及价值观，所有这些都促成了组织的项目管理文化氛围的形成。这一文化氛围对人们的行为以及他们如何反应、怎么想、如何感受以及在组织中发表什么评论都有影响，所有这些因素共同形成组织内部对项目的认识。

f. 人员子系统（Human Subsystem，HS），该系统包括所有与人相关的要素。理解 HS 需要掌握社会学、心理学、人类学、沟通、哲学、领导力等方面的知识。激励是对项目进行管理过程中需要重点考虑的因素。项目经理必须想办法将他们自己融入人员子系统，这样才能使项目团队成员相信项目目标，并且足够忠诚以支持这些目标得以实现。项目经理采用的并在项目团队中得以发扬的管理艺术风格，可能在很大程度上决定项目的成败。

1.3.3　技能

技能是指在社会环境中完成职业要求和履行角色所需的专业、能力或技巧。一位执行项目管理角色的人员必须具有一种综合的、独特的技能，并在项目环境中有效地加以运用。一位项目经理应具备的技能包括：

- 人际关系技能。这是和众人一起工作以达成项目目的和目标的能力。这种能力包括在和他人顺利地一起工作的过程中对他人的理解、与他人的共鸣、给予工作奖励以及让他人相信并且对你的想法抱有信心。缺乏人际交往能力被认为是组织中项目失败的重要原因之一。
- 沟通技能。这种能力是指通过一系列由符号、标志和行为组成的通用的系统在个人之间进行有效的信息传递。彼得·德鲁克（Peter Drucker）这位管理学领域最知名的大师认为，沟通能力是成功的第一要素。同时，他还认为一个人的效能依赖于这个人在组织中开展工作时以口头或者书面的形式将想法传送给他人的能力。这种能力可能是一个人所能拥有的能力中最为重要的一种。
- 感知或看到系统运行的能力。这里的系统是指项目经理和项目团队成员在工作中运行的各种系统。这种能力很重要，这意味着"看到"系统运行的人对项目存在的更为广阔的背景有所感知。这一更为广阔的背景将项目定义为企业战略管理中的一个组成部分。同样，在项目管理中也要考虑到项目的各种干系人，在项目管理以及项目所产生的结果中，这些干系人具有或者自认为他们具有某种利害关系或者权利。

- 政治敏锐性。这也是项目经理需要拥有的重要技能之一。政治方面的问题可能会在形成项目概念的阶段以及项目结果形成的过程中出现。而且，当项目的实践者将项目结果运用于组织的运营或者战略要素之中时，也会出现其他行政方面的考虑。一个有实施能力的项目经理要对政治问题非常清楚，这一点在项目干系人的管理中特别重要。

- 管理风格。和其他经理或个人一样，管理风格是项目经理在执行自身职责时所采用的方式和方法。人们如何指导自己的行为通常是他们知识、技能和态度的反应。一位项目经理如果时常关注团队成员的状况并且能够和他人清楚无误地进行沟通，那么他就有很大的成功希望。具备了解决策结果对相关人员产生影响的敏感性，做一位好的听众，人性化地对待每一位项目组成员，而不仅仅将其看作碰巧为项目工作的人，这些都是项目经理需要特别注意的问题。

- 对项目构建概念化模型，并选择哪种模型对项目进行管理是一项重要技能。概念化的项目模型能对行为起到指导作用，从而对项目资源分配问题上的决策制定和决策执行加以指导。概念化的项目模型在许多方面对项目团队成员的行为和思想起指导作用，这些方面包括：确立怎样的项目组织设计方面的模型概念，如何进行项目规划，执行计划的管理风格是怎样的，如何对项目结果进行监察、评估和控制等。

1.3.4　态度和行为

态度是指对项目的思想或情感状态，以及如何管理这种思想或情感，态度是一个人能力的重要组成部分。人们关于项目的观点、立场及所持有或表达的意见将影响他们在与项目组成员一起工作时的行为。一个人对项目所持的态度将对其如何管理项目产生影响。一位经理或专家在与人们由面对面产生的联系中是如何表现的，又会对人们如何领会其言行产生影响。态度在与他人一起工作或者通过他人进行工作的过程中扮演着重要的角色。

行为是一个人的举止和面对压力时的自我控制方式。无论是领导角色还是辅助角色，都需要适当的行为来支持项目。一些支持项目工作的行为有：

- 适当下放职权和职责。
- 对自己的行为承担全部责任。
- 与项目团队协商并做出决策。

- 作为其他团队成员的榜样。
- 保持高挫折阈值。
- 与他人沟通——向上、向下、横向。
- 以非情绪化的方式回应情绪化的问题和事件。
- 用幽默来缓和紧张局势。
- 与他人分享成功的经验；为失败承担责任。

道格拉斯·麦格雷戈（Douglas McGregor）关于人的需求中的 X 理论和 Y 理论中的概念值得思索。X 理论认为人们内心厌恶工作并且有可能不工作就不工作。与此相反，Y 理论认为工作中付出体力和脑力的努力就如同玩乐和休息一样自然。一般人都会在适当的条件下寻求责任感。Y 理论认为，影响和决定项目相关人员动机和态度的责任责无旁贷地落在项目经理的身上。

马斯洛（A. H. Maslow）提出了"需求层次"的观点，对人们在彼此交往的关系中所产生的各种需求进行了排列。他认为人有五个层次的需求：

- 生理需求，例如满足饥渴、睡眠等。
- 安全需求，获得生命安全的充分保障。
- 归属或社会需求，建立与他人的良好交往。
- 尊重需求，包括自我尊重以及来自他人的尊重和认可。
- 自我实现需求，即发挥个人自我发展的最大潜能，获得个人成功。

马斯洛认为，只有较低层次需求首先得到满足，个人更高层次的需求才有可能实现。

1.3.5　职权和职责

仔细谨慎、关心他人的项目经理会意识到人们上述的这些需求，并尽最大可能创造出便于人们实现这些需求的文化氛围。项目经理以及其他项目参与人员如何看待他们在项目管理中的角色和职责是非常重要的。一个人的职权包括被其在组织机构中的职位所赋予的权利，以及因个人所拥有的知识、技能和态度所形成的对他人和环境的影响。也可以这样理解，即职权不仅仅因权力机构的赋予而产生，一个人必须不断发展那些可以影响项目工作相关人员的个人因素。这一点在与项目干系人打交道时尤为关键，因为许多项目的干系人并不在项目所处组织中的职权构成之中。

1.3.6　情商

"情商"（Emotional Intelligence，EI）这个定义出现在丹尼尔·戈尔曼（Daniel Coleman）的同名著作中。"情商"这个词可以追溯到桑代克（E.L.

Thorndike）于 1920 年提出的所谓社会理解力或社会性智力的概念。桑代克给这一概念的定义是"理解和管理男人、女人以及男孩、女孩的能力，即能够聪明地处理与他人的关系"。

戈尔曼说："情商包括帮助人们和谐相处的技能，并在未来年份中，成为职场里更有价值的资产。"情商为在社会环境中开发和使用人际关系技能提供了非凡的洞察力，比如在管理者和专业人士每天面临的项目管理环境中。这些人将在理解情商并将其应用于项目管理的社会环境中获得良好的回报。

1.3.7　个人能力

在一个组织中，关于能力的定义有很多，组织中不同层级的职位对于这个词有不同的解释。个人能力模型是理解和鉴别重要执行者的一种方法（见表 1.4）。

表 1.4　个人能力模型

个人能力模型		
知识+技能+态度/行为=能力		
知识 （通过学习或经验对某些领域的熟悉、认识和理解）	技能 （运用知识的能力）	态度（思想或情感状态）/ 行为（压力下举止如何）
• 项目"技术"	• 人际关系技能	• 马斯洛需求层次理论
• 战略管理	• 沟通技能	• 麦格雷戈 X 理论和 Y 理论
• 项目管理理论和实践	• "系统"应用	• 职权和职责
• 项目管理过程	• 政治敏锐性	• 情商
• 项目管理系统模型	• 构建概念化模型	• 压力下的自我行为

个人能力的总和对一个组织影响重大，这体现了组织执行能力以及以一种有竞争性的速度增长的能力。

1.3.8　小结

项目管理能力包括过去几十年在组织中对人员子系统的研究和实践中形成的所有理解和洞察。读者在对这一重要的项目管理学的领域进行思考时，需要认识到在对人员进行管理时，人的因素所起的作用远远超过其他因素。

项目经理应该意识并要遵循以下基本等式：

$$知识+技能+态度/行为=能力$$

1.4　项目管理哲学

1.4.1　项目管理哲学概述

本书是一本项目管理手册，项目管理是一个自古就有的实践和研究领域。60多年来，项目管理在书籍和期刊文献两方面有了急剧的变化与发展。这本便携式项目经理手册描述了这一学科所有发现中的关键要素。在这一部分，项目管理哲学的概念将被提出并作为纵览这一学科的重要基础，使项目管理工作人员能够对这个学科的重要内容和关键要素有一个概念性的了解。图1.1概括了项目管理的主要考虑因素。本书不仅涵盖了这些考虑因素，还包括了项目团队应该熟悉的其他问题。

图1.1　项目管理的主要考虑因素

1.4.2　一种哲学

哲学是对某种事物的看法，如对某种思想和某类实践的看法。哲学的其他含义包括对某个领域的"思维方式"，如对项目管理本质的思考，包括对项目管理的概念框架、过程、技术、原则框架等内容的思考。项目管理相关工作人员将会发现：建立一个思考问题的哲学思想和方法是很有价值的。

哲学是一种思考方式

1.4.3　项目管理基本概念

为了创造某个之前未曾在组织中存在的新事物，项目会将组织资源汇集起来，并且能够为组织战略的设计和实施增加某种执行能力。项目的其他特性有：

- 项目是组织应对变化的主要方法。
- 由于项目的应用，组织的产品、服务和组织流程的变革得以实现。
- 对于成本、进度和技术绩效，每一个项目都有一些特定的目标。
- 每一个项目完成后都会增强组织的运营或战略能力。
- 项目有特定的生命周期，它从概念阶段的一个想法出现开始，一直到向用户提供项目成果。

- 项目能改变一个组织的组织架构设计和文化，特别是能通过矩阵组织的工作来实现。
- 项目指出组织中的某一目标，通过这个目标，项目资源得以安排、整合和利用并最终实现项目成果。
- 一些用以支持项目资源管理的特定规划、组织、激励和控制技术已经形成。
- 今天，管理的新学科不断产生，项目管理作为管理的一门学科，得到了社会认可并获得了应有的地位。
- 虽然项目管理产生于建筑行业，但是今天它在各行各业都被实践着，包括工业、军事、教育、宗教组织、社会和政治等领域。
- 对项目干系人进行管理，是项目团队的重大挑战。
- 用来描述项目管理的艺术性和科学性的项目管理知识体系已经产生。
- 这个知识体系正在改变现代组织的管理方式。
- 项目管理是未来潮流，今后，项目管理所起到的作用将是具有挑战性的、激动人心的并极其重要的。

1.4.4　项目管理职能

项目管理是一个由核心管理职能构成的、目的在于实现项目最终成果的管理过程。图 1.2 展示的正是这些核心管理职能。以下是对它们进行的简要讨论。

规划——制定组织的目标、目的和战略，以提供对项目执行所需资源的承诺。

组织——识别项目所需的人力和非人力资源，制订合理的资源配置方案，确定项目资源使用中的焦点问题，如项目团队中个人和集体的角色等。

激励——建立一个能使项目人员处于最佳状态的文化系统的过程。

指导——提供确保项目涉及的决策制定和实施的领导能力。

控制——监督、评估和控制项目资源的使用，使其与项目和组织计划保持一致。

以下总结材料将介绍项目管理的前两个核心职能。本书的其他地方将提供有关这些职能以及后三个职能（激励、指导和控制）的附加信息。

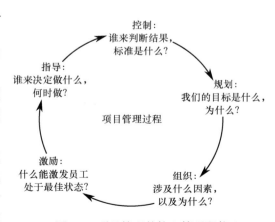

图 1.2　项目管理的核心管理职能

1.4.5 项目规划的基本工作要素

项目规划是思考并明确项目生命周期所需的目标、目的和战略的过程。项目规划涉及的工作有：

- 确定项目的战略适应性。确保项目成为组织的战略设计和战略实施的基本组成单元，确保为项目所有者提供运营能力，这不是指提供已有的能力而是要提高已有的能力。
- 识别可能影响项目的战略问题。
- 建立项目技术绩效指标。即按照业主的需要描述项目最终提交产品的性能、产能、质量、数量、可靠性、效率等指标。
- 通过构建项目的工作分解结构来描述项目。开发以产品为导向的硬件、软件、服务和其他任务的分支系统，以组织、定义和图形化来显示将要生产的产品，以及实现指定产品需要完成的工作。
- 确定功能性工作包的分配并做出规定。决定哪些工作包将在公司内部做，获得承担职能工作责任的经理的委任，并通过组织的工作授权系统制订专有资金分配计划。
- 确定将要分包出去的项目工作包。建立由外部承包商提供的产品和服务的采购技术说明书以及所期望的其他合同条款。
- 制订项目总进度和工作包进度计划。通过团队的合作并用适当的进度计划技术确定项目的时间参数。
- 建立项目工作包的逻辑网络，确定项目的各个组成部分如何建立一个彼此匹配的逻辑关系。
- 识别项目可能面临的战略问题，开发如何处理这些问题的策略。
- 估计项目的成本。即确定项目的设计、开发和完成需要哪些开支，包括对实现项目预算的可能性评估。
- 进行风险分析。确定项目进度、成本或技术绩效参数承受风险的程度或可能性。
- 制订项目预算、资金计划以及其他资源计划。确定如何使用项目资金，建立必要的信息来监督和控制项目资金的使用。
- 确保能与组织的成本会计系统对接。由于项目管理信息系统与成本会计系统关系紧密，必须建立合适的财务会计接口。
- 优选组织设计。为项目团队的组织包括职权、职责和担责的分配提供基准。至少要确定在组织机构中的董事会、高层管理者、项目经理、职能经理、工作包经理以及项目专业人士的合法职权。用线性职责图来确定个人和集体在项目团队中的角色。

- 提供项目管理信息系统。信息系统是对项目资源的利用进行监督、评估和控制的基础。因此，应把开发这一系统作为项目计划的一部分。
- 评估组织文化氛围。可以使项目管理在一个良好的文化氛围中顺利运行。项目文件、管理风格、培训以及态度整合在一起，构成了组织文化氛围并在其中构建项目管理。确定所需要的项目管理培训，以及其所需的组织文化氛围。
- 开发项目控制的概念、流程和技术。如何通过一个审查过程来对项目的状态进行判断?在什么基础上进行?多长时间进行一次?由谁来做?怎样做?所有这些问题在规划期间必须提出并做出预期的回答。
- 建设项目团队。建立一个有利于创造和保持项目团队运营效果的策略。
- 将现代项目管理哲学、概念和技术综合到一起。项目管理这门科学和艺术在不断发展，因此，要注意持续项目管理方法的更新。
- 设计项目管理政策、程序和方法论，全面考虑管理工作。在项目规划早期就要关注这些内容，不要随心所欲地加以改变。
- 规划项目审计的性质和时间，对处在关键时刻的项目确定适当的审计以做出独立的评价。
- 确定项目干系人，制订项目干系人管理计划，全面考虑在项目生命周期中这些干系人可能发生的变化。

1.4.6　组织项目管理

组织项目是确定组织中支持项目目标、目的和战略实现的个人和集体的角色，其主要考虑的因素有：

- 项目导向型的矩阵组织有一个特殊的组织结构，乍看时觉得它违背了传统的组织原理。
- 矩阵组织的设计是项目和职能组织的混合，存在共享职权、职责和担责。
- 企业中的职能经理和项目经理在项目中的角色互为补充。

在基本的形式中，项目工作和职能工作之间的交互通过项目工作包执行，构成了矩阵组织的关键。

矩阵式组织存在着非凡的"职权—职责—担责"关系。

线性职责图能够用来确定组织中个人和集体的职权职责关系。

"职权"被定义成做事的合法权利，"职责"被定义为做事的义务。矩阵组织的模糊性给项目经理利用合法的职权和影响并施展个人才华提供了广阔的天地。

给项目团队经理、项目团队成员授以合法的职权时要慎重。

管理项目最要紧之处在于，项目经理的知识、技能和态度将是影响项目成败的关键性因素。

1.4.7　小结

本节将项目管理哲学的思想作为一种思考项目管理中涉及的概念框架、过程、技术和原则的方式。哲学被描述为一种项目管理的思考方式。本节提供的两个图明确了项目管理过程中的主要考虑因素和关键管理职能的使用。

1.5　项目管理的收益

1.5.1　引言

项目管理是为众多产业搭桥的一种职业，是交付具有独特性收益的过程。项目管理也是一门学科。与其他学科相比，项目管理具有突出的优点，是满足不同产业特定需要的适当方式。经剪裁的项目管理可以适用于世界许多不同的地区和产业，也可以经过设计来满足各种复杂系统的要求。

项目管理是主要的变革代理人

1.5.2　背景

以满足企业需求的最佳解决问题的方案来改进组织管理流程，这带给组织和个人的利益将是显著的。项目管理如能得到全面的应用，它就有可能提供最有效的方法来实现新产品以及新流程的开发和交付。项目管理是一个致力于项目最终成果和用户要求的流线型管理过程。

今天，作为应对组织变革的一种方法，项目管理被成功地应用在许多行业，在变革管理中对该过程的应用与日俱增。项目管理的基本原理及过程使得它在满足组织需求上具有一定的灵活性，这就保证项目管理可以为有效的变革战略提供一个能够实现最大收益的过程。

项目管理收益来自资源的最小化使用和项目干系人的最大化满意。无论在哪儿，浪费所产生的都是负效应，是需要项目进行改进的机会。浪费被定义为任何超过工作所需的资源消耗量（包括材料、人的时间、精力、才华和金钱）。

一些可提高生产力和避免浪费的机会如图 1.3 所示。

提高生产力和避免浪费的机会
- 定义项目需求不当
- 变更需求过多
- 低效的项目会议
- 不完整或有缺陷的规划
- 不准确的项目报告
- 中断的项目工作流

图 1.3　提高生产力和避免浪费的机会

1.5.3　项目管理及其收益

实现多少收益直接关系到项目管理实施的有效性。为组织量身定制完善的项目管理过程可带来最大的收益。密切遵循这些过程，以确保实践与预期成果保持一致。

遵循项目管理过程的一个例子是在规划领域。规划项目对于成功定义项目完成和产品交付的路径至关重要。薄弱或有缺陷的规划将使项目偏离轨道并浪费人力投入。当适当的规划足以指导项目团队完成所有项目工作时，就会产生提高生产率和有效性的积极收益。

1.5.4　项目管理收益

项目管理所带来的收益是多方面的。识别项目中的干系人，对确定每一方所带来的收益类型是有帮助的。应该清楚地将这些收益列成表格，以改善和加强团队的作用。最常见的项目干系人有：

- 盈利或非营利的经营性组织。
- 组织中的高级管理人，包括了组织中的从项目经理到董事长的所有管理人员。
- 项目领导者及团队成员，或为项目工作的人员。
- 项目客户、消费者、用户、业主和出资人。

与其他管理方法相比，来自项目管理的各种收益各有特点，这些收益将在下节中列出，这些收益将按图 1.4 所示的不同收益群体分别讨论。

1.5.5　组织收益

图 1.4　项目管理参与者的收益

- 因提供了解决问题最直接的路径而实现项目生产力的提高。
- 因减少了在解决问题的错误方法上浪费的时间和精力而使利润得以提高。
- 通过更高的工作满意度来提高员工的士气。
- 通过更快地提供项目的预期结果而实现组织竞争地位的提高。
- 改进项目过程和工作流定义。
- 业务解决方案变得更为有力和成熟。
- 因聚焦于项目工作而使成功的可能性提高、失败的可能性减少。
- 对于继续还是结束正在进行的工作投入有更正确的决策。
- 改善了高层管理者、项目领导者和项目团队成员的奖励系统。
- 能更顺畅地将项目结果整合进组织中。
- 提高了对产品、服务以及组织流程的开发和实施能力。

1. 高层管理者收益

- 通过更好地预测而对工作投入的成果充满信心。
- 减少了在项目执行期间工作投入的变动。
- 能更快地交付满足客户需求的产品和服务。
- 用更准确的信息辅助领导层决策。
- 改善了与干系人的沟通。
- 增强了对组织业务能力的信任。
- 通过更好地定义项目需求而改善了新项目启动的审批过程。
- 为实现组织使命、目标和目的而提供更多的便利条件。

2. 项目领导者和项目成员收益

- 通过良好的绩效增加对自身工作的满意度。
- 减少了因变更需求引起的麻烦。
- 因展示工作技艺而自豪。
- 对管理/解决问题的能力充满信心。
- 以较少的工作时间投入获得更好的工作结果。
- 改善与高级管理层和客户的沟通。
- 对完成工作的能力充满信心。
- 项目跟踪与控制能力因信息质量的改善而提高。
- 提高职业能力发展水平。

3. 客户收益

- 对高级管理层、项目领导者和项目团队有信心。
- 对交付满足要求的产品和服务有信心。
- 对按时按价交付有信心。
- 提高了项目规划和执行过程的可视化。
- 提高了对产品或服务的满意度。
- 改善了产品定义以及自身需求的沟通。
- 改善了与项目团队的工作关系。

因现行计划实施而产生的项目管理收益与由新计划实施带来的项目管理收益被视为两个不同的概念。在项目环境中，收益常被视为：

- 技术方面——项目产品或服务的最终结果。
- 客户满意——客户对项目最终产品、服务和其他因素的价值的感受。
- 交付时间——满足产品或服务所需的时间要求。
- 价格／成本——价格或成本没有超过交付的价值。

对于新的项目管理方法实施前后所带来的收益水平的差异进行测量。如果没有确定的项目计划，要对项目管理实施绩效进行客观评价常常是很困难的。令人遗憾的是，大多数项目管理有效性的测量方法是在主观基础上建立和实施的。

1.5.6 成功测量指标

成功测量指标有两个重要目的：一是告诉项目团队成员什么时候该结束工作；二是如果工作无法完成，也要找到一种对需求满足的成功程度的测量手段。

成功测量指标允许衡量进展，并为项目的后续改进工作确定参照基准。在项目中开始一项任务或一组任务，必须以实现预期成果或结果为工作前提。为此，需要与执行部门进行沟通，共同建立完成工作的期望。

如果没能完成项目工作或未能达到期望中的成功测量指标，就要通过评估工作找到项目活动中需要改进的地方。当一项或一组任务不能达到经批准的成功标准时，就要从这一点开始对未来项目工作进行改进评估。未来的改进可以通过工作流程改造、举办提高工作能力的培训或同时进行二者来实现。

设立成功测量指标可以扩展项目团队的能力。即使在项目失败的情况下，这种成功测量指标的扩展，也常常比那些容易达到的目标带来更好的结果。成功测量指标的扩展还会带来其他的收益。给定拓展目标的项目团队必须被告知，目标可能无法实现，尽管进展可能低于目标，但他们的努力将提供最佳结果。

1.5.7 小结

项目管理过程有能力为组织和从事项目工作的个人带来很多的收益。通过使用被证实的项目管理方法、技术、标准、工具而在实践中得到的收益，按照受益者不同可分类罗列。由于在组织中的位置不同，每一类不同的受益者对来自项目管理的收益有着不同的理解。

来自项目管理过程改进的收益包括：提高对项目成果实现的信心，减小项目团队在项目实施中的压力，提高生产率，减少有价资源的浪费，降低项目成本，加快进入市场的步伐。其他无形价值还包括因拥有项目管理核心竞争力而使组织形象得以改善。项目管理还给组织带来其他方面的收益，通过采用最佳的项目管理方法，可以大大地改善组织在行业竞争中的相对地位。

1.6 项目管理的职业道德规范

1.6.1 引言

由于项目管理应用广泛，使得项目管理道德包括了有关个人和职业行为要求的众多方面。项目要求它的全体成员能在不同的国家工作，而这些国家有各自独特的文化背景和不同的价值观体系。如贿赂行为虽然在美国处处受到抵制，但在一些国家却为人们所接受，并被认为是或用来作为确保项目工作持续进行的手段。

在不同环境下，人们对职业道德的认识和理解是不同的。职业道德对于项目工作人员的作用可能是形式上的，或松散的，也有可能是严厉的，或强制性的。缺乏职业道德规范或职业道德培训，也会影响个人面对竞争性环境时的表现。随意采用职业道德规范或职业道德规范执行中不一致，都会影响职业道德规范的应用。

所有受到社会承认的职业都需要职业道德规范。所有职业人士都被期望能够直率地陈述他们的价值观，并依据这些职业道德规范来生存。对于一个职业团队的职业道德规范，应加强宣传并确保其实施的有效性。

> 实践职业道德并不能确保项目成功，但缺乏职业道德会导致项目失败。

1.6.2　专业人士的职业道德义务

成为受人尊重的专业人士，个人必须能清楚地陈述他们所遵循的职业道德规范。职业道德规范必须考虑他人合理合法的需要，并确认相关专业人员所要承担的义务。职业道德规范明确了须尽的义务并对每一条义务做了清楚的陈述。

在组织内部，对项目经理之职应有统一的行为规范以指导他们按标准要求与其他人一起工作。世界上最著名的项目经理行为准则是"项目管理专业人士职业道德规范"。作为项目管理专业人士（Project Management Professional，PMP）资质认证计划的一部分，该规范是由项目管理协会在 1983 年制定的。项目管理专业人士资质认证对象的每个人，都必须对 PMP 职业道德规范的无条件执行进行表态，保证自己对该规范的支持。

当一个专业人士或群体没有采用任何职业道德规范时，他（或他们）的职业行为就没有被明确地界定。在实践中，没有一致的行为准则，他（或他们）的行为就会偏离，这就要求强制执行职业道德规范。自由或随意的职业道德行为将无法支持专业工作者的社会地位，也不能够树立社会对集体或个人遵守任何行为准则的信心。

1.6.3　职业道德规范

PMI 的项目管理职业道德规范最初是作为所有项目管理从业人员应遵守的典范而提出的。

项目经理职业道德规范

引言：由于他们所从事的职业对社会所有人的生活质量有直接影响，因而需要对他们的行为进行规范，以保证他们以合乎道德的行为方式去赢得团队成员、同事、雇员、雇主、客户以及公众的信任。

第 I 条：项目经理应该具有较高的个人和职业行为标准，并且：

A．对他们的行为负责。

B．只有在经过培训或具有实践经验而被授予资格后，或以相关资格充分接触雇主或客户后，才能接受项目工作和承担项目责任。

C．将他们的职业技能维持在与时俱进的水平上，并认识到不断发展自己和不断接受教育的重要性。

D．以令人尊敬的方式参与实践，不断提高职业的正直和尊严。

E．支持该规范并鼓励同事和项目合作者一起按该规范行事。

F．通过个人参与以及鼓励同事和项目合作者一起参与，来支持专业协会的工作。

G．遵守所在国家的法律法规，在法律法规允许的情况下开展工作。

第 II 条：项目经理在工作中，应该：

A．提供必要的领导，以促进项目用最低的成本实现最大的产出。

B．应用现代的项目管理工具和技术，确保项目的质量、成本和时间目标与计划一致。

C．公平对待项目团队成员、同事、合作者，不论他们的种族、宗教、性别、年龄或国籍。

D．保护项目团队成员免受身体和精神上的伤害。

E．为项目团队成员提供合适的工作条件和工作机会。

F．寻找、接受和提供对工作的诚恳批评，对他人的贡献给予适当的赞许。

G．帮助项目团队成员、同事、合作者提高职业水平。

第 III 条：项目经理在处理他们与雇主和客户的关系时，应该:

A．成为雇主和客户在专业和经营事务上的忠实代理人或受托人。

B．在受雇期间以及之后，要对雇主及客户的商业事务或技术流程等方面的信息保密，直到该类信息被适当披露。

C．将可能引起利益冲突的信息传达给雇主、客户、专业协会，或那些需要展示的公共社团。

D．不得直接或间接地向与其雇主或客户有业务关系的人赠送或接受任何超过名义价值的礼物、付款或服务。

E．要诚实并实事求是地报告项目的质量、成本和时间。

第IV条：项目经理在对社会履行他们的职责时，应该：

A．保护公众的安全、健康和财富，制止有损公众利益的行为。

B．寻求公众对项目管理这一职业及其成就的广泛了解和欣赏。

1.6.4 项目管理从业者的职业道德规范

上述职业道德规范是一个示例，源于对职业道德的广泛研究，该研究涉及工程师成为专业的项目经理必须履行的道德义务。对于项目管理专业人员，他应履行的道德义务如表 1.5 所示。

表 1.5 项目管理从业者履行道德义务的对象

- 一般团体或公共利益团体
- 项目客户或顾客
- 项目管理专业人员的雇主
- 为项目管理人员工作的雇员
- 项目团队成员
- 项目管理中的同事或其他领域的同事

表 1.5 显示了对谁应遵守道德义务的一般方法。例如，如果某人是项目经理，那么与团队成员相比，他应该尽的义务更多。项目管理的职责越大，服务于该岗位所尽的道德义务就越大。

> 职责越大，道德义务就越大。项目经理必须向团队成员展示职业道德行为。

诚实和正直是任何一个职业的基本要素。诚实和正直是职业人士获得信任和拥有信心的基础。个人行为偏离诚实的道德标准以及捏造项目进展结果，将很快导致来自团队队员和上级领导的对其有效管理项目能力的质疑。

愿意接受职责并能够对个人的行为担责是职业道德行为的另一关键要素。一位项目经理要对所有在项目中已发生或未发生的活动负责。如果项目经理明显有错，而他却将错误推到他人身上，这种做法是不道德也不公平的。

1.6.5 职业道德规范的实施

只有当专业人士在各个方面都遵守职业道德规范时，这个职业道德规范才有作用和效果。也唯有对任何有违于道德规范的行为进行惩罚，才能保证这个职业的信誉。这就需要建立一个对被报告的越轨行为进行调查并执行矫正措施的系统。

最好能够针对违反职业道德规范的行为形成一个自我矫正的系统。然而，职业道德背离者会否定自己所做的一切错事。当违规行为被报告，作为一个专业团体，就有必要对其进行公正调查以确定事实。有关事情的真相，要再次进行审查，并就是否存在违反道德的行为做出最后的调查结论。有关调查报告要提交给相关裁决组织，由他们决定给予违纪者的处理意见，这可能是撤销对某人违反职业道德规范的指控，也可能是启动某些形式的惩罚。

对于违反道德规范者的处罚，若情况不太严重，可以进行口头警告，但如果他对职业道德形象造成了严重的破坏，则可采取书面警告的形式。由于专业组织确立的道德规范是建立在个人自愿遵守的基础上的，因此，对个人违背职业道德的处理，专业组织所能采取的最严重处罚是取消组织授予这个人的某种资质。如果有关行为不仅违反职业道德，还触犯了法律，那么他将还可能受到来自司法部门裁断的法律处分。

对于违背职业道德规范的行为的处罚是残酷和有破坏性的，因此，最好通过积极的教育计划和确保道德规范得到执行的有力措施来避免越轨行为的发生。当发现有小的越轨行为在侵蚀道德标准时，就应该立即采取矫正行动，以防将来问题升级。

1.6.6　小结

对于所有真正从事项目管理的人来说，他们的职业道德行为是以某一职业道德规范作为指导的。如果没有这个统一的道德规范，对他们而言也就没有一个统一的职业义务，从而个人也不可能成为真正的专业人士。

职业道德规范为不同职别的人确定了不同的义务，这些义务被书写成文。其他的人也能够得到这些文件，以便以此作为确定他人行为的期望标准。这些期望就像一份合同，为专业人士工作行为和工作结果的确定提供了依据。

专业人士遵守职业道德规范的程度决定了其他团体对他的信任程度。不管是谁，如果在履行职业道德义务时想踩黄线，那么不久之后他将发现自己的职业能力信誉会受到严重损害。正直和诚实是建立和维护自己职业信誉的根本。

1.7　项目生命周期

1.7.1　引言

新的产品、服务和组织过程都源自企业某一想法或构思的演变。这些与发展有关的构思要经历其独特的生命周期——一个自然的、普遍存在的思想和行动过程。在这个生命周期的每个阶段，都需要企业有不同的思想和活动以评估该思想在项目生命周期的不同阶段的价值。一个项目周期或某一思想的周期常常包括图 1.5 所描述的那些阶段。

图 1.5　项目生命周期的一般模型

项目的生命周期长短不一，可以短至几个星期、几个月，长至十年甚至更长，如一个药品研发项目或一个海峡隧道工程这样的大型建设项目。这些阶段及其对项目的作用将在下面进行讨论。

1.7.2　概念阶段

在这个阶段，我们要考察环境，进行预测工作，评估目标和备选方案，进一步验证项目构思中形成的项目技术绩效、成本和进度指标。在概念阶段进行的其他活动如表 1.6 所示。

表 1.6　概念阶段的活动

- 对项目所需资源的初步评估
- 从补充已有企业目标入手，初步洞察项目的运营或战略价值
- 确定项目期望的结果是否为所需要的结果
- 为项目建立一个初步的目标和目的
- 组织起一个团队以管理项目
- 在组织中宣传和推进项目管理方法
- 如项目最终客户需要，编制一个项目的初步计划书，包括一份项目建议书
- 确定现有产品、服务和组织过程的实际需求或潜在不足
- 确定实现项目期望成果所需的最初的技术、环境、经济可行性和实践性
- 根据期望成果选择并准备初步设计
- 初步确定与预期的项目干系人的接口
- 初步确定项目成果应如何纳入企业的战略发展

在概念阶段，潜在的项目失败率高。正因为如此，在这一期间，需要对项目的预期目标开展足够的研究，以确定项目潜在的价值和项目的生存能力。

1.7.3　定义阶段

在项目定义阶段，我们的目标是确定项目所期望的成本、进度、技术绩效、资源需求以及项目可能的结果与公司的经营和战略适应性。在定义阶段，将要解决的问题如表 1.7 所示的各条内容。

表 1.7 定义阶段的活动

- 将主要资源投入持续发展的项目前，对项目的成果进行全面评价
- 识别项目是否有进一步研究和发展的必要
- 确认项目进一步开发的决定，建立一个"原型"，评估项目因生产和启动而带来的对各方面的影响
- 确定项目持续开发和部署项目结果所需配置的人力和非人力资源
- 准备最后的系统实施要求
- 准备项目成果产出支持计划
- 识别存在的高风险和不确定性，以及项目中需要进一步评估的领域
- 定义系统间和系统内的接口
- 建立一个初步的后勤支持、技术文件和售后计划
- 编制一个合适的、能用于支持系统的文件，它包括政策、流程、工作描述、预算和融资协议，以及用来跟踪和报告项目实际进展的其他文件
- 制定关于项目如何监督、评估和控制的协议

1.7.4 生产阶段

在这个阶段，项目结果得以形成，并以一种有效、经济和可接受的产品、服务或组织流程等方式被提交。被构思和定义的项目计划和策略在项目进展中得到不断更新，以支持项目的生产（建设）。这个阶段的其他一些重要的工作因素如表 1.8 所示。

表 1.8 生产阶段的活动

- 识别并整合项目生产过程中所需的资源，包括各种原材料、外购部件、供应商、劳动力和资金
- 确定生产规范系统
- 项目生产、建设和安装
- 包括售后服务在内的售后后勤支持的最后确定和审批
- 对项目结果是否满足预期进行最后测试
- 编制技术手册和附属文件，说明项目结果的预期运行方式
- 开发和最后确定在项目运行阶段用于支持项目结果的计划
- 制造和测试工具
- 发展包括设备规范、工具支持、劳动力教育和培训在内的生产流程策略
- 按需要改变流程工艺设计

1.7.5 运营阶段

进入这个阶段，说明项目成果已被证实为经济、可行和实用的，并值得企业将其投入运营来支持它们的经营和战略创新。这个阶段的其他一些重要的工作因素如表 1.9 所示。

表 1.9 运营阶段的活动

- 运营按预定路线产生的各种项目结果
- 将项目结果纳入现存的组织系统
- 用户现场评估项目结果的技术、成本、进度和经济充分性，以满足实际运营条件
- 给那些与新产品、服务和组织程序开发有关的企业管理人员提供反馈信息
- 对支持系统的作用程度进行评估以进一步完善项目的运营成果

1.7.6 退出阶段

在这个阶段，企业"退出"项目成果提供的业务。"退出业务"也可能由于客户不再有需求或新产品、服务和流程的出现而引起，这些事物本身都有一个有限的生命周期。这一主要阶段的其他活动还有：

- 逐步减少项目成果的使用。
- 制订计划将项目资源转移到组织的其他方面。
- 评估项目成果使用中存在的问题和机遇。
- 对未来项目和计划的管理提出建议。
- 识别和评估新的或改进的管理技术。

当然，每个项目都有它独特的生命周期。这一部分描述了包含在大多数项目生命周期中的一般问题。读者应该能够认识这些一般性问题，同时发现如何将项目五阶段生命周期理论应用于项目管理实践之中。这也是读者在识别某一特定项目的其他问题时要用到的基本观点。

1.7.7 小结

有关项目管理生命周期的概念和过程被作为管理项目的一个标准规程在本章提出。提出一般的项目生命周期方法并说明如何使用这个方法能够使项目管理更有序，能改善项目管理过程。在阅读这部分提到的项目生命周期方法时，读者会发现，本章提出的理论指导能提高产品、服务和流程开发在概念定位和实施方面的收益和效率。

1.8 项目管理知识体系及项目经理认证

1.8.1 引言

作为一门职业，因其专业知识体系的形成以及相关专业团体对专业人员的认证，项目管理已经得到越来越多的认可。在被认可的过程中，始终需要对当代理论和惯例加以修正和明确。本节将对当前项目管理培训及认证中需要掌握的知识体系进行总结和描述。

知识体系是指专业人士被期望在其专业领域中掌握和使用的知识。在过去的 30 多年里，项目管理知识体系在许多方面都已达到一定的高度，并继续向前发展。各国的各种文化类型对这一知识体系的确立和应用产生了不同的影响，不断涌现的新生事物刷新并优化项目管理知识体系的定义，并构成各种知识融为一体的混合知识体系的内容。

基于项目管理作为一门职业被社会认可的事实，许多新的认证体系也不断出现，各种水平的认证通过设立在世界各地的项目管理专业机构完成。个人可能因为其掌握专业知识体系或实际工作能力而获得认证。

认证代表了专业组织对个人在工作中所表现出来的能力的认可，正因为这一点，认证被个人和相关的各类机构认为是具有价值的。

1.8.2　项目管理知识体系

对项目管理专业进行文字描述已有 60 多年的历史。从 1983 年起，项目管理知识体系就被整理成正式文件，并随着专业的发展而不断完善。世界各地的多个项目管理专业组织都建立了各自的项目管理知识体系。

总部设在美国宾夕法尼亚州费城新城广场的项目管理协会是开发项目管理知识体系的主要组织。而其他的一些组织，如瑞士国际项目管理协会（International Project Management Association，IPMA）、英国项目管理协会（Association for Project Management，APM）、美国项目管理促进会（American Society for the Advancement of Project Management，ASAPM）、澳大利亚项目管理协会（Australian Institute of Project Management，AIPM）也开发了各自的项目管理知识体系。目前，所有组织都以自己的知识体系作为资质认证的标准。

迄今为止，PMI 建立的知识体系在全球得到了最广泛的认可和使用。这一知识体系的正式名称是《项目管理知识体系指南》（《PMBOK®指南》）。《PMBOK®指南》将项目管理知识体系划分为十大知识领域（见表 1.10）。

表 1.10　十大知识领域

1. 项目整合管理
2. 项目范围管理
3. 项目进度管理
4. 项目成本管理
5. 项目质量管理
6. 项目资源管理
7. 项目沟通管理
8. 项目风险管理
9. 项目采购管理
10. 项目干系人管理

IPMA 开发了一套名为"能力基准"也称 ICB 的知识体系，该知识体系对项目管理中的不同功能进行了详细的说明。IPMA 将这一知识体系划分为 46 个要素，这些要素展示了项目管理知识体系的范围以及该协会所建议的项目管理从业人员应该拥有的经验。

ICB 3.0 版包含三大能力类别 46 个要素，IPMA 认为这些要素对于全面了解项目管理学科至关重要，其中包含了 20 个技术能力要素（见表 1.11）。

表 1.11　20 个技术能力要素

1. 成功的项目管理
2. 干系人
3. 项目需求与目标
4. 风险与机会
5. 质量
6. 项目组织
7. 团队合作
8. 问题解决
9. 项目结构
10. 范围与可交付物
11. 时间与项目阶段
12. 资源
13. 成本与财务
14. 采购与合同
15. 变更
16. 控制与报告
17. 信息与文档
18. 沟通
19. 启动
20. 收尾

IPMA 认为项目中个人的行为对项目的成功至关重要；它定义了 15 项描述预期行为的关键要素（见表 1.12）。

表 1.12　15 项行为能力要素

1. 领导力
2. 承诺与动机
3. 自我控制
4. 自信
5. 缓和

续表

6．开放

7．创造力

8．结果导向

9．效率

10．协商

11．谈判

12．冲突与危机

13．可靠性

14．价值评估

15．道德规范

要成为 IPMA-ICB 下称职的项目经理，必须了解项目环境的本质。这种环境延展到包括项目集、项目组合、长期性组织以及它们之间的相互作用。共有 11 个环境能力要素（见表 1.13）。

表 1.13　11 个环境能力要素

1．项目导向

2．项目集导向

3．项目组合导向

4．项目、项目集和项目组合实施

5．长期性组织

6．运营

7．系统、产品和技术

8．人力资源管理

9．健康、安保、安全和环境

10．财务

11．法律

IPMA 是一个由国家协会组成的伞状协会。这些国家协会使用 46 个要素，以他们的母语制定各自的国家项目管理能力基准，包括英语（美国和英国）、德语、法语和西班牙语。请访问 IPMA 的网站以获取协会及其各自项目的列表。

AIPM 围绕 PMI 的知识领域开发了其知识体系。详情请访问 AIPM 的网站。

APM 围绕 IPMA-ICB 的 46 个要素发展了其知识体系。有关详细信息，请访问 APM 的网站。

ASAPM 也围绕 IPMA-ICB 的 46 个要素发展了其知识体系。有关详细信息，请访问 ASAPM 的网站。

1.8.3　项目管理认证

1．项目管理认证的价值

一项职业认证的价值可能会遇到挑战，这些挑战来自那些认为该认证存在瑕疵以及这一认证没有必要存在的人。许多人提出这样的问题："认证是一种强制规定还是仅仅属于某些人的想法？这些人认为从事项目管理的人应该掌握某些知识。"而其他人可能会对认证是否真的能把那些具有项目管理能力的人选拔出来持有怀疑态度。为了解决这些问题，我们必须弄清以下基本定义。

首先，我们必须承认"价值"一词与"认证"一词在定义上有一定的重合。任何产品或服务的价值都是由消费者或客户而不是由供应商决定的。某种物品的价值是由他人愿意支付或交换的另一种物品的数量决定的。

> 价值在《美国传统词典》大学版第 2 版中的定义是：
> "被认为是与某物等值的量，商品或货物的公平价格或回报。"

> 认证或对某人资格的证明或鉴定，
> 在《美国传统词典》大学版第 2 版中的定义是："保证符合标准。"

可以这样描述认证的价值，"一个人通过符合某些标准而获取某一职业资格所愿意支付的公平的代价"。因此，我们认为项目管理认证就是指符合不同水平的项目管理职业标准。

2．认证机构

就认证某人是否符合规定标准而言，一个行为不受外界影响的独立组织通过严格的测试、检验以及对申请者知识、态度、经验以及技能的评论，从而鉴定某人是否符合所设立体系规定的标准。通过认证机构设定的标准，可以鉴定某人是否具备充分的特定知识和职业能力。

认证机构的认证内容与客户所需的一致性为价值的衡量提供了一种方法。如果指定组织所要求的申请者必须具备的资格与项目客户需要的知识和能力比较接近，那么认证机构就会对提升组织行为效力具有重大价值。另一方面，一个被人为制定出来的、与所需认证的专业领域中的个人表现无关的标准或要求则会大大降低认证的作用。

3．认证的受益者

让我们思考一下，整体而言，谁是项目管理认证的受益者呢？简单地讲，项目管理的受益者是那些通过与其所从事职业直接相关的、相对独立的流程而获得资格鉴定的人。而更好的答案也许是，项目管理认证的受益者是指任何从项目管理认证中获取价值的个人或机构。这些受益者至少包括以下几类个人或机构：

- **个人**——那些符合认证过程要求并在认证过程中展示其品质、性格、特点和知识足以胜任项目经理或项目管理中的其他角色。
- **组织**——那些雇用符合认证标准的人的公司或机构。这些被雇用的符合认证标准的人所表现出来的能力超过了那些没有通过项目管理认证的人。
- **客户**——产品或服务的消费者，他们对于那些获得项目管理认证资格或其他资格的人士更为信任，并且能从这些人身上获得由产品或服务承载的更大的价值。
- **职业团体**——作为一个获得公众认可的鉴定及认证机构而为项目管理业界服务的协会或代理机构。
- **项目管理社区**——由项目管理从业者组成。这些从业者以从事一门地位得到确立的、能为他人提升价值的职业为荣。
- **一般公众**——当项目管理被适当地应用于工作中，一般公众可以通过商品或服务而获得更大的价值。

许多**个人**之所以重视项目管理认证的价值，是因为项目管理认证可以构建个人的职业能力，这是一种职业提升。认证为那些想在相关业务领域中获得认可的人们提出了一个目标，以下是认证能为个人带来价值的几个方面：

- 通过同行的认可，成为项目管理行业的干系人，成为所选学科的支持者。
- 通过由独立机构进行的资格认证来获得雇主的认可以及更好的工作机会。
- 通过资格认证有机会在这一职业领域中获得 5%～20%的加薪，具体增长幅度则取决于不同组织价值认同的差异。
- 通过资格认证可在所处组织中获得职位提升和加薪的机会。
- 向潜在的雇主证实其具备出众的能力和足够的知识。
- 由于符合项目管理职业标准而得以在项目管理社区中获得认可。

那些需要提高项目管理过程及运作水平的**组织**需要评估从业者的职业能力。认证为这种评估提供了一种相对独立的方法。以下是认证能为组织带来价值的几个方面：

- 对以下两个方面具有信心，即雇员对其所从事的职业有整体把握并能根据其知识储备进行运作。
- 通过向客户展示其雇员符合认证要求以及雇员在工作中将有始终如一的表现而建立起客户的信心。
- 在公司形象市场上，利用认证与其他竞争者区分开来。

- 将认证作为个人发展的一个组成部分。
- 将认证作为雇用、提升及缩减冗员的一个标准。
- 为项目管理绩效评价设立评价标准。

客户可以通过多种途径从项目管理认证中获得好处。通过依靠进行标准化操作的、获得认证的个人，客户可以从提交相关产品和服务中获益。认证对客户的价值体现在以下几个方面：

- 能够确保为自己提供咨询服务的人具有适当的资格。
- 确保服务是由具有一定资质的机构在一定标准下提供的。
- 确保执行者有能力提供符合标准的产品和服务。

职业团体则从执行职业认证项目中获益。这些团体被认为是项目管理专业的领袖和构造者。随着项目管理在各行各业中的应用日益广泛，与时俱进对于这些职业团体来讲变得越来越具有挑战性。对职业团体而言，认证的价值体现在以下几个方面：

- 因一直身处项目管理这一专业领域中而被认为是这一专业中的领袖。
- 由于向个人、机构、公众以及项目管理界提供有价值的服务而获得认可。

项目管理社区需要个人发展和行业提升的机会。业内的项目管理认证项目可以提高项目管理的高度并有助于项目管理教育项目的扩展。项目管理认证对于项目管理界的价值在于以下几个方面：

- 确立了个人通过申请而有望达到的职业标准。
- 建立起有利于职业发展的目标。
- 在业内确立了项目管理行为的一致性和连贯性。

一般公众总是不断要求产品和服务的质量得到提升。如果通过个人和机构一起对项目管理系统进行设计并且保证始终如一地运用这一系统，项目管理就可以为一些变化提供支持，而这些变化是为了更快地获得更好的、成本更为节约的产品和服务而必须发生的。项目管理认证能向公众提供的价值在于以下几个方面：

- 获得更为便宜的产品和服务。
- 获得质量更好的产品和服务。
- 对那些通过认证的人能够始终遵循职业道德行事具有信心。
- 在项目管理体系中得到进步，包括过程和实践，从而使产品和服务的交付得到改进。

认证可以使很多人以较低的成本通过产品和服务质量的提高而获益。随着认证地位的不断加强，项目管理将在设计和实施方面日臻完善。

两种类型的项目管理认证：知识和绩效能力

4．以知识为基础的认证和以能力为基础的认证

两类认证根本的不同在于其各自的测量标准，知识通常是指知识体系，是通过考试来进行测量的，而对能力的测量则要广泛得多，其中包括对学科知识的掌握、应用这些知识的技能或能力以及态度/行为。个人经历中的某一事例可能被算作一次能力测试。

与以知识为基础的认证相比，对于一个人是否会有高水平的表现来讲，以能力为基础的认证更令人信服。知识考试测量的是一个人对于词汇、某知识体系，也许还包括对一些实际操作的理解，能否以令人满意的熟练程度运用知识是许多客户都看中的方面。而以能力为基础的认证测量的是受测评者在设定条件下执行项目管理任务的能力。

我们可以看出，以能力为基础的认证要比以知识为基础的认证相对而言更具有价值。能力包括知识，同时还要对技能和态度进行考试。

1.8.4　项目管理认证

在项目管理这一职业中，不同专业组织的认证各不相同，这些认证不断改进以满足个体的需要。可以从各种专业协会中得到关于认证的最新信息。项目管理的英文认证通过下列机构进行：

- 项目管理协会（向全球提供服务）——基于能力考察的多层次的认证项目，详情见 PMI 网站。
- 英国项目管理协会——基于能力考察的多层次的认证项目，详情见 APM 网站。
- 澳大利亚项目管理协会——基于能力考察的多层次的认证项目，详情见 AIPM 网站。
- 美国项目管理促进会（美国）——基于能力考察的多层次的认证项目，详情见 ASAPM 网站。

1.8.5　小结

项目管理知识体系根据各国文化以及这门专业在各国应用的不同而异。总部位于美国宾夕法尼亚州费城新城广场的项目管理协会所开发的项目管理知识体系（PMBOK）是目前为止最为全球广泛接受的项目管理知识体系，该项目管理知识体系注重于对单个项目进行项目管理。

对某一职业头衔的认证确认的是某个人的资格，并使这个人对于雇主或合作伙伴更有价值。世界上有许多为项目管理这一职业提供服务的职业协会，其中包括美国项目管理促进会、英国项目管理协会、澳大利亚项目管理协会、瑞

士国际项目管理协会以及美国项目管理协会。

每家项目管理协会都有其独特的项目管理认证程序，这些认证程序以明确的知识体系、经验及服务等衡量标准为基础。这些项目管理协会根据其各自的认证程序授予各自的职业头衔。

这些项目管理协会的认证都会有很好的发展前景。这些项目管理协会通过认证按照各自的国内客户和国际客户的委托为会员和非会员的需要提供服务。趋势表明，发展中国家的个人对项目管理认证更感兴趣，并且项目管理认证的增长率也很高。

1.9 项目管理过程

1.9.1 引言

过程被定义为用来处理某些活动，如项目的计划、开发、生产（建造）所需的工作内容的协议。项目管理过程为规划、组织、激励、指导和控制等管理职能活动的进行提供了一个范式。图 1.6 所示为项目管理职能的一个基本模型。

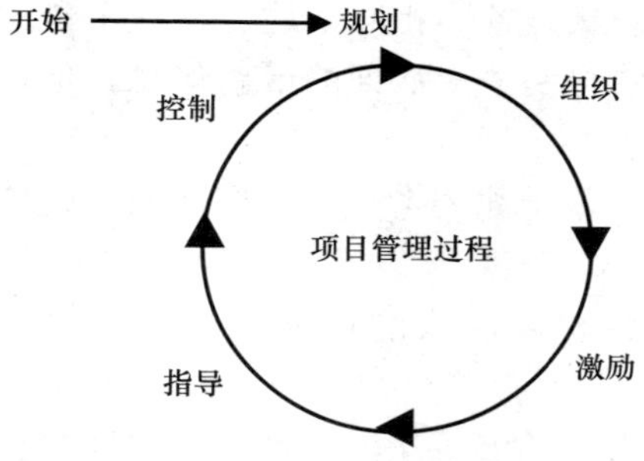

以下通过对项目管理的主要职能的描述简要地说明项目管理的过程。

图 1.6　项目管理的基本职能

- 规划：我们的目标是什么?为什么是这些目标?在做项目规划时，组织肩负的使命是确定项目目标、目的和战略的基准点。在计划的制订过程中，需要建立关于项目目标实现所需资源预期使用的政策、程序、技术和其他有关文件。

- 组织：项目中包括哪些内容?为什么是这些内容?在执行组织这一职能时，需要确定人力和非人力资源，同时还要确定预期的职权、职责和担责模式。

- 激励：什么能激发项目成员和其他支持项目工作的人员创造最佳工作绩效?

- 指导：由谁来决定什么时候做什么事?为履行指挥这一职责，在对项目资源的投入和使用进行决策并予以实施的监督工作中，项目经理和其他项目管理者应开展面对面的现场领导工作。

- 控制：谁用什么标准来对项目结果进行判断?在实现控制这个职能中，项目经理、团队成员和其他管理人员必须对支持项目活动的各种资源的使用进行监督、评估与控制。

1.9.2　有关项目管理过程的更多信息

表 1.14 对项目管理过程中的代表性职能进行了更详细的描述。

表 1.14　项目管理过程／代表性职能

项目规划：我们瞄准的目标是什么?为什么?

建立项目的目标、目的和战略

建立项目的工作任务分解结构

建立一个优先级排序图以确立项目活动和项目里程碑的逻辑关系

基于优先级排序图，编制项目日程进度计划

对项目所需资源进行规划

项目组织：包括哪些内容?为什么?

设计项目团队组织

确定项目任务并将它们分配给项目团队成员

定义项目管理政策、程序和技术

建立项目管理章程和其他授权指示书

建立项目团队职权、职责和担责标准

项目激励：什么能激励人们更好地完成工作?

明确项目团队成员需要什么

对能激励团队成员以最佳状态工作的因素进行评估

在需要时提供适当的顾问和辅导服务

建立项目团队成员的奖励计划

对激励与提高生产力的作用进行初步研究

项目指导：谁决定什么时候做什么事?

为项目资源分配决策建立权限

确立领导风格

加强人际关系技能

制订计划，以提高管理项目团队的参与式管理技术

为项目团队制定共识性决策技术

项目控制：谁用什么标准来对项目结果进行判断?

建立项目的成本、进度和技术绩效标准

为项目进展评价方法制订计划

为项目建立项目管理信息系统

准备项目审查策略

评估项目的进展

在这些职能下提到的每项活动都只是具有代表性的。项目管理中使用的管

理职能是制定和实施项目决策的主要焦点。

表 1.15 列出了一系列有助于规划和审查这些功能执行情况的问题。

表 1.15　团队管理职能中的代表性问题

项目团队规划

团队的使命或业务是什么？

团队的主要目标是什么？

为实现项目团队的目标，必须确定一个怎样的目的？

为完成项目团队的目的，需要采用什么战略？

为完成项目团队的使命，需要获得哪些资源？

项目团队组织

什么是项目团队的基本组织设计？

必须识别、定义和协商的个人和集体在团队中的角色是什么？

团队成员能理解和接受分配给他们个人和集体的职权、职责和担责吗？

团队成员理解他们的决策职权和职责吗？

如何对项目团队进行协调以便团队成员能够和睦地、彼此不排斥地在一起工作？

项目团队激励

使团队成员更好地完成工作的激励因素是什么？

团队管理人员是否提供能被团队成员接受的领导风格？

团队战斗力强吗？如果不强，原因何在？

什么可以增加团队成员的满意度和提高他们的生产力？

团队会议的召开方式是否鼓励或劝阻了与会者？

项目团队指导

团队领导是否有能力领导团队？

团队领导者的风格能被团队成员接受吗？

团队个别成员在他们所期望做的领导工作领域承担了领导责任吗？

团队领导可以通过做哪些事来提高团队成员的满意度？

项目领导者能够激发成员的自信、信任、忠诚和承诺吗？

项目团队控制

是否确定了团队及团队成员的绩效标准？

接受任命的项目经理对团队的绩效建立了怎样的反馈机制？

团队通常以怎样的频率在一起正式评审工作的进展？

团队已经用了一种有效果和有效率的方法来实现它的目标和目的吗？

团队成员懂得团队运作控制的性质吗？

理解管理职能是理解项目资源如何被管理的关键。在规划、组织、激励、指导和控制这些职能中，每一个职能本身就是一个工作包。这些职能一起为整个项目的实现提供一个整体"工作包"。

1.9.3　小结

这一部分对作为项目管理过程的主要组成元素的项目管理职能进行了描述，它们是规划、组织、激励、指导和控制。同时就为什么在项目管理中要采用这些职能以及如何利用这些职能进行了举例说明。

1.10　项目集管理

1.10.1　引言

当前有两种定义能代表项目集的思想和实践。首先，项目集仅用于执行组织制定的战略目标的概念，通过使用一系列的项目来创建相关产品。相关产品通常用同一类产品来表示，例如，创建一个新的罐头食品产品线，生产不同的汤。

其次，项目集的概念是指项目工作量太大而不能作为一个独立项目进行推进，需要一系列项目来生产最终产品的组件，最终在项目集经理的控制下完成整合。这个概念可能是更普遍认可的。举这样一个例子：制造一架新飞机，其中机翼部分是一个项目，由一家公司建造，机身是一个项目，由另一家公司建造，发动机作为一个项目，再由另一家公司建造，依次类推，直到所有项目组件完成组装。

应该注意的是，项目集与项目组合不同，项目组合中的项目是统一进行分配和管理资源的，这些项目之间关联性不强，通常是中小型项目。

两种类型的项目集在管理概念上几乎没有区别。第一类项目集在很大程度上依赖有助于实现战略目标的单个项目，以及需要多少项目来实现目标。在承诺开展对战略目标贡献最大的项目之前，可能需要在候选项目之间进行更多的规划和权衡。

第二类项目集将使用与项目管理相同的技术，在很大程度上依赖各子项目和组件的整合。尽管不同的组件和装配是由不同的项目制造的，但最终的整合和匹配对于项目集的成功至关重要。当项目接口得到很好的管理时，整合应该就会很容易。

1.10.2　项目集与项目

项目集和项目之间存在差异和相似点（见表 1.16）。

表 1.16　项目集和项目

项　目　集	项　　目
由项目组成	临时举措
关键"选择"要素	明确的生命周期
持续的战略	构建组件
直线管理各项目	变更管理

1．项目集

- 项目集由相互关联的项目和其他举措组成，旨在创造组织的产品、服务或组织流程中尚不存在的东西。
- 项目集是企业战略管理中的关键"选择要素"。
- 项目集整合到组织的持续业务中。
- 矩阵式组织设计可用于项目集管理。
- 项目集可用作有效的管理策略，为组织的未来做好准备。
- 项目集经理对分配的项目拥有直接管理权限，但同时可能与企业中的其他项目形成矩阵式组织设计。

2．项目

- 项目是为企业创造尚不存在事物的临时举措。
- 项目具有明确的生命周期。
- 完成后，项目将整合到组织的持续业务中。
- 矩阵式组织设计通常用于项目管理。
- 项目是企业战略设计和执行的基石。
- 完成后的项目有助于实现企业的目标。

1.10.3　项目集的演变

项目集曾经是在临时基础上构思和开发的，是对各项目如何组合在一起有一般性的认识。随后，随着项目在企业中逐渐成熟，管理人员意识到更大的机会正在出现。为了利用这更大的机会，他们成立了一个非正式的项目集办公室来协调各个项目。

项目集结构形成的另一种方式是其作为设计和开发高层级战略目标的起点，从中可以制定项目集使命陈述。在这个使命陈述中，出现了一系列举措（其中大部分成为项目），为企业未来战略的发展奠定了基础。

还有一种情况是，作为组织设计和实施中的构建模块而开发的临时项目，它们似乎具有共同的目标。项目集主题或使命陈述成为支持组织未来的逻辑输出。

由于项目是在项目集的背景下审查的，因此需要对项目集进行更高级别的审查，将其作为组织战略的一个要素。当项目集被确立为组织战略的一个要素时，需要指定一名项目集经理，当该项目集对组织具有足够的规模和重要性时，他也可以被任命为利润中心经理。

1.10.4　项目集演变示例

一家制造公司意识到竞争压力，要求审查组织中如何进行制造的各系统性质。竞争分析和对公司优劣势的评估表明存在以下劣势：

- 公司未能制订持续的设备改进计划，没有更新其具有竞争力的先进技术流程以提高质量或降低生产其产品成本的能力，导致制造设备严重过时。
- 制造人员的能力无法与竞争对手相比。由于使用制造设备的人员不了解当前最先进的技术，因此陈旧情况更加严重。
- 制造工厂设施是过时的，随着公司获得现代设备并提升制造工人和专家的知识和技能，这些设施需要更新。随着新设备和制造人员技能的更新，必须对公司的营销、财务和研发战略进行评估。
- 随着公司的制造能力开始提高，需要对制造的执行方式进行分析。
- 最后，在对公司制造能力的初步评估中，出现了一个问题，即公司是否应该提升内部能力，或者收购处于先进制造系统技术前沿的小型制造公司。

鉴于这些条件，他们制定了制造改进项目集，以在分析和执行改进制造能力时提供集中管理。该公司的一名高级管理人员被任命为制造改进经理。这位经理设计并开发了一个项目驱动策略，其中包括以下"积木式"项目方法：

- 设计、开发和监督公司制造设施更新的项目团队。
- 一个项目团队负责调查和协调自管理生产团队的发展和运用，以取代公司传统的组织结构。
- 一个项目团队制定更新组织中管理、监督和技术专业人员的知识、技能和态度的要求。
- 一个团队制定和执行用现代制造设备替换传统设备的战略，包括支持系统，如工艺规划和控制、库存管理、设备布局和生产控制系统。
- 流程再造团队对每个职能领域进行评估，以确定需要通过财务战略、产品营销、订单输入协议、质量改进和相关活动进行哪些变更。

随着项目集及其支持项目的发展，企业的项目集经理和高级管理人员对各个项目以及整体项目集状态进行定期审查。

在三年的时间里，该公司能够提高其制造能力，使其产品、服务和组织流程在市场上具有竞争力。

项目集/项目结构中使用的关键措施之一是企业高级管理人员持续的参与和监督。如果没有这种参与，公司能否取得高度成功是值得怀疑的。当然，为了对项目集/项目的发展进行积极的持续审查，必须设计一个信息系统，为各级管理人员提供他们发展工作的状态。

1.10.5 另一个示例

项目是项目集中的主要构建模块。洛克希德马丁——一家航空航天公司，将项目集视为实现客户满意度和股东价值的工具。其主要项目集的各个组成项目从 100 万美元的商业信息技术支持项目到数十亿美元的政府合同。这家公司中的一个项目集，即 F-35 联合攻击战斗机（JSF），涉及极其复杂的子项目集和项目。该项目集的合同价值约为 2000 亿美元，跨越数十年，涉及超过 27 个州以及位于英国的主要合作伙伴和支持组织，也涉及大量通过关键设备和后勤保障系统的各类支持项目。整个 JSF 由项目集管理委员会管理。这个顶层组织由来自公司每个业务领域和公司职能部门的关键业务领导者组成，每两个月开一次会进行项目集审查。在如此庞大的项目中，标准管理流程、工具和技术的开发和部署是一项重大的管理挑战。

1.10.6 补充解释

项目集为具有共同目标的各种项目和活动提供了一个焦点，以支持组织目标。例如，在产品成本改进项目集中，导致企业单一定义目标的相关项目和活动可能如下：

- 质量改进项目。
- 生产规划和控制改进项目。
- 工厂布局重新设计项目。
- 员工关系项目。

项目集的概念没有精确的定义，它与组织的目标密切相关。项目集的一个明显特征是它是输出导向的。项目集首先根据组织试图实现的目标来定义。

美国管理和预算办公室使用以下原则来初步开发适当的输出：

- 项目集类别是为拥有相同的广泛目标或大体相似的目标服务的项目集的分组，例如高等教育的改善。
- 项目集子类别是应该在每个项目集类别中的细分，例如科学和技术教育的改进。
- 项目集要素是项目集子类别的细分，例如科学和技术的研究资金支持。

尽管计划项目预算系统已被美国联邦政府正式取消，但计划项目预算系统的基本思想仍然存在。美国联邦政府在计划项目预算系统中的经验已成为可供非政府组织使用的典范。计划项目预算系统旨在使联邦政府的每个机构能够：

- 向最高管理层提供与广泛决策相关的更具体和特定的数据。

- 更具体地阐明政府项目集的目标。
- 系统地分析并提交机构负责人审查并决定可能的备选方案以实现这些目标。
- 彻底评估并比较项目集的收益和成本。
- 生成项目的总成本而非部分成本的估算。
- 以多年经验为基础展示项目集的预期成本和成果。
- 持续、全年地审查目标并进行项目集分析，而不是为了满足预算期限而在拥挤的进度上推进项目。

1.10.7　小结

本节概述了项目集管理结构。描述了这种结构的标准定义和方法，包括项目在这种方法中所扮演的角色。同时给出了若干使用项目集管理结构的示例，以说明项目集如何为项目和其他举措的融合提供焦点，为企业的未来做好准备。其中一个示例是美国政府在 20 世纪 60 年代初期发起的。

第 2 章
项目组织设计

2.1　项目管理的组织

2.1.1　引言

本节剖析了项目管理中的组织设计，并强调说明了传统组织设计中的缺陷以及项目组织结构的优势。

2.1.2　传统组织设计的缺陷

- 传统组织由于等级制度容易造成效率低下、不灵活而无法让组织聚焦于项目活动。
- 传统组织中普遍存在各种各样的障碍，这些障碍抑制了实施项目所需的横向沟通。
- 传统组织中普遍存在着支持项目管理活动所需要的职权与职责授权不充分的问题。

可见，为了支持项目活动，还需要对传统组织设计进行改造。

项目组织是对项目干系人的整合。

2.1.3　项目组织

- 项目组织是一种临时设计，用于表示为管理项目而聚集在一起的跨组织团队。
- 项目组织中的人员是从企业各个职能部门中抽调出来的。

当组建一个项目团队并将其添加到现有的传统结构中时，便形成了一个矩阵组织。图 2.1 是一个最基本的项目管理矩阵组织设计。

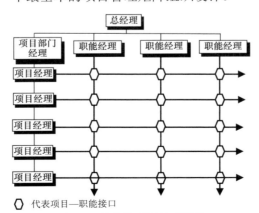

◇ 代表项目—职能接口

图 2.1　基本的项目管理矩阵

2.1.4 多种形式的项目组织

职能型组织：对项目进行任务划分并分配给各个职能部门，再由职能经理或更高层经理负责项目的协调工作。

职能型矩阵：项目经理有权管理跨组织各职能部门运作的项目。

平衡型矩阵：项目经理与职能经理共享项目管理的职权与职责。

传统型矩阵：项目经理与职能经理分担清晰互补的项目管理职权与职责。

2.1.5 传统部门的划分

划分职权、职责和担责最常用的传统方法有以下几种：

- 按职能划分，以共同专业为基础划分组织单元，如财务、工程及制造。
- 按产品划分，每一个组织单元负责一种产品或一条生产线。
- 按客户划分，部门的划分针对一定的客户群体，如国防部。
- 按区域划分，以地理区域为基础来划分，如西南宾夕法尼亚市场区域。
- 按流程划分，依据工作流程配置人力和其他资源，如石油提炼企业。

2.1.6 矩阵组织

在矩阵组织结构里，项目团队与组织内其他职能部门共同分担项目管理的职权、职责和担责。矩阵组织单元同时也会兼顾对项目感兴趣的外部项目干系人的组织。矩阵组织的特点是明确定义和描述项目管理层中的个人和集体的角色。

2.1.7 矩阵型组织中的项目-职能接口

在此接口，项目经理和职能部门经理所拥有的相对且互补的"职权—职责—担责"成为关注的重点。表 2.1 给出了一个"无缝"接口模型，可以指导读者去理解矩阵型组织结构中相对权力、责任和义务的对接。

表 2.1　项目—职能接口

项目经理	职能经理
<ul><li>要做什么？</li><li>何时做该任务？</li><li>有多少资金可用来做该任务？</li><li>整个项目能做到何种程度？</li></ul>	<ul><li>如何做该任务？</li><li>在哪儿做该任务？</li><li>职能部门对项目的输入被整合到何种程度？</li></ul>

资料来源：大卫·I.克莱兰、刘易斯·R.艾尔兰，《项目管理：战略设计与实施》第 5 版，McGraw-Hill，纽约，2007，第 190 页。

2.1.8　矩阵的基本形式

矩阵组织的最基本形式如图 2.2 所示。图中的"项目—职能"接口贯穿整个项目工作包。每个工作包都是一个"技能包"，个人或团体都有职责为项目提供支持。

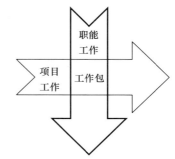

图 2.2　围绕项目工作包所产生的项目—职能工作的接口

2.1.9　项目经理的角色

项目经理要扮演许多角色。其中关键的角色有：

- 作为战略家，制定项目资源使用方向。
- 作为谈判者，获得资源以支持项目。
- 作为组织者，将团队成员团结在一起，以促进项目的管理。
- 作为领导者，监督、规划和执行调配资源以支持项目运作。
- 作为辅导者，为项目团队的每个成员提供咨询服务。
- 作为激励者，尽力营造一个能让项目团队创造最佳绩效的良好环境。
- 作为控制者，为实现项目目标而对资源使用的有效性进行监管。
- 作为外交家，与项目干系人建立并保持同盟关系，以获得他们对项目目标的支持。

2.1.10　一个有争议的设计

人们对矩阵组织的设计褒贬不一。它有其自身的价值，但同时也存在问题和弊端。在剖析"弱"矩阵和"强"矩阵的部分特点之后，我们再对其进行评论。

（1）"弱"矩阵：

- 不能理解矩阵中个人及集体的角色。
- 与传统组织模型相悖的组织设计本身就令人怀疑。
- 高级管理层不能以书面的形式规定矩阵组织中的相关角色。
- 成员间缺乏信任、团结、忠诚与承诺。
- 无法建立项目团队。

（2）"强"矩阵：

- 个人及集体的职权—职责—担责已事先确定。
- 项目经理被授权加强对项目团队成员的管理。
- 项目团队成员能尊重其他职能经理在项目中的特定权力，并且了解其他项目干系人的角色。

- 有关责任领域范围的冲突问题能够得到及时处理。
- 团队建设得以持续进行，以明确和加强团队成员以及其他干系人的角色。

2.1.11　项目经理–客户接口

项目经理与客户之间的互动关系可用图 2.3 进行说明。图中描述的相互关系只是各式各样的互动关系的代表。对项目产生影响的关键决策和因素应通过双方各自的项目经理进行传递。

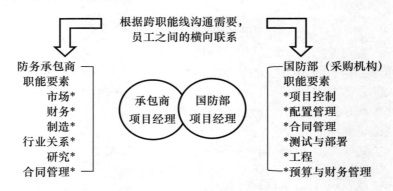

图 2.3　承包商–项目经理之间的关系

2.1.12　小结

本节讲述了项目管理组织设计的几种形式。这些组织形式都明确要求项目参与者个人和集体的角色作用。本节给出了几种组织设计模型，包括常用的"矩阵型组织"。同时，阐述了"弱矩阵"和"强矩阵"的设计特点。最后，对项目经理与客户接口做了简要说明。

2.2　项目组织结构图

2.2.1　引言

本节描述了项目组织结构图，即表示组织职权与职责对应关系的平面图。线性职责图是针对这一内容的主要工具。

2.2.2　传统组织结构图

典型的金字塔形组织结构图是最普通的，是组织结构的一种简化形式。尽管它描绘了组织结构的框架并可用于帮助人们熟悉组织结构的特点，即如何在组织结构内将工作分解，但是它缺乏对个人和集体角色加以明确的针对性。它几乎不能明晰项目干系人相互之间各种含混的关系。作为一个静态的企业模型，传统图表几乎无法明确地表明人们在企业里应怎样合作。这就需要一个替代图表——线性职责图（the Linear Responsibility Chart，LRC）。

> LRC 描绘了谁与谁合作。

2.2.3　线性职责图

线性职责图显示了项目工作包与组织结构内人员之间的对应关系。这些对应关系是将线性职责图的关键要素集成的成果。这些关键要素包括：

- 组织结构岗位。
- 工作要素——工作包。
- 组织接口点。
- 对关系进行描述的图示。
- 产生线性职责图的程序。
- 保证线性职责图运行的承诺。

图 2.4 说明了一个线性职责图的基本特性，"P"表示该工作包所承担的主要职责。

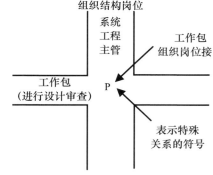

图 2.4　线性职责图的基本结构

2.2.4　工作包−组织岗位接口

工作包是单一离散的工作单元，它具有独立属性，可分配给某个内部人员和涉及此工作包工作的其他人去做。工作包直接与专门的组织岗位相对应。按照工作包的要求，利用资源分配他们的岗位和职责构成了线性职责图的基础。对应于某一工作包和组织岗位的职权和职责用合适的图例加以说明，示例如下：

- 实际职责。
- 全面监督。
- 必须商议。
- 可能商议。
- 必须报告。
- 审批职权。

图 2.5 说明了在矩阵组织中线性职责图的"职权—职责—担责"关系。

职　责	总经理	项目部门经理	项目经理	职能部门经理
制定部门政策和目标	1	3	3	3
项目整合	2	1	3	3
项目指导	4	2	1	3
项目章程	6	2	1	5
项目规划	4	2	1	3
项目—职能冲突解决	1	3	3	3
职能规划	2	4	3	1
职能指导	2	4	5	1
项目预算	4	6	1	3
项目 WBS	4	6	1	3
项目控制	4	2	1	3
职能控制	2	4	3	1
日常管理	2	4	3	1
战略项目集	6	3	4	1

说明：
1．实际职责
2．全面监督
3．必须商议
4．可能商议
5．必须报告
6．审批职权

图 2.5　项目管理关系的线性职责图

2.2.5　线性职责图的制定

制定线性职责图需要项目团队成员的共同努力。线性职责图一旦制定完毕，便成了一个"有效文件"，并可用于以下方面：

- 描述了期望的正式"职权—职责—担责"的角色。
- 让所有项目干系人了解按项目划分工作包的具体特性。
- 由于团队成员了解组织对自己的期望是什么，因而有助于他们做出承诺并形成激励。
- 根据员工对项目的贡献，提供一份可用来监督项目经理和该团队成员角色作用的标准。

2.2.6　小结

本节阐明了线性职责图是一个更好地理解项目团队内个人和集体角色的手段。线性职责图有助于协调项目团队的工作，因为每个人都能更充分地认识到项目团队内个人和集体的角色作用。

2.3　职权—职责—担责

2.3.1　引言

本节描述了职权—职责—担责（Authority，Responsibility and Accountability，A-R-A）三方面内容如何共同完成了项目管理组织结构的设计。

2.3.2　职权的定义

职权是指可以下达命令或采取行动的合法或法定的权力。就经理而言，职权指可向他人发布命令如行动或不行动的权力。基本的职权主要有两种。

- 法定权力（De jure authority）是指在项目管理中发布命令或采取行动的法定或合法权利。此权限通常以政策、职位说明、任职函或其他文件形式进行表述。权力与组织结构的具体职位对应。
- 事实权力（De facto authority）是指某人的知识、技能、人际交往能力、资格、经验等对项目管理造成的影响力。

组织结构内不同角色有不同的权力，这种权力由于足够的知识、经验、交际能力、恒心、关系网、同盟者等而得以扩大并且对他人产生明显的带有个人色彩的影响。

> **"职权—职责—担责"** 是组织中统一到一起的力量。

2.3.3　A-R-A 的错位

项目组织设计中大部分的 A-R-A 错位，主要归结于以下几个原因：
- 在项目组织设计中未能确立主要参与者的合法 A-R-A 关系，如矩阵形式。
- 项目管理人员在处理项目事务中不愿意对 A-R-A 进行分享。
- 缺乏对矩阵理论结构的理解。
- 文化氛围的存在强化了传统组织设计中的"命令与控制"理念。

2.3.4　编制 A-R-A 文件

应发布关于主要项目参与者的 A-R-A 文件。图 2.6 是此类文件的一个典型示例。

2.3.5　职责的定义

职责是职权的必然结果，它是指对项目资源的利用，以及项目目标的实现直接负责的一种状态、特征或者事实。

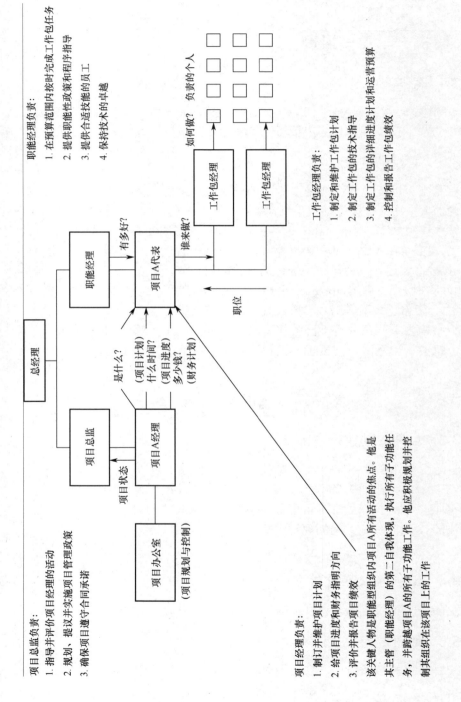

图 2-6　项目—职能组织接口

职能经理负责：
1. 在预算范围内按时完成工作包任务
2. 提供职能性政策和程序指导
3. 提供合适技能的员工
4. 保持技术的卓越

工作包经理负责：
1. 制定和维护工作包计划
2. 制定工作包的技术指导
3. 制定工作包的详细进度计划和运营预算
4. 控制和报告工作包绩效

项目总监负责：
1. 指导并评价项目经理的活动
2. 规划、提议并实施项目管理政策
3. 确保项目遵守合同承诺

项目经理负责：
1. 制订并维护项目计划
2. 给项目进度和财务指明方向
3. 评价并报告项目绩效

该关键人物是职能型组织内项目A所有活动的焦点。他是其主管（职能经理）的第二自我体现，执行所有子功能任务，并跨越项目A的所有子功能工作。他应积极规划并控制其他组织在该项目上的工作

2.3.6 担责的定义

担责是通过合同或由于某人的岗位职责而对有价值的事物承担责任的一种状态。

图 2.7 是对图 2.6 的一个总结，也是描述这些影响力的一种方式。成本、进度、技术绩效参数是围绕 A-R-A 影响力流向的主要要素。此图中的每个组织层级构成了个人与集体角色作用的环境。

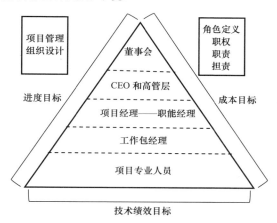

图 2.7　项目管理组织结构设计

2.3.7 小结

本节阐述了 A-R-A 相关的概念。职权可从两方面来描述：法定权力和事实权力。职责是针对资源的使用及其结果而言的。担责是指利用资源创造价值时所担当责任的状态。在整个组织内，应当非常谨慎地制定和发布有关说明和授权从事项目人员的职权、职责和担责的组织文件。

2.4 项目管理培训

2.4.1 引言

培训是提高知识水平和改变项目工作人员行为的一个重要途径。培训能够给予项目参与人员更高的生产力，从而为项目的成功做出更大的贡献。对于项目管理职能而言，人际关系技能的培训与知识的培训同等重要，因为在项目管理过程中，团队面临竞争压力。

有关项目管理工具的技能培训也很重要。这些工具能够满足时间规划（进度工具）、报告（图形和通信）、成本跟踪、计算（电子表格）和管理数据（数据库工具）的要求，然而，管理工具的培训却不能取代项目管理各职能对知识的要求。

不必要求全部人员参加同一类型或层级的知识或技能培训。部分培训是为了熟悉情况或推广常用知识，而另外一些培训则与具体的培训工作知识有关。要根据人员的岗位与职责来确定培训要求。

培训要考虑受训人员的部分知识是否过时，如果是，则应使他们在学习新知识前放弃这些知识。还要考虑是否第一次进行培训。还有强化某些概念、知识的培训，以及建立在先前培训基础上的高级培训。

> 我们接受适当的知识与人际关系技能培训。

2.4.2　项目管理的知识与技能

在一个组织中，高层领导获得提升通常源自他们是传统管理领域的专家。几乎很少有高层领导将项目管理作为一门学科而涉足这一领域。这些人也不能跟上项目管理的方法论和技术发展的步伐。

因为不能制定合适的培训与课程，当前项目管理学科的培训通常忽略了高层领导。高层领导不需要有与项目管理人员同样的知识水平，也不需要掌握细节。

但有必要让高层领导知道项目管理相关概念和原则的通用知识并能解释项目报告所提供的信息。高层领导必须能够使用这些信息去确定如何对项目进行支持，如何将战略目标与具体项目联系起来，以及当这些信息表现出失败的先兆时，决定采取哪些正确的措施。

项目领导者必须随时了解项目的整体情况。他需要有能力对项目进展过程中产生的信息进行分析，辨别出任何领域里出现差错的早期征兆。因此，项目领导者必须具备能够在工作层面上理解项目以及能够审视各种技术解决方案的知识。项目领导者必须是一个人力资源主管、谈判者和沟通者，同时有相关的行业及学科领域的适当技术背景。

项目领导者依照项目的大小和授权来确定自己在项目中的角色。成为"工作型"项目领导者需要有较为具体的工作知识，而"管理型"项目领导者则需要更加通用的知识。

项目规划人员是项目的主要规划者，他们必须有关于规划的相关概念、原则、技术和工具等方面的具体知识。美国高等教育体系不教授规划方面的知识和技术。因而，许多规划人员是以学徒的方式，通过大量的实践工作和多次的尝试与失败来学习制订计划的。规划，即设计如何进行工作，是项目管理的一个重要方面。

为了能够高效地发挥潜力，项目团队成员在参与某一项目之前，必须熟悉和掌握项目管理的方法和流程。理解项目的各种工作指南和关键点，这有利于工作的开展。同时，还必须明确他们在测量项目进展方面的角色，例如如何依据项目进度制定项目进展报告。

2.4.3　项目参与者的一般分类

通常需要 4 个级别的人员掌握项目管理知识。这些知识包括：依据战略目标、审批流程和资源分配进行项目管理交付并监控项目进展的能力，指导项目规划、执行、收尾，以及项目工作和工作进展的细节。

表 2.2 归纳总结了参与项目的几类人员为有效履行其职责所需要的知识水平。

表 2.2　职责—角色—知识矩阵

职　责	角　色	项目管理知识
战略指导	高层领导	支持战略目标的项目管理能力
资源分配	项目领导者的经理或发起人	组织战略目标和目的与项目之间联系的知识
资源应用	项目领导者	项目和过程方面的知识
使用资源	项目团队成员	项目工作单元的具体知识

在评估培训要求是否适宜时，将责任、知识和技能要求与职位统一起来是非常有益的。对组织要求进行细致的分析将有助于理解为提高人员能力所进行培训的类型和级别。

表 2.3 列出了常用的知识和技能范畴，它将培训需求与职位统一起来。如果所有人员都需要进行关于指定领域的培训，则此表将是工作的出发点。

表 2.3　项目参与者的知识和技能范畴

知识/技能	SL	PS	PL	PP	PC	TM
战略规划与计划	×	×				
组织的战略性目标	×	×	×	×		
项目决策	×	×	×	×	×	×
项目信息（对项目数据的理解和解释）	×	×		×	×	×
项目领导力技能　（教练、冲突处理、引导、激励、谈判）						
口头和书面沟通	×	×	×	×	×	×
项目规划		×	×	×		
项目会议管理		×				
组织项目方法论	×	×	×	×	×	×
项目最佳实践		×	×	×		×

知识/技能	SL	PS	PL	PP	PC	TM
项目范围管理		×	×	×	×	×
项目进度/时间规划与管理			×	×	×	×
项目质量管理			×	×	×	
项目成本/预算规划与管理			×	×	×	
项目风险规划与管理			×	×	×	
人力资源规划与管理			×	×	×	
项目采购规划与管理			×	×	×	
项目团队角色与职责			×	×	×	×
项目工具（进度、通信、电子表格、图表）			×	×	×	×

注：
SL：高层领导   PP：项目计划人员
PS：项目发起人   PC：项目控制人员
PL：项目领导者   TM：团队成员

对于项目而言，遇到的一个重要挑战就是高层领导对项目的理解能力以及他在协调项目与战略目标关系的过程中所起的作用。通常，项目是在近期要求的基础上展开的，此要求对于巩固组织未来战略地位可能有利也可能毫无用处。只有高层领导才能在战略与运营二者之间找到平衡点。

项目管理工具的培训常被看作改善薄弱的项目管理的有效办法。人们通常误认为项目领导者只需要项目进度规划工具的培训。然而，表 2.3 清楚地展示了项目领导者需要项目管理方法论、技术、标准、原则、基础知识以及人际关系技能等方面的培训。一个出色的项目领导者既需要知识也需要技能。

2.4.4　制订培训计划

组织需要对项目的成功负责任的人员进行选择并设计培训计划。培训应当从高层领导开始，逐级向下，直到项目的工作基层。此类培训可并列进行而不必依次进行。表 2.4 显示了可能为担任不同岗位的个人提供的培训类型。

表 2.4　角色和培训矩阵

角色/岗位	培训时间	高级培训
高层领导	6 小时强化培训	根据需要，用 1～2 个小时提炼知识要点
项目领导者	32 小时基础知识，32 小时人际关系技能	24 小时领导力技能和实践高级培训
项目规划人员和控制人员	32 小时基础知识，16 小时的规划概念与实践，24 小时工具培训	按方法论和标准要求进行知识更新培训 根据新工具需要进行工具培训
项目团队成员	32 小时基础知识	根据工作岗位的要求进行工具培训

有一点很重要，即高层领导的行为将影响项目规划、执行和控制。因此，高层领导需要了解自己的角色作用并要将战略目标与项目联系起来。这样可以避免那些按既定程序培训的项目团队成员不得不变更程序来执行高层领导的新指示。

参照表 2.3 中的一般性要求，表 2.4 说明了人员培训的时间分配。

以上关于培训的通用大纲为培训计划的制订提供了一个起点。我们还应再次进行审核，以便确定对每个人员的培训要求。组织中每个岗位所需要的知识和技能是什么？每个人员是否具备这些知识和技能？哪些现有知识对于该组织结构是不合时宜的？需要重新培训哪些知识和技能的应用？这些基本问题可以指导有关人员对培训的需求进行评估。

2.4.5　小结

项目管理培训并不局限于项目团队，其范围应更为广泛。培训范围包括高层领导者和项目发起人。目的是使他们将自己在项目管理过程中的角色作用与要完成的工作联系起来。高层领导者需要了解项目的通用知识领域及进展指标，以便履行他们在战略和运营方面的职责。

包括项目领导者在内，项目团队需要进行类似项目管理基本概念和原则的培训。这种有关组织方法论和最佳实践的培训构筑了高级需求和个人需求的基础。从项目团队中挑选出来的人员需要进行更高级的培训。

2.5　项目工作

2.5.1　引言

项目工作与大多数的生产制造工作不同，它的实施是非常独特的。项目工作通常不具有重复性，而且与之前的项目有着不同之处。项目工作对于绝大多数参与人员都具有刺激性和挑战性。

从事项目工作就是从事变化的工作。

2.5.2　项目从业者应理解项目

从事项目工作的人员不论被任命为项目专职人员还是兼职人员，都会因为理解项目的基本特点而受益。图 2.8 描述了需要加以理解的项目工作特点。

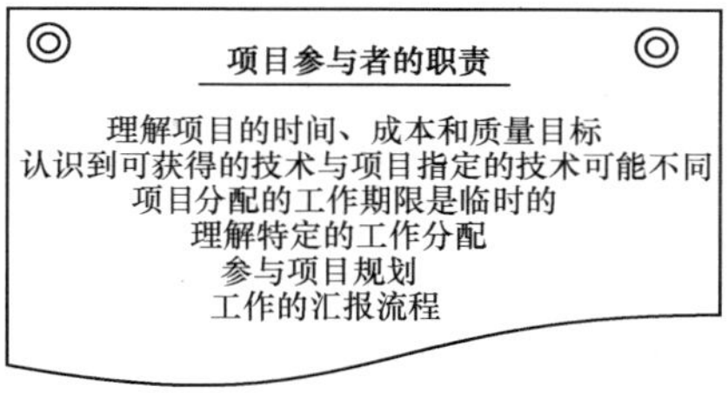

影响项目从业者履行职责义务的项目

项目参与者的职责

理解项目的时间、成本和质量目标
认识到可获得的技术与项目指定的技术可能不同
项目分配的工作期限是临时的
理解特定的工作分配
参与项目规划
工作的汇报流程

图 2.8　项目从业者应理解的工作特点

特点如下：

- 项目聚焦于以时间、成本和质量为中心的目标。在文字上，这些目标是平等的。在现实中，无论是否注明，这些目标其实是分先后顺序的。比如，时间是最重要的目标，如什么时候进行产品交付；项目产品的质量居第二位，即设计建造所产生的功能及其属性；成本是最后一个需要考虑的目标。

- 项目从业者将在限定的时间内执行任务。每项任务都是相对独立的，根据所接收的资源为另一项任务提供某些内容。这种"输入—输出"过程使得该任务与其他任务同步进行。

- 项目从业者可根据所需的技能进行分配。对项目技能的要求通常不会与项目从业者的水平完全相符。技能可能要求高一些或低一些。这种不匹配并不是一种错误，它是整个流程运作的方式以及人员分配的好方法。

当被分配参与一个项目时，项目从业者应认识到项目所要求的技能将会与你所拥有的技能有区别。每个人只有当因缺少知识而无法完成任务时，才可以拒绝接受此项任务。不过，有必要明确那些可能影响将来任务和工作质量的不匹配情况。

- 项目具有临时性的特点。我们可以根据对某项特殊技能的需求而对项目分配工期进行预测。在分配的工期内可能完成一项或一系列任务。

- 项目从业者应预先考虑到什么时候可从一个项目中释放。释放是指可返回人力资源库或返回到别的项目上。目标应当是尽可能快地而且是有效地完成当前分配工作以便进行其他项目。

- 理解工作要求，对于一个项目从业者，能否成功地完成项目是至关重要的。某些项目快节奏的特点可能会造成对项目要求的错误沟通和不当解释。

- 项目从业者要能领会特殊分配任务并确保将情况反馈给项目经理，例如，"我理解此项需求应该是这样的"，就是一种反馈。了解项目的有关背景也是非常重要的。以类似的方式说明"我需要更多有关项目的基准信息，我从哪里可以得到这些信息"即可以得到你需要的资料内容。在开始工作寻求最佳解决办法之前，应确保项目从业者对任务有很好的理解。

- 项目从业者要参加项目的规划会议及项目状态会议。每个人都有责任理解所讨论的信息，并为项目的成功做出贡献。现在存在一种趋势，即如果没有直接影响个人工作，就没人提出任何问题。

- 项目从业者对项目过程有独特的洞察，因而他们对规划会议和状态会议将起到有价值的贡献。当遗漏了什么或出错时，工作人员有责任查明问题。这些问题可能是遗漏了接口规范或是跳过了项目中的某项关键工作。

- 项目从业者要汇报任务的进展和状态。汇报已完成的工作对项目经理而言是非常重要的，他需要具备向客户和高层管理者准确地描述项目的能力。
- 准确并诚实地汇报项目进展是一项最基本的要求。项目程序应定义好收集信息并向项目控制人员汇报此信息的流程。有些项目要求每完成 10% 增量就测量一次进展，或每隔数小时就对所完成工作量进行测量。有些项目的要求更为精确，例如通过一个进度计划系统就能在任何时候计算出工作完成的百分比。在考虑项目的未来进度情况时，应确保其切实可行。

项目还有其他一些独特之处。不过，作为一位项目从业者，应始终确保自己通过对需求的理解以完成所分配的职责；确保他自身的技能能够完成任务；保证诚实且准确地汇报工作的进展情况，做好所分派任务的收尾工作。项目从业者应预先估算到自己何时能完成所分派的任务，并计划好进行另一项工作的转换准备。

2.5.3　理解项目经理

项目经理在管理和领导风格上有所不同。由于项目从业者的任务分派具有临时性的特点，它可能局限了项目经理管理的表现和领导风格的展示。而长期的任务分派意味着能更好地理解项目经理想要什么以及他希望怎样交付工作成果。

作为一个项目团队的专职成员，项目从业者应能尽快熟悉项目经理的风格。理解了项目经理的风格，就可以使他们迅速融入项目环境，工作起来更加有效。理解项目经理风格的方法有：

- 观察项目经理如何与他人打交道，是友好的还是正式的？分配任务时是请求式还是命令式，是书面的还是口头的？
- 如何举行会议？是呆板的、自由谈论式的、正式的、非正式的、极力控制的，还是其他形式？
- 项目经理对项目是否满怀热情？投入程度如何？是充满激情的、热情的或者其他？
- 项目经理表现出的沟通方式是什么？是公开的、正式的、非正式的、清晰的、简洁的、沉默寡言的、尊重他人的，还是其他？是要求以完成任务为导向的还是下达更为具体的指令？
- 项目经理的要求如何？希望工作是完美无缺的，希望及时交付成果和信息，希望为工作尽心尽力，还是要求宽松或者没什么要求？
- 项目经理以前管理过什么项目？结果如何？
- 项目经理在项目内外与他人的关系如何？是与他人没有什么联系，独自长时间地考虑问题，还是只在技术领域和他人有一定的交往，或是只喜欢与组织之外的人交往？

项目从业者需要领会项目经理的指示并知道如何令项目经理满意。要做到这一点，通常良好的工作绩效是不够的，还需要建立关系并且避免在技术或管理问题上发生冲突。

2.5.4　项目从业者的成长

在进行项目工作的同时，项目从业者得到了个人素养提高和职业成长的机会。这种发展机会出现于快速变化的环境之中，它不断地对一个人的体力、智力进行挑战。战胜挑战的想法迫使你开动脑筋，去发现完成该项工作的新方法和创新方法。

项目提供给人们一个成长的环境。由于工作没有重复性，它要求个人有解决问题的能力。项目的成功是团队共同努力的结果。通过与团队共同努力，个人可以洞察他人的思维逻辑过程。每个人都为项目的成功做出了贡献。

个人能力的增长是通过与他人一起工作并对他人的能力予以尊重而得来的。临时任务的动态特性比生产型工作更能将个人暴露于人群中。与他人的这些接触扩大了同事的数量及职业关系网络。

许多项目都处于技术前沿，领导着行业的技术进步。在这些项目中的工作将扩大你在该技术领域内的知识并增加对该项技术的了解。全面接触新的技术能拓展你的想象空间，使你能够看到未来 10 年技术的进步程度。

一般情况下，人们与其他团队进行沟通的机会较少。在项目进行中，要求项目从业者向客户、上级以及他人汇报自己的工作。对项目从业者来讲，这在促使个人改进沟通技巧的同时，也给了他沟通信息和陈述观点的机会。人们可以在充满变化的环境中学到更好的沟通方法。

项目为项目从业者提供了实现自我价值的机会，即他们的工作与贡献被他人所认知。项目团队会认可项目从业者的工作，甚至高级管理层也了解他们所做出的贡献。管理层可以通过颁发奖牌、证书来公开感谢一个人的贡献。

最后，在参与项目过程中所学到的知识与技能，将会为每一位项目从业者在将来抓住更多的机会打下坚实的基础。当完全投入项目工作时，每一位项目从业者将在这种快节奏的项目环境中学习得更多、更快。在工作中，参与解决问题将使个人更深入地了解组织所开展的业务。

2.5.5　小结

参与项目工作的绝大多数人未受过项目管理技能的培训。他们每个人都是有选择性地从事项目某方面的工作。这些人都是项目从业者，他们具有一些技术而非项目管理技能。他们可能对项目管理毫无经验或缺乏了解。对这些从业者而言开启项目工作或许会有些困难。

参与到项目的每个人都期望他们的技能得以施展。能力和任务分派总体来看往往是最佳搭配，但这并不意味着能力和任务的匹配在任何时候都是好的。

项目从业者需要的通用技能有：沟通技能、进度测量和报告技能，以及人际关系技能。不是所有人都具备这些"软"技能，这就需要项目团队做些工作来帮助新进入的项目从业者。

在项目环境中，有用的特定技能包括对问题进行评估的分析技能、寻求最佳解决方案的解决问题技能，以及收集客观信息的研究技能。

2.6　项目办公室

2.6.1　引言

为获取将众多项目管理职能集中发挥作用的益处，许多组织都设置了项目办公室。对多种职能的集中可使组织在实践中保持统一，并对诸如进度和报告等事项采用共同的标准。项目办公室带来的好处取决于项目办公室的职能部门、组织结构和资源分配。

通常，项目办公室的启动是为了在组织中减少项目管理职能的成本，同时提高呈报给高级管理层的信息质量。然而，在实际过程中，项目办公室所带来的收益远远不止于此。主要收益之一是高级管理层可以得到连贯和一致的报告来进行决策。同时，这种组织结构可使组织的项目管理能力也大为提升。

项目办公室是项目经理、高层管理者以及从事项目工作的职能部门经理的支持小组。项目办公室不是用来取代高层管理者和项目经理的决策部门，但它确实通过准备和报告信息为高层管理者和项目经理的决策提供了支持。

项目办公室还有几个不同的叫法，其中比较常见的有：

- 项目支持办公室。
- 项目集支持办公室。
- 项目管理办公室（Project Management Office，PMO）。
- 项目管理支持办公室。
- 项目集办公室。

2.6.2　什么是项目办公室？

组织想让项目办公室成为什么样子，项目办公室就会成为什么样子。它可以简单到只有几个人，仅仅负责制订和维护进度计划；也可以由许多人组成，负责执行规划、报告、质量保证、收集绩效信息，以及服务于多个项目的沟通中心的职能。项目办公室按组织的业务需要来安排工作，并力求适应业务的发展。项目办公室所履行的职能如表 2.5 所示。

表 2.5 项目办公室的职能

工作范围	所提供的服务
对项目规划的支持	维护方法论和标准实践的偏差 保存和更新规划模板 收集和整理经验教训 维护项目进度度量指标 提供进度和成本估算咨询
项目审计	制定每个里程碑所需的核对清单 支持对项目中缺陷的干预 维护纠正措施日志
对项目控制的支持	维护变更控制日志并跟进 维护变更控制措施并关闭事项 确认时间表条目并跟进 对项目进展进行趋势分析 支持项目状态报告的开发 对所有项目进行提炼和总结
对项目团队提供支持	参与项目团队的组建工作 进行项目管理技术的辅导与教练
开发项目管理技能	对未来项目所需的技能进行评估 参与项目的绩效评价 支持项目团队的持续学习
维护项目管理流程	维护和更新项目管理方法论基准 识别关于项目管理流程培训的通用需求 维护项目管理的政策、程序和实践 项目管理制度化
项目管理工具	对项目及组织所需要的工具进行评估 评价现有工具对项目的适用性和兼容性 协调项目团队进行相关工具的培训 提供有关工具的技术专家意见
对项目执行的支持	推荐新项目的优先级 推荐跨项目的资源分配 审查项目的绩效评价结果 为项目执行人员提供项目管理咨询
项目报告	定期或持续地收集和确认信息 准备并发布报告 为高级管理层准备报告
问题	为项目经理建立问题日志并跟踪问题 在问题解决之后关闭问题 维护有关问题的历史资料以供参考

续表

工作范围	所提供的服务
风险	进行风险评估、量化和减轻 跟踪风险及关闭风险事件 准备应急计划
行动事项	建立行动事项日志并跟踪行动事项 在行动事项实施后关闭该事项 维护有关行动事项的历史资料
沟通	准备沟通流计划 根据需要更新沟通计划 向项目干系人发布各项报告 维护沟通记录的副本
进度	利用自动化系统准备项目进度计划 根据项目进展报告维护进度状态 根据需要制订项目进度计划
成本	准备项目预算 根据费用支出情况维护预算 报告预算状态
质量	准备质量保证和质量控制计划 维护质量保证和质量控制计划 准备测试和演示计划 维护测试记录
内部项目管理咨询	对项目的各个阶段提供项目管理专家意见，以改进计划、恢复项目、对技术问题提供建议、为项目的成功提供建议

项目办公室还可能包括其他的职能，确定某项职能是否应包括在项目办公室职能范围内的标准是项目经理能否更有效地行使这一职能。如果某一职能不能对项目起到直接的支持作用，那么项目办公室就没有必要设置这一职能。

2.6.3 项目办公室的示例

有两家大型公司——一家能源公司与一家软件公司，同时成立了项目办公室，但这两家公司对项目办公室的需求存在很大差异。能源公司建立项目办公室是为了管理新项目和现在正在运行的项目。刚一开始，项目办公室管理项目的能力较低，这是由以下几个原因造成的：项目经理缺乏正式的培训；由于该公司最近进行重组，缺乏技术与实践，致使项目几乎没有可遵循的流程；先前的组织分布在好几个地区，组织运作方面的劣势对项目产生了负面影响。最后，公司聘请一名顾问作为项目办公室的核心成员，对项目进度规划提供支持。

这家公司的项目办公室一度承担的是协调员的角色，来协调与其他业务职能的关系，如市场、工程承包、财务以及仓储。后来，高层管理者发现项目办公室的职能需要加以扩充，如表2.6所示。

表2.6　能源公司的项目办公室

职　能	说　明
进度规划	为大小项目准备进度计划的模板 维护项目经理所制定的进度表 通过解决进度计划问题来支持项目经理
成本	为项目经理的成本估算提供支持
报告	准备电子报告，在内部网上加以维护
制作简报	为高级管理层提供有关电子报告内容的建议 准备并展示有关项目管理体系/流程的信息简报 准备并展示所有项目的项目信息(综合的项目总结)
协调/联络	协调与公司其他职能之间的关系，以确保职能的一致性和兼容性 针对项目管理实践的变化，协调与其他职能的关系
制定文档	结合并维护核心项目管理实践 准备并维护项目管理的最佳实践 准备并维护项目管理程序
项目管理知识中心	作为项目管理知识中心以及当前项目管理实践主要来源中心的职能

　　在成熟度较低的项目管理环境中，该项目办公室的职能发挥得很好。影响这一项目办公室运行成功的最重要因素就是总经理、项目经理以及职能经理想要改进项目管理实践的意愿。建立项目办公室的顾问所拥有的技能和知识，同样也是获得支持者信心的重要因素。

　　软件公司的项目办公室则少了一些雄心，其职能范围也小于能源公司项目办公室。二者的主要不同之处是能源公司的项目办公室是从小的正式的项目管理活动开始的，而软件公司则具有不断积累的正式的项目管理能力。然而，软件公司的实践不是连贯一致的，公司只让项目经理行使技术及进度规划的职能。软件公司企图将其随机的实践方法改为统一的实践方法。高级管理层不理解他们对项目管理的需求。

　　软件公司建立了一个拥有4名顾问的项目办公室。其目标是将工作转交给内部的雇员。表2.7列出了该项目办公室计划执行的职能。

表2.7　软件公司的项目办公室

职　能	说　明
项目进度规划	为项目经理草拟进度计划 确定进度计划与其他文件之间的交互接口 细化进度计划使其与项目管理方法论一致 维护项目经理的进度计划（状态与进展）

续表

职　能	说　明
报告	为高层管理者提交报告而收集信息 制定高层管理者月度报告格式 准备简报向高层管理者汇报项目状态（注：高层管理者可能不接受甘特图格式，而要求信息采用表格或叙述形式）
项目管理支持	以管理项目的最佳实践，向项目经理提供建议和支持 根据要求，对管理项目实践提出建议 根据要求，向高级管理层提出建议
文档支持	建立并维护问题日志 建立并维护行动日志 建立并维护项目接口日志 建立并维护项目变更控制日志（仅指成本和进度） 准备项目的风险管理方法论

由于某些原因，这个项目办公室遇到了挑战。高层管理者不理解项目办公室的职能，因而不支持项目经理对当前实践的变革。一些项目经理将项目办公室看成一种阻碍甚至对他们工作的威胁。绝大多数项目经理具有很好的技术技能，但在项目管理方面，他们熟悉的仅仅是基本的进度规划的技能。

对变革的抵制迫使项目办公室的顾问由 4 名减为 3 名，又由 2 名减到最后的 1 名。顾问最后所执行的职能主要是行政性事务，而其他职能则由另一个雇员执行。项目办公室只能为组织提供极少的服务，并且最终成了一个行政办公室，而不是提供项目管理服务的机构。

2.6.4　项目办公室的实施

从开始建立项目办公室到使其具备成熟的管理能力，通常需要经过如下几个阶段：

- 定义项目办公室提供的服务内容。这些服务内容必须得到高级管理层和项目经理的认可。项目办公室的职能可能会不断发生变化，但各方对其工作范围达成一致意见是非常重要的。
- 定义对项目办公室人员的角色和技能要求。因为被指派人员的角色与技能水平决定了他们所能提供服务的多少。
- 建立项目办公室并宣布其开始运作。为支持总经理和项目经理的工作获得早期的成功而制订计划。项目办公室要对早期取得的成功进行庆祝。
- 在工作中与高层管理者和项目经理密切联系，以便了解他们的需求并满足这些需求。当日常工作交由项目办公室去做，而把项目经理从日常事务中解脱出来时，其他的要求可能会出现。
- 在向项目经理提供服务时，通过不断满足其业务需要而扩展项目办公室的服务。

- 在客户的频繁参与下，项目办公室不断改进其所具有的技能并不断完善角色。
- 为客户只交付最佳的产品和服务。

项目办公室的建立必须有高级管理层的支持，但其运行的成功与否则取决于其客户。项目办公室的客户是指接受项目办公室的产品和服务的个人，主要的客户包括：

- 高层管理者。
- 项目经理或领导者。
- 项目团队成员。
- 职能经理。
- 其他干系人，如项目产品的接收者等。

项目办公室的启动和维持运作是由高层自上而下授权实施的，它是否能持续地成为组织内一个有生机的部门则取决于它的客户。如果客户对服务不满意，那么来自高级管理层的支持将会减弱，项目办公室也就无法生存。

2.6.5　小结

项目办公室为满足组织的业务需要而提供服务，并可将项目经理从日常的琐碎事务中解放出来。项目办公室还为执行部门收集信息并将其格式化以便掌握项目的进展。项目办公室被组织定义为能满足组织的业务需要并深化业务目标的一个机构。除非直接支持项目，否则外部职能不应包含在项目办公室职能之列。

项目管理各项职能的整合，可以促进项目管理实践的一致性和项目管理标准的应用。这种整合可以提高工作效率并协助项目提供更好的产品，项目办公室职能的加强没有剥夺高级项目经理的决策权。项目办公室的产品在于支持这些决策。

第 3 章
不同类型的项目应用

3.1 | 不同形式的项目团队

3.1.1 引言

> **项目团队既有传统型，也有非传统型。**

如今，各种不同形式的项目团队日趋众多。它们通过各种跨职能和跨组织的方法帮助企业应付出现的变化。

本书主要论述的是传统的项目团队，而本章则用一个范式来说明非传统团队的一般职能，以及使用这些团队的组织工作范围。

3.1.2 传统项目团队的特征

传统项目团队的惯常做法及其使用已在过去的很多年得到证实，这种类型的项目团队主要存在于建筑和国防工业中。下面对这种类型的团队进行说明：

- 大量的知识描述了为什么以及如何利用传统项目团队。
- 这些项目团队通常涉足企业实体结构的设计、开发和建造（生产）领域。
- 这些项目具有传统意义上的生命周期。
- 这些项目的实施均需要安排财务、人力和其他方面的资源。
- 建筑项目是这些传统项目的最好实例。
- 尽管有关该原则和过程的理论是 20 世纪 50 年代初期形成的，但这种团队形成得更早。
- 当人们提起"团队"时，往往指的是"项目团队"，但这种理解正在发生改变。

3.1.3 非传统项目团队的特征

非传统项目团队具有许多传统项目团队的特征。然而，这类团队还有一些独有的特征：

- 目前这一与团队打交道的组织要素，通常是以组织的某一过程的形式出现，而不是以实体形式出现。
- 团队的目的在于提高组织某一过程的效果和效率，团队的工作直接涉及某些问题和机会的处理。
- 虽然团队使用了某些"硬件"，但为了完成组织的目标和目的，非传统团队的主要工作仍然是对资源的识别和利用。
- 这些团队的可交付成果通常是概述改进资源使用建议的报告。

- 团队的工作旨在实现各种组织的意图。
- 团队同企业设计与执行运营性举措和战略性举措有着极其重要的直接联系。
- 很多时候，这些团队的建议会给企业成员的个人和集体角色带来重大变化。
- 团队及其作用能对组织文化产生重大的影响。
- 这些非传统项目团队影响着组织使用资源的方式并导致其变化，以支持组织使命、目标和目的。

3.1.4　非传统项目团队的工作

非传统项目团队所完成的工作是多样的，并在保持组织流程的有效性和及时性方面发挥着重要的作用，表 3.1 对非传统项目团队工作进行了概述。

表 3.1　非传统项目团队工作

市场评估
竞争评估
组织的优势和劣势
标杆对照
建立绩效标准
愿景探索
干系人评估
市场研究
产品—服务—流程开发
业务流程再造
危机管理
自管理生产举措
组织问题的解决
质量改进
审计过程
上级决策
拓展新业务

市场评估：对企业所处市场的可能变化进行识别和研讨。

竞争评估：审视组织在竞争中的优势、劣势和可能采取的策略。

组织的优势和劣势：发现和评估相对的组织竞争能力，并根据分析推荐应采取的策略。

标杆对照：评审行业中最佳组织的表现，找出它们在运营和战略方面拥有哪些能力使它们的表现如此优异。

建立绩效标准：通过对绩效标准的确定、改进和传播提高组织增强绩效的能力。

愿景探索：识别组织未来的总体方向，找到遵循何种路线以达到预期目的。

干系人评估：找出谁是干系人以及他们可能的利益和他们影响组织的能力是什么。

市场研究：评估组织中可能改进或创新产品和服务所具有的机会。

产品—服务—流程开发：同时开发产品、服务和组织流程举措，以支持组织的目标和使命。

业务流程再造：用于对组织流程进行根本性的反思和彻底的重新设计。

危机管理：任命和培养团队，以处理实际和潜在的组织危机。

自管理生产举措：利用团队来改进制造（生产）运营。

组织问题的解决：用于解决组织问题或把握机会的临时团队。

质量改进：利用团队改进和整合产品、服务和流程的质量。

审计过程：评价组织、项目集、项目及组织过程等方面能力的团队。

上级决策：使用高管团队来增强组织战略制定与执行的协同。

拓展新业务：用于探索组织新创业务的设计和开发团队。

从上面列出的事项，我们可以很清楚地看到：团队是企业采用的一种组织设计策略，可以用来处理各种经营和战略问题。这一策略自采用以来一直被成功地运用着。《财富》杂志特别提到"能创造性地将员工机动灵活地组织起来并积极推行自管理的团队管理方式，是美国工业看起来朝气蓬勃、竞争力强大的原因"。

3.1.5　个人对团队的影响

传统和非传统项目团队被广泛采用，而个人职业生涯受到了团队的影响。传统和非传统项目团队的出现为更多的人提供了在管理和领导岗位上一试身手的机会。在团队中工作的人员需要具有不同一般的知识、技能和态度，并要将这些知识、技能和态度融入团队和组织。这些知识、技能和态度包括：

- 同多样性干系人群体一起工作的能力。
- 具有足够在团队中工作的技术技能，以及运用这些技能应对组织中变化的经验。
- 了解促使组织成功的因素，并对如何"获利"有更深一步的理解。
- 在沟通挑战、网络社交以及组建联盟等方面增强机遇，充分运用自身知识、技能和态度的能力，成为有贡献的团队成员。
- 认识到职业上的成功与其说取决于组织职位，不如说取决于为组织带来的能力。

3.1.6　小结

本节对怎样使用非传统项目团队进行了探索和分析，尤其分析了团队的多种用途。提出了组织各种需要以及有关团队怎样对这些需要进行管理的建议。本节最后说明了团队工作对个人职业发展的作用。

3.2　通过项目团队实施流程再造

3.2.1　引言

本章分析了流程再造的基础。所谓流程再造，是指为了实现组织绩效如成本、质量、服务和速度等方面的重大改进而从根本上对经营过程进行反思和重新设计。

3.2.2　背景

尽管从根本上看，实施流程再造的团队自其出现以来数量就在日益减少，但流程再造团队的思想已深深地植根于管理理论和管理实践中。

启用再造团队通常是围绕组织的关键组织流程的：

- 询问基本的问题，比如"我们为什么做我们所做的事?"和"为什么我们要按自己的方式去做?"。
- 不考虑现有的组织设计、战略、政策和协议，去寻找开展工作的新方法。
- 专注于组织流程，该流程是各项活动的集合，各种活动被输入流程再造团队中，而后形成对组织和客户有用的输出。订单输入协议就是组织过程的一个实例。
- 实现组织绩效的重大改进。

流程再造的开始，一般是通过询问有关组织使命、目标、目的和战略方面的一些基本问题来启动，如：

（1）我们从事的是什么行业?

（2）我们为什么从事这个行业?

（3）我们为什么要按自己的方式工作?

（4）我们是否有更好的工作方式?

（5）指导我们工作方式的基本组织文件是什么?

（6）为了提升组织的绩效需要做哪些变革?

（7）我们如何审视自己的组织，组织流程的实施情况如何?

3.2.3　流程再造中的冲突

当使用项目团队作为流程再造战略的焦点时，可能要重新对企业的工作进行安排甚至取消某些工作。团队成员和参与流程再造举措的企业其他成员对于这些举措所产生的结果怀有复杂的心情，他们和同伴的工作可能会被重新分派甚至取消。为解决这一冲突，可以采取下列措施：

- 让人们了解流程再造的目标、过程和可能的成果。
- 让流程再造团队的工作人员最大化地参与规划和执行阶段的工作。
- 确保为那些可能被替代或淘汰的人提供帮助，减少他们生活中的不确定性。
- 经常与组织成员进行沟通，仔细倾听他们对流程再造的建议、问题、抱怨和态度。
- 如有可能，与一些参与流程再造的其他组织进行标杆对照，并展示这些组织的进展。
- 告诉人们真相，保留公开的议事记录。信息共享，让人们了解流程再造举措的可能成果。

3.2.4　流程再造的主要内容

关于流程再造，哈默和钱皮提供了一些关键的信息：

- 经理们需要放弃传统的组织范式、运营政策和程序，创建新的围绕组织流程整合的组织范式、运营政策和程序。
- 传统的劳动分工是将工作分解为分配给专家的小单元的方式，需要通过分析创造价值所需的相关流程来加以补充。
- 传统的、旧的管理组织方式不再起作用，需要新的管理范式。
- 现代组织成功的关键是如何使工作流程和相关人员保持一致。
- 流程再造是一个新的旅程，始于一张新的路线图。
- 流程再造不是持续逐步的改进，而是跳跃式的改进。
- 组织流程是流程再造的关键——传统组织聚焦于任务、工作、人员和结构。
- 流程再造要求不断询问下面的问题："谁是我们内部和外部的客户？"
- 流程再造是一种新的模式，它超越了传统的管理层精简、结构重组、扁平化等组织战略。

3.2.5　项目团队驱动流程再造

流程再造是项目团队推动的一项工作。由于流程再造的工作横跨企业的职能机构，甚至伸展到同本企业合作的其他组织中，因此，为了把焦点集中在流程再造的工作上，项目团队需要提供一套适当的组织设计。组织中的其他团队对成功的流程再造活动提供以下帮助：

- 项目团队设计和建立大型的设备设施。
- 为了使改进的产品和服务尽早商业化，并行的工程团队在概念化、设计、制造、销售和服务等方面可以提供贯穿组织流程和职能的工作方法。
- 标杆对照团队通过与竞争者或本行业中最好的生产商进行比较，来确定本组织的绩效水平。
- 自管理生产团队能在产品和服务的质量和产量方面带来令人注目的改进。

3.2.6　流程再造的基础

流程再造团队有以下几个基本特征：

- 必须确定具体的和可测量的目标和目的。
- 团队成员必须对流程再造做出承诺。
- 流程再造团队的成员应从与流程再造工作有关的关键岗位抽出，这样便于集中、相互配合并作为流程再造的专家团队与他人进行沟通。
- 提供工作哲学，它应规定人员如何互动，做好做出决策，如何进行分析，以及对结果的期望等。
- 所有相关人员应该清楚地建立和理解相应的职权和职责。

3.2.7　流程再造的生命周期阶段

流程再造举措按其生命周期，分为以下几个阶段。图 3.1 提供了流程再造项目中的重要事件。下面是对这些事件的进一步说明：

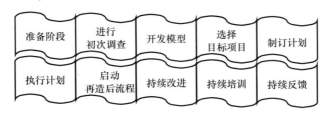

图 3.1　流程再造生命周期流程图

- 准备阶段：通过编制和发布团队计划确定要做的工作。
- 将初次调查转化为企业流程再造的目标。
- 开发模型，主要反映流程再造的实施方法和实施原因。

- 选择流程再造的目标项目，比如：
  - ➢ 订单输入程序。
  - ➢ 产品和服务的改进。
  - ➢ 采购实践。
  - ➢ 主要设施的工程和设计。
  - ➢ 制造效率和效果。
  - ➢ 应收账款。
  - ➢ 对存货的处理。
  - ➢ 项目管理。
  - ➢ 材料控制。
  - ➢ 市场和销售管理。
  - ➢ 项目管理实践。
- 为改进现有的和期望的组织过程而制订计划和策略。
- 执行企业流程再造的计划和策略。
- 启动组织流程再造后的流程。
- 持续改进流程再造的过程。
- 执行持续培训和教育流程来维持流程再造的过程效果。

不论着眼于近期还是未来，流程再造活动对组织及其干系人都具有重要影响。

3.2.8 流程再造的触发效应

当流程再造真正进行时，会触发一些重要的因素和力量，包括：

- 工作流程得到重视和管理。
- 学科、职能和部门成为维护卓越中心的主要组织，卓越中心成为运营和战略流程的聚焦。
- 单一任务的工作逐渐消失，被综合技能的工作所取代。
- 培训、再培训和教育变得更加关键，是提高生产率的成功因素。
- 员工对他们的主管和经理的依赖减少，经过赋能他们就能像经理那样思考与行动。
- 生产具有竞争力成果的能力成为组织奖励机制的基础。
- 组织中层级越来越少，变得更为扁平，更依赖团队驱动的举措。
- 当人们得到赋能并通过团队开展工作时，其价值观会发生很大的改变。不再看重局部利益和本位利益，而是看重创造力、创新以及个人对结果承担的责任。
- 高管层的角色从经理向领导者转变：他们对员工进行赋能、引导、教练、传授，并努力为员工提供一个充满挑战的环境，让员工可看到他们的工作与组织输出之间的关系。

3.2.9　小结

本节阐述了如何利用项目团队来从事流程再造工作。同时给出了进行流程再造所应采用的策略以及适用于项目团队的流程再造管理指南。最后，论述了组织内部因执行流程再造而产生的触发效应。

3.3　小项目的管理

3.3.1　引言

如今，任何一个运行中的组织都存在许多的小项目。这些小项目主要是通过对产品、服务和组织流程做少量的调整来应对变化，它们大多围绕着组织流程的变化而运行。项目管理协会的《PMBOK®指南》，将小项目定义为周期小于 30 天的项目。小项目的其他特点还有：目标单一、有一位主要决策人、范围和定义易于确定、资金问题较小、由一个小团队来从事项目工作。当一个项目符合以下条件时，我们即称之为小项目：

- 周期为 3～4 个月。
- 项目价值为 5000～50000 美元。
- 项目团队有 4～5 个成员。
- 团队每天或每周碰头一次。
- 成本中心不超过 3～4 个。
- 手工方法满足项目的信息需求。
- 项目经理通常是主要的信息源。

以下是几个小项目的示例：

- 生产线的重新调整。
- 订单输入流程再造。
- 用于执行市场职能的信息系统研制。
- 评估采购方法。
- 评估现有客户关系的方法。
- 制定评估供应商章程的策略。

小项目是对组织的剪裁。

表 3.2 列出了管理小项目的基本步骤，并对其进行了论述。

表 3.2　小项目的管理——基本步骤

- 明确需求
- 制订计划
- 收集信息
- 分析数据
- 制订并评估备选方案
- 提出建议

3.3.2　明确小项目管理的需求

- 明确客户／发起人以及他们对问题的理解。
- 进行初始分析以明确小项目会涉及哪些内容。
- 谨慎地将问题与机遇区分开来。
- 为项目设定初步的目标和目的。
- 确定可获得的项目资金。
- 收发描述问题与机遇的原始文件。
- 从征兆中发现问题。征兆是一种迹象，它标识了问题的特征。问题造成了小项目工作的不确定性。例如，超预算就是一个潜在问题的征兆，表明在监管、评估、控制系统与流程中可能存在问题。

3.3.3　制订计划

每个小项目都需要一个计划。小项目计划的实质是：

- 一份可在几分钟内读完的概要。
- 一份里程碑（目标）清单，当确定的里程碑目标实现时，不应出现模棱两可的情形。
- 工作分解结构应足够详细，根据它可以确定项目的所有工作和任务。
- 活动网络图，表明所有工作包的先后顺序以及相互关系。
- 相互独立但与工作分解结构一致的预算和进度计划。
- 一份对审核流程的描述。
- 一份关于主要项目团队成员和干系人的明细表。
- 明确项目的最终目标、目的及策略。
- 明确客户/项目发起人需要什么，即项目要向他们交付什么。
- 明确并开始寻求项目主要相关问题的潜在答案。
- 制订一份有关如何开展以及由何人承担工作任务的工作计划。
- 组织项目团队，使用第 2.2 节中所阐述的 LRC 来确定成员个人及集体应承担的职责。

- 熟悉组织的工作授权流程。通过这个流程可在组织内部将开展项目工作所需的资金进行流转，或转移到外部供应商。
- 为各项工作编制进度计划。
- 编制期望的最终报告的初步大纲。

3.3.4　收集信息

- 使用访谈、调查以及其他信息收集方法。
- 制定问题主要相关信息的参考目录。
- 研究背景信息。
- 对与问题及周边环境有关的其他数据和信息进行审查。
- 观察项目相关人员的活动，了解他们正在做什么。
- 将收集到的数据与信息相互联系起来。
- 使用工作抽样、工作流程、分析与问题相关的个人或集体的行为等技术。
- 解决问题的策略一旦形成，应对这些策略（政策、程序、流程、方法、技术、规则等）做初步测试。

3.3.5　分析数据

- 用常用方法将数据进行分类。
- 数据反映了哪些问题。
- 在分析数据的过程中，对出现的内外影响因素进行统计、测量和评估。
- 将数据与所设定的项目、目标进行对照。
- 发现数据的趋势、偏差以及其他显著性的特点。
- 将项目中出现的不同数据相互联系起来。
- 对数据进行定性和定量的评估，评估时应考虑使用统计技术。
- 根据自己对这些数据所揭示问题的直觉——这些数据中哪些元素为问题及其解决方案提供了有意义的线索。

3.3.6　制订并评估备选方案

- 解决问题可能会有几个备选方案。
- 通过使用非正式的"成本—收益"分析，对备选方案进行评估，选择一个或两个有希望解决问题的办法。
- 与客户一起对一两个备选方案进行测试。
- 最终选择一个备选方案。
- 制定实施策略。

3.3.7　提出建议

- 准备报告。
- 向客户和 / 或发起人做简要汇报。
- 如有需要，则进行返工。
- 提交最终报告。
- 给项目团队成员以及为项目成功提供帮助的其他人员发一封感谢邮件。
- 与项目团队成员一起对项目的经验教训进行总结，然后提交给主要干系人。

3.3.8　通用的指南

- 大项目管理中绝大多数理念、过程和技术都可以通过缩小比例的方法运用到小项目的管理中去，而大项目的资源分配过程则不在其中。
- 随时与项目干系人相互沟通。
- 对项目的进展进行常规的审查。
- 不要让客户或发起人感到惊讶：要使其了解项目的所有活动情况，无论好的还是坏的情况。
- 注意，如果你是客户或发起人，那么你想知道项目的哪些情况呢？是项目的进展，还是项目最终的可交付物？

3.3.9　小结

本节对如何管理小项目做了一个简单的描述，如在进行小项目的管理时要完成哪些工作以及要采取哪些行动。本节提出这样一个观点：除所涉及资源的多少不同以外，可以像管理大项目一样来管理小项目。

3.4　自管理生产团队

3.4.1　引言

自管理生产团队（Self-Managed Production Team，SMPT）是指企业为了进行产品及服务生产管理而专门成立的团队。此处的"生产"是广义上的概念，指的是组织的制造或其他生产职能部门所从事的物资与服务的产出活动。在多种企业或机构中都可以发现自管理生产团队，包括工业企业、市场营销机构、保险业、大学、零售业以及建筑业等。在其工作范围内，自管理生产团队根据自管理的特点履行很多管理与行政职责。这些职责包括：

- 设计工作和工作方法。
- 制订工作计划并分配工作。
- 控制材料与库存。
- 自行采购。
- 确定对人员的需求。
- 安排团队成员的休假日程。
- 提供后备人员。
- 设立目标与优先权。
- 同客户与供应商打交道。
- 制定预算。
- 参与制订资金计划。
- 做好团队记录。
- 对个人与团队的绩效进行测量。
- 保证健康与安全要求。
- 制定并监督质量标准与措施。
- 改进沟通。
- 挑选、培训、评估及释放团队成员。

一些自管理生产团队由团队本身来负责人员的招聘与解聘，这当然是在人力资源办公室的监督下进行的。团队成员通常要对候选人进行面试，以便了解其技术与社交能力。

如果有机会并接受适当的指导，人们可以管理自己。

3.4.2　实施自管理生产团队

为自管理生产团队的使用准备人员和组织通常分为几个阶段。如图 3.2 所示，如下所述：

概念阶段——在此阶段要构思如何任命团队、如何对团队进行培训及运作。此阶段要做的工作主要有：

- 制定一份文件目录以便于组织内部相关人员阅读。
- 借鉴其他组织引入自管理生产团队的经验教训。
- 高层管理者要落实曾经做出的承诺，即把自管理生产团队作为重要组织的组成元素。

图 3.2　团队发展与发挥效用阶段

79

- 设计培训项目，以便促进候选团队成员在知识、技术以及工作态度方面的提高。
- 组织项目团队并阐明团队所承担的权力与职责。

教育培训阶段——实施培训方案，通常包括以下内容：

- 技术技能。
- 社交与人际关系技能。
- 管理过程技能。
- 决策与执行的能力。
- 冲突解决。
- 团队建设。
- 团队应如何执行其职能来实现整合，通过高效的组织结构设计提高生产能力。

获得承诺阶段——在此阶段，团队接受以下指导：

- 团队如何运作？
- 工作如何开展？
- 期望自管理生产团队如何履行其技术与管理职责，其中包括：
  - 建立并维护开展工作所需要的沟通网络与信息系统。
  - 充分了解个人与集体如何和谐地共同发挥角色作用，在团队中形成良好的协作精神。
  - 制定开展团队工作所需要的政策和流程。
  - 在为客户创造价值的过程中，识别和确定工程师与管理人员的角色。
  - 在团队中形成并传播一种文化氛围：鼓励团队成员通过积极参与来不断地对生产流程加以改进。
  - 项目监督人员与一线人员协作，帮助每个人领会自己的职责，项目监督人员不同于以往领导的角色，而是要承担新的职责——是老师、顾问或导师，其主要目标是提供资源与环境，清除工作中的障碍。

稳态运营阶段——在这一阶段，自管理生产团队已成为企业运营的一种方式。支持这种运营方式的措施有：

- 高度整合企业的管理系统与自管理生产团队的管理系统。
- 团队完全投入工作，其中包括持续改进运营管理。
- 团队成员与组织完全接受绩效评估（包括加薪奖励）。
- 充分认可团队作为组织运营与战略管理的关键要素。

使用自管理生产团队最根本的原因是：从事某项工作的人是最了解该工作应当怎样做的人。自管理生产团队的应用促进一种文化氛围的建立，即鼓励知识、技能与态度进行最充分的整合，从而提高竞争能力。表 3.3 给出了有关如何通过自管理生产团队来改变现有文化氛围的一些见解。

表 3.3 自管理生产团队与传统的生产体系

自管理生产团队	传统的生产系统
团队驱动型文化	个体驱动型文化
掌握多种技能的成员	技能单一型工人
团队目标	个人目标
团队承诺	经理承诺
分享资源、结果和奖励	个人结果与奖励
关注于整个工作区间	专注面狭窄
有限的管理层次	多个管理层次
分享信息	信息限制
领导轮换	一个主管/经理
由团队控制	由经理控制
团队执行管理职能	经理执行管理职能
团队协作成为一种生活方式	有限的团队协作
过程驱动	职能驱动
不断的自我评估	有限的自我评估
客户驱动	任务驱动

3.4.3 变化因素

自管理生产团队的应用会改变生产活动的规划、组织与控制方式。主要的变化是：一线传统型主管的角色发生变化。传统上，主管的职责包括以下几项：

- 提供咨询并对雇员进行指导。
- 制订计划、进度、预算，以及重新制定进度。
- 管理绩效和评估工人的绩效，包括优点评估以及调整工人的经济报酬。
- 保证产品质量。
- 进行安全管理。
- 对生产现场进行维护与管理。
- 招募、挑选和培训工人。
- 保证设备的可操作性。
- 监督、推动生产流程、产品的制造与装配。

相比之下，在引入自管理生产团队的组织里，一线主管与团队运作相互依赖。当一级主管与自管理生产团队互动时，其主要职责包括：

- 确定培训要求并为需要培训的人提供培训。
- 引导团队与雇员的共同发展。
- 引导团队问题的解决。
- 协调团队与其他干系人之间的沟通。

- 引导生产层面上的变革。
- 充分理解制造的技术层面问题，以便能够正确提出问题并确定是否能得出正确答案。
- 引导会议。
- 解决冲突。
- 提供一个引导激励的环境。
- 对相关领域负责人员提供领导力。
- 监督。
- 指导。

并非所有的自管理生产团队都运行良好，有些也很失败。失败通常由以下的原因造成，即在从传统的生产型组织向团队驱动型组织转变过程中，缺乏关于变革流程的管理承诺。最常见的失败原因有以下几个：

- 开展工作时信息不充足。
- 推进自管理生产团队时存在文化障碍，人们总是倾向于按自己熟悉的方式行事。
- 对团队在个人、企业文化以及企业所生产产品或服务方面所带来的结果有所顾虑。
- 个人无法从传统行为方式转变到团队行为方式。
- 由于团队可能会削弱已有的经理的管理职能，所以团队被认为是对现有经理的一种威胁，即面临"职权—职责—担责"被模糊化的威胁。
- 人们认为团队会有损经理与下属之间的关系。
- 由于团队有可能将员工对工会的忠诚转向对组织的忠诚，因而，工会反对引入团队。
- 尽管团队理念看上去很好，但在执行中会出现很多问题。而这些问题会对经营造成一定的损失，否则难以解决。
- 如果经理们不愿与其分享控制权，则得到授权的自管理生产团队将无法开展工作。分享控制权是一种绝大多数经理不愿做出的妥协。
- 团队工作如同是在真空中展开的：培训不足或未做培训；得到的支持很少甚至没有支持；团队成员的工作设计没有变化；没有新的支持系统，如电子邮件等促进沟通的方式。

3.4.4　小结

在当今全球竞争的市场中，组织必须挖掘每一种优势以提高生产职能的效率和效果。本章阐述了对自管理生产团队的运用。内容包括如何规划、组织和使用自管理生产团队。在对自管理生产团队所做的评估中，还对与自管理生产团队一起工作时传统型一线主管的新职责进行了简要的剖析。这些自管理生产团队有组织地专注于创建和管理组织提供的商品或服务。

3.5　团队标杆对照

3.5.1　引言

标杆对照（benchmarking）是指由多个专业人员组成的联合团队所进行的将组织与竞争者或本行业最佳参与者相比较的过程。由多个专业联合团队所进行的这种标杆对照主要有以下几种类型。

- 竞争性标杆对照：在此过程中，对五六个竞争力最强的对手进行评估，以便洞察其优势、劣势以及可能的竞争策略。
- 行业最佳选手标杆对照：对所选行业的最佳参与者进行研究与评估。
- 通用标杆对照：对于业务战略与过程的研究不必只限于一个行业。进行此类标杆对照的信息源可以是多种不同的公共或私人的信息源，如组织记录、现场参观、定期文献、访谈、客户、供应商、监管机构、小型研讨会、高峰论坛等。

> 进行一次标杆对照就是建立一个参照标准。

3.5.2　对照什么?

实际上，组织的任何领域都可以被拿来进行标杆对照。建议作为标杆进行对照的领域有如下几个：

- 产品/服务和流程的发展战略。
- 组织设计。
- 市场营销。
- 市场渗透。
- 产品/服务质量。
- 制造（生产）能力。
- 销售。
- 组织流程的能力。
- 财务实践。
- 高管发展。
- 人力资源。
- 厂房和设备。

3.5.3 标杆对照团队的领导

当组建标杆对照团队时，应给予标杆对照团队适当的职权和职责，并指定团队领军人，以保证测评工作的可信度。指定这样一位领军人主要有以下几个好处：

- 领导企业标杆对照举措的规划与执行。
- 确保标杆对照结果能被组织的运营与战略考虑加以整合。
- 为标杆对照工作提供所需的资源，包括对工作人员的职权和职责设计。
- 经常向其他关键经理汇报标杆对照举措的进展情况，包括可能的成果以及标杆对照所得信息的可能用途。

在标杆对照团队结束之后，要对工作的有效性进行评估，这包括经验教训总结。这样就可以改进以后的标杆对照策略。标杆对照活动的参与者包括以下人员：

- 团队领导。
- 职能专家。
- 客户／发起人。
- 领军人。
- 引导者。
- 其他支持人员，如法务、管理信息系统以及文书。

3.5.4 标杆对照的标准步骤

标杆对照的标准步骤通常包括表 3.4 中所列的内容。

表 3.4 标杆对照的标准步骤

确定对哪些方面进行标杆对照
决定谁是最具相关性的竞争者
决定谁在行业中表现最佳
制订一个标杆对照计划
组织标杆对照团队
收集信息
分析信息
确定绩效差距
传达发现的情况
确定所发现情况的相互关系
将发现的情况整合进战略考虑
准备执行计划
执行该计划
维护持续的标杆对照
不断改进标杆对照流程

3.5.5　标杆对照的误区

通常，一个标杆对照的流程要在尽量不受干扰的情况下进行。不过，应避免以下几个误区：

- 团队的职权与职责分配不当，忽视了绩效标准、目标、目的与战略。
- 不能将标杆对照团队的工作与企业的目标、目的以及战略联系起来。
- 团队内人员过多，造成工作重复，职权与职责模糊，成本增加，对标杆对照的目的与流程普遍持消极态度。
- 不向客户汇报测评的进展与结果。
- 没有能力将精力集中于绩效的度量指标与所评估的问题上。
- 选择错误的合作组织和 / 或过程进行标杆对照。
- 收集过多的数据而没有能力挑选或选择其中的重要数据。
- 忽视了对所收集的量化信息含义进行分析的作用。

3.5.6　小结

进行标杆对照的意义在于，标杆对照可以通过将组织与其竞争者及所在行业的最佳参与者进行比较来考察组织绩效，从而对组织的经营有更为深刻的认识。它是监督、评估以及控制资源这些管理过程不可缺少的组成部分。标杆对照是一个过程，在这个过程中，将对组织内许多团队驱动型举措如全面质量管理、并行工程、项目管理、自指导制造、组织设计、业务流程再造、新业务发展行动等加以补充完善。

3.6　通过项目管理进行变革管理

3.6.1　引言

在组织里，变革是不可避免的，而变革通常很难用设计好的方式去管理，人们只能对变革产生的作用施加影响。变革所带来的结果多受外部环境因素的驱动而不是由计划决定。

当未对变革进行管理时，那些没有被包括在流程中却又受变革影响的人通常会感到困惑与挫折。这种挫折与困惑感会引发对变革的抵制，并且他们会明确地要求维持现状。人们对新形势不是持支持态度，而是尽力反对变革。

> 除了变化，没有什么是永恒的。
>
> ——赫拉克利特，公元前 573 年

3.6.2 富有正面意义的变革行动

很多人把他们的组织视为一个不断变革的机构。这种实际的或人们认定的变化，是带有贬义色彩的，变革被当作管理层一时兴起的突发奇想，而不是出于业务的需要。管理层不能成功地说服干系人，使他们了解组织对变革的需

图 3.3　组织变革需要

要。图 3.3 给出了向干系人展示组织需要变革的步骤。

组织可以用项目管理这一积极的具有建设性的方式对变革进行管理。变革必须是可以看得见的，并且目标可以被所有干系人理解。干系人必须是变革的一部分，而不应成为变革的诋毁者。

变革的启动必须通过提出以不同的方式开展业务来进行，进行变革的原因可能是要扩大现有的生产线，改进现有的产品或提升组织的形象。干系人应该很清楚变革的原因，理解组织对变革的需要，从而对变革予以支持。

3.6.3 用项目管理来完成组织的有效变革

每个项目都是为客户解决问题的，设计项目是为了提供解决问题的方案。首要的工作是需要理解所面临的问题，以及组织需要改变当前的状态，进入一种新的状态中去。

通常，我们在处理眼前的情形时，往往会在还没有弄清楚存在的问题时就已经提出了解决方案。一般情况下会形成一个唯一的解决方案，这个方案被认为是可以解决所有问题的，包括那些还没有弄清楚的问题。这样，当解决问题的答案被提交给干系人时，往往会遭到拒绝，这是由于干系人看不见为什么要进行变革，他们没有看到问题，会认为变革本身就是问题。图 3.4 描绘了当人们只是推荐解决问题的方法而没有与干系人就问题达成共识的情况下变革所遇到的阻力。

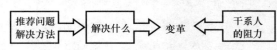

图 3.4　对未认可的问题推荐解决办法

项目计划可以界定问题，同时针对成果设定目标，并将成功的判断标准包括在内。在确定解决方案之前，必须首先使问题得到认可与接受。通过编制一个项目计划，可以说明项目的目标以及预期成果，项目计划包括沟通计划、风险计划、采购计划、工程承包计划以及预算等内容。

项目计划为变革提供了一份流程图，可使干系人相信变革的过程是可以看得到的。这样，组织变革就成为一种有管理、被支持的活动，而不是仅需重要人物审查就能解决问题的办法。组织变革应能得到所有受其影响的人的支持。图 3.5 列出了一个成功的项目计划应包括的内容。

项目计划	
1．问题	5．变革进度计划
2．变革的需要	6．参与者
3．变革的目的	7．里程碑
4．新组织	8．庆祝

图 3.5　用于变革的项目计划

3.6.4　变革的负面反应

当组织的变革不是以如下的方式进行管理时，即受变革影响的人员能够理解组织对这种变革的要求，并成为实现这种变革的参与者时，变革将会带来情感方面的负面反应。对变革的负面反应会耽搁甚至阻碍变革。认识负面反应形成的几个阶段有助于解决这一问题。

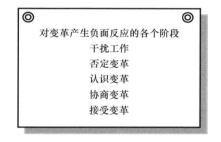

图 3.6　对变革产生负面反应的各个阶段

如果人们不是变革计划中的一部分，好的情况下，他们会保持中立，如果情况很糟糕，他们将成为变革的阻碍者。当人们得知将要进行变革的决定或者发现变革的征兆时，他们会对有人想改变现状感到震惊。这会引发一个心理变化的过程。

图 3.6 展示了当人们没有接受变革解决方案时，个人心理所经历的几个阶段。他们会耗费很多的时间来阻碍变革或拖延变革。

- 干扰工作。人们疏于工作并试图了解为什么要进行变革。这有可能使当前工作停滞，并且大量时间被浪费在与同事讨论已宣布的变革决定上。
- 否定变革。人们可能对所宣布的变革予以否认，认为这是一个谣传或试验。通常他们将否认变革正在发生，并屏蔽传递给他们的信息。
- 认识变革。认识到正在进行变革常常令人愤愤不平并且感到沮丧，因为人们不理解为什么变革要影响他们，也不了解需要进行变革的理由。他们可能对他人进行攻击或向他人说伤害性的言语。
- 协商变革。协商是人们为避免变革所带来的负面反应所做的进一步努力。力求将否定的态度与其他不良反应搁置一旁，尽量面对现实。
- 接受变革。协商之后，随之而来的往往是无助和沮丧的感觉。对形势的一些预测或许有助于员工对变革的理解，转而对变革予以接受。接受变革意味着人们要在新的结构框架下以一种全新的具有建设性的方式工作，旧的框架将被搁置。

以上这些是不对变革进行管理时变革给组织中的工作人员所造成的负面反应，以及人们典型的心理过程。较好的管理变革的方法在得到好结果的同时，可以弥补生产率下降以及工作人员幻想破灭所带来的损失。借助一个针对变革的可控的流程可以获得更好的结果。

3.6.5　以项目管理促进变革

项目管理可以为变革提供一个结构框架，有助于人们看到进行变革的原因以及变革的工作流程。组织变革的生命周期通常可能不同于传统的产品生命周期。由于变革需要依赖于人们对情况所做出的反应，所以变革的生命周期具有不同的时间曲线。如图 3.7 所示，一个用于组织变革的项目生命周期具有 5 个不同的阶段。

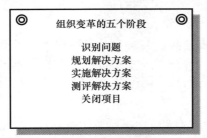

组织变革的五个阶段

识别问题
规划解决方案
实施解决方案
测评解决方案
关闭项目

图 3.7　用项目对组织变革进行管理的五个阶段

- 识别问题——确定问题并将其反映给干系人。在这一阶段，要从干系人那里收集信息，为问题的陈述做好准备，并指明这些问题对组织产生影响的根本原因。与生产经营部门密切联系的干系人应提供相关信息。如果问题较复杂或干系人较多，则这一阶段可能要耗费很多时间。较早地让干系人参与有助于识别问题以及获得对解决方案的认可。

- 规划解决方案——制订一个解决问题的计划，让干系人参与到计划的制订中来。计划必须有目标及预期成果。计划需要对干系人指出的疑问做出详细的说明，并且对干系人提交的每个合理的质疑提供答案。计划的时间安排应具有灵活性，并使其进度与人们工作的变化相适应。

- 实施解决方案——通过实施计划而落实变革。在整个实施过程中都需要对干系人做出承诺并强调承诺的可行性。当变革发生时，应反复向干系人重申变革的目的与原因。要对短期的成功予以庆祝，并与干系人进行沟通，使他们信心不断强化，即制订的计划正在执行，且问题在持续地得到解决。

- 测评解决方案——要对问题的解决办法以及它对组织的正面与负面影响加以评估。对变革的负面影响予以纠正，但只有在必要时，才可对计划进行调整。尽量保持目标的一致性，并向人们展示该计划正朝着解决问题的方向顺利前进。

- 关闭项目——庆祝变革的完成并将成功的消息传达给所有的干系人。当项目完成一个既定的计划或完成了计划中的变革时，必须得到干系人的认可。不可存在任何对问题的质疑。

组织变革是某些新事物的开始，同时也是旧状况的结束。这种变革必须以新代旧，将旧的行为从新的组织中去除。变革的开始便是先前状态的结束。

项目计划中必须对新的开始加以说明，并且要确定以前的哪些行为将会被取消。所有干系人必须认可这种新旧更替。做到以下四点可使这种过渡更加平稳：

- 进行变革的方向应保持一致，并且要持续强调问题及其解决办法，还要清晰地展示出新组织的进度情况。
- 要为短期所获得的成功制订计划并予以庆祝。对于干系人而言，只要成功是看得见的就可以庆祝一番！这样做可以强化他们认可解决方案可行的信念。
- 标志性活动，如剪彩或新的徽标，标志新局面的形成以及新组织、新形象的诞生。干系人参加这些标志性活动的组织及开展可保证他们对变革予以更好的支持。
- 应该对完成的组织变革予以庆祝并与干系人就这些成功进行沟通。这种庆祝标志着变革已经完成以及组织取得了进步。

3.6.6　组织的持续变革

人们需要对组织进行一系列的变革，这些变革可能一个个连续地进行，也可能并列进行。变革可能是增加一条生产线或是调整组织机构以便更好地把握商业机会。干系人可能会认为这类变革是经营管理层的意愿所致，经营管理层可能想使组织处于一种变化和不稳定的状态中。

对于单一的变革，要向干系人说明问题并且得到他们的认可，让他们认识到正是由于这些问题的存在，企业必须进行变革。就问题所达成的共识可作为制订解决方案的基础。获得干系人关于如何解决问题的信息，对于变革取得成功至关重要。

对变革的管理与对多阶段项目进行管理或多项目管理类似。组织应该为问题及其相关的解决方案制订计划，以便实施。问题及其解决方案要与预期的变革紧密联系，这一点应得到足够的重视。各项行动之间的联系以及使各个部分与整个组织的变革相匹配也是非常重要的。组织有必要庆祝成功，并强调在通往新型组织的道路上已获得了阶段性的成果。

3.6.7　使用项目管理

可以用项目管理技术来管理变革。建立稳定且可测量的目标并制订计划是着手解决问题的开始。进度计划与预算可用于对整个工作流程的考察，并可对各项任务进行主动的控制。例如，风险防范可以帮助组织当意外情况发生时进行变革或规避风险。

制订项目计划要邀请干系人参与，要使干系人觉得自己是组织变革方案的一部分。干系人通过参与组织变革以及在变革中起到指导作用，可以了解变革的细节，从而使变革得到他们的支持。这样，组织向新型组织转变也就更加容易。干系人进而成为推陈出新力量中的一部分。

通过项目管理技术提高关键部门工作的公开性和信任度。每个人都可以利用甘特图追踪工作进度以及了解将来要开展哪些工作。组织还应通过一个项目沟通计划来促进干系人之间的沟通。计划应说明谁是干系人以及他们在变革中哪些利益受到影响。

变革程序与项目管理技术相结合，将使组织在成功地向新状态过渡时具有更强的能力。用项目管理工具对变革进行管理，组织将容易应对人员感情方面的问题（这项工作原本是很困难的）。当使用项目管理技术时，事实将取代技术规范而产生更好的效果。

3.6.8　小结

如果没有一个规范的工作流程，且没有干系人的参与，那么组织变革就有可能是破坏性的，其结果也是难以预料的。如果干系人不能理解引发变革的问题，那么令人吃惊的变革和接连不断的变化就会频繁地影响干系人，并导致生产效率降低，从而对变革产生破坏性影响。

项目管理原理、概念、技术以及工具对于变革的工作流程是非常有益的。

对于实施变革后可能产生的正负两方面影响的理解，能促使组织应用项目管理技术，比如"识别问题""制定变革目标""与干系人就计划进行沟通""让干系人参与制订解决方案""让干系人参与实现变革"等。

第 4 章
项目的战略背景

4.1 说服高层管理者实施项目管理

4.1.1 引言

要说服高层领导者实施项目管理，首先要使他们意识到问题的存在以及解决问题的最好办法就是采用项目管理。高层管理者所面临的问题是如何从战略角度对企业进行管理，以及如何使具体的策略能够与战略层面的目标保持一致。项目管理作为一种管理过程和科学，虽然经过 60 多年的发展已步入成熟，但它仍然在发展和前进中。

由于高层管理者主要考虑的是战略层面的问题，很少涉及具体工作，因此要把战略决策和具体工作的执行密切联系起来可能较为困难。一些目标的具体落地通常不需要高层管理者来考虑，而是由中层和基层管理者负责，因此，其思想难以得到自上而下的贯彻和执行。

高层管理者为在组织中使用项目管理定下基调。

4.1.2 以战略规划为背景

高层管理者的一个不可推脱的任务是为组织制定工作准则和规范，以使企业遵循这种准则并迈向成功。对于高层管理者来讲，建立一个贯穿整个业务流程并且能够进入运营层级的系统，并能用这个系统去衡量战略规划的有效性是很重要的。通过该系统对战略规划实施情况进行衡量，高层管理者就能够知道哪些规划是有效的，哪些规划是无效的，哪些方面需要首先获得成功，哪些方面可以暂缓。

高层管理者所关注和参与实施的战略规划远远高于运营层级，而制定战略规划需要利用来自运营层级的历史的、具体的信息。组织中的信息流往往是零碎的，对于满足确立组织战略方向和未来远景的需要而言是远远不够的。

通常，组织的高层管理者通过增强信息沟通和引入新工具来测量工作绩效方法，进而确定解决方案。他们采用这样的管理策略，即利用运营单元来完成某项工作，并对绩效进行测量，从而分析此项工作的有效性，为高层管理者提供所需信息。采用项目管理能够完成所有这些工作，今天，许多高层管理者都利用项目管理对公司的关键领域进行集中管理。

4.1.3 认识到问题

在高层管理者接受任何解决方案之前，他们必须认识到问题的存在并且愿意解决这一问题。问题是很明显的："由于缺乏适当的管理和沟通系统，90%以上的组织都无法有效地传达和实施他们制定的战略规划。"组织的成功取决于 3 个条件：

- 拥有一个重视问责和控制的管理系统。
- 充分利用现有资源。
- 提倡持续改进的文化价值观，它由适当的管理系统所支持。

现有的管理系统无法达到预想的效果，因为从高层管理者到实际运营的各个层级之间对于战略目标的沟通非常有限。组织中的这种层级结构阻碍了信息自上而下的有效流动，阻碍了必要的绩效情况向上的反馈。

解决沟通不畅问题的一个方法就是引入新的工具。由于经营单元的效率和有效性没有改变，显然，组织需要引入更好的信息系统。高层管理者需要的不仅仅是更及时准确的信息报告——这只是他所要解决问题的一个方面。

现有的管理系统与经营单元的结构没有发生改变，在生产效率或满足客户需求等方面几乎没有什么提高。

4.1.4　解决方案

高层管理者需要从本地和全球两个角度来考虑管理系统。无论在本地还是在全球范围内，管理系统都应该充分发挥企业各方面的优势，并且与企业的战略目标互为支持。

许多组织采用项目管理作为管理系统，并在生产力和绩效方面取得了显著效果。也有些组织虽然采用了项目管理作为管理系统，但却没有给予项目管理充分的支持。这些组织通过从其他组织引入成功的项目经理而雇用一些专家，但这些专家所带来的各种方法论与实践却引发了冲突。

实施项目管理并使其成为组织的核心竞争力需要投入巨大的努力。然而，组织往往只引入实施的工具，而不是知识和经验。许多组织都没有完全领会到项目管理的价值，因为它们引入的只是一种工具。图 4.1 对常见的和最有效的项目管理实施顺序做了比较。

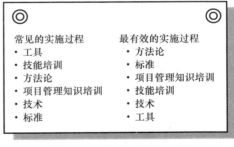

图 4.1　项目管理实施顺序

4.1.5　项目管理的收益

项目管理作为组织完成各项工作的一种过程和方法，对企业意义重大。对所有组织来说，它一般能够带来以下几个方面的收益：

- 平衡组织内的竞争性需求，优先考虑最能为组织提供优势的工作。
- 通过跟踪和控制功能对工作进展进行积极的控制。
- 与项目团队积极沟通需求，并经常向客户反馈进展。
- 预测项目生命周期各个阶段的资源需求。
- 尽早识别项目工作中的问题、结果和风险。
- 尽早识别工作范围。
- 确定每个项目的目标和成功测量指标。
- 将实际进展与计划进行比较的完整的绩效测量能力。

4.1.6 运营与项目管理的比较

表 4.1 所示的关于运营与项目管理的比较有助于我们理解不同情况下项目管理的优势。运营注重维持现状，生产给定的产品；而项目管理则是因变而生的过程，并且需要交付独特的产品。

表 4.1 运营与项目管理的比较

运营 ⇨	⇦ 项目管理
利用现有系统	裁剪系统以符合需求
重复的工作职能	一次性的工作职能
依赖稳定的标准程序	利用标准和流程来交付客户的独特需要
按数字配额	由对最终产品的需求驱动
聚焦于保持重复的职能	聚焦于抓住机会实施变革
对"自有"资源具有控制范围的直线管理	仅在需要时提供临时帮助的灵活劳动力

4.1.7 推行项目管理

要说服高层管理者把项目管理作为组织管理系统的选择，就要提供事实和数据来证明它的优点。项目管理必须能够提供比现有系统更好的解决方案，并且能够使高层管理者明显受益。同时，组织还必须存在一个大家切实感受到的有待解决的问题，并且这一问题的所有要素都必须得到解决。

推行项目管理的简要方式如下：

- 识别高层管理者在组织中面临的问题。
- 生产效率低下。
- 工作失控。
- 缺乏关于工作进展的准确信息。
- 工作不能跟随战略方向。
- 工作不能适应产品变化。
- 找出高层管理者抱怨的原因。

- 劳动力跟不上技术进步的要求。
- 工作定义不明，控制不力。
- 较差的或者根本没有沟通系统。
- 工作的开展按照基于历史信息的要求进行，而不是依据战略方向。
- 除非按计划进行的产品转换，否则僵化的体制不利于产品创新。

对现有运营、现有运营的改进和实施项目管理三种方法进行比较，如表 4.2 所示。

表 4.2　运营与项目管理的比较

现有运营 ⇒	对现有运营的改进 ⇒	实施项目管理
生产效率低下	培训员工使其更快更好地完成工作	使员工符合组织生产效率的需要，可能需要一些培训
不能灵活适应产品变化	当变更发生时，变更系统将工作停滞	系统预先估计到变更，并且拥有一个与变更相适应的控制机制
不能符合战略目标的要求	改变流程，指导和改进工作，确保目标被识别和遵循	将所有项目与战略目标都紧密相连，并确保在计划批准过程中这种相连性
向高层管理者提供及时准确的绩效信息	建立沟通体系，收集需要的信息，提供给高层管理者	为高层管理者提取或合并相关的项目报告，正常的管理流程不必改变

我们可以利用同一模型揭示它们的区别。利用这一模型，我们可以发现现有运营中的问题，找出现有管理系统中需要产生的变化，以克服存在的问题，并看到采用项目管理系统的优点。虽然高层管理者都非常重视成本数据并受成本数据的影响，但采集到的数据很少能说明实际的情况。

因此，为了证明实施项目管理的必要，通常还要提供一些"软"的数据信息，这些"软"信息包括：

- 产品进入市场时间的缩短。
- 信息报告工作的改进。
- 产品建造过程透明度的提高。
- 人力资源压力的减轻。
- 对产品变化的迅速反应能力。
- 持续改进的机会。
- 生产效率的提高（定性的）。
- 投资收益的提高（定性的）。
- 战术工作与战略目标的一致。

除此之外，项目管理还能在另外一些方面使不同行业的企业受益。比如，项目管理通过管理过程降低风险，这一点也是重要的。此外，通过加强与客户的沟通，还能提高企业产品的形象。

4.1.8　小结

项目管理系统始终优于标准运营职能，能为组织提供更好的结果。在如今这个不断变化的商业环境中，"90%以上的组织都无法有效地沟通和执行它们的战略计划"，因此，这就为推广项目管理提供了良机。组织需要规范的项目管理，从而获得具有灵活性、量身定制的劳动力来完成工作的收益。

说服高层管理者实施项目管理，需要对每个组织进行收益和风险的比较分析，那些比现有运营职能优越的地方就是需要变革的原因。项目管理必须作为现有问题的一种解决方案来加以推广，而且必须向人们证明它是如何解决这些问题的。

4.2　项目合作

4.2.1　引言

项目合作是近几年出现的一种两个或多个组织平等参与大型项目管理的方法。一个组织可能会为获得项目所需的外部力量以及分担大型复杂项目的风险而寻找合作伙伴。项目合作还是共享信息、提高项目成功率的一种方法，比如在研究与开发项目中就是如此。

项目合作可能发生在公共、私有、营利和非营利组织之间。比如，一个政府机构可能会与一个私人组织合作开展研究工作。一个以营利为目的的私人专业组织可能会与一个非营利组织合作，研究如何将一项知识产权转化为商品。

项目合作对由什么类型的组织参与没有限制。共同的目标和互补的能力是合作的基础。对于项目合作来说，重要的是找到某项具体工作所需的人才，建立一种合作的规则。

> 合作伙伴指的是由多方组成的、为达到共同目的而走到一起的联合体。

4.2.2　项目合作安排的类型

项目合作可以采取多种安排形式。形式及合同关系取决于合作各方的需要。表4.3给出了各种关系的一些例子。

表 4.3　项目合作安排的类型

表明关系的文件	工作安排描述	评　注
正式的，通过合同确立关系	两个公司分别负责项目的一部分。工作的分配以工作所需的技术为基础	二者或其中的一个公司必须承诺向客户交付产品。二者或确立关系其中的一个公司与客户签订合同
正式的，通过合伙确立关系	两个或多个公司通过签订一项合同，形成一个独立的法律实体，每个公司都对项目工作负责	合伙实体本身作为合同的一方与客户签约。对于客户来说，单个公司实体是不可见的
非正式的，通过合同确立关系	一个公司投标某一项目，同时利用另一个公司的资源。这些资源对于"出借"公司来说是过剩的，在东道公司的引导下，它们成为项目的一部分	这种安排是客户所看不到的。"出借"公司有义务为项目提供符合要求的资源，有可能参与管理，也可能不参与管理
非正式的，通过协议确立关系	一个公司投标并赢得某个项目。另一个或多个公司愿意负责部分工作，为项目的成功做出贡献	二级公司是客户所看不到的。项目的部分工作是由二级公司完成的，但客户并不知道它们参与了项目工作

要进行多少合作安排取决于愿意合作的组织有多少。在项目合作中有一点很重要，即不同的"工作包"对于客户的透明度如何。在有些合作中，客户希望知道是谁负责某项工作，而在一般情况下，客户只关心工作的质量。

4.2.3　项目合作的例子

许多项目合作的例子都体现了这种模式的商业关系概念和未来发展趋势。图 4.2 列出了几个项目合作的例子。

- 工程与建设企业的合作，为项目提供人才和生产能力的最佳结合。相互合作以取得项目控制的最佳效果，这在重大项目中是很常见的，如得克萨斯州达拉斯的超级对撞机项目。

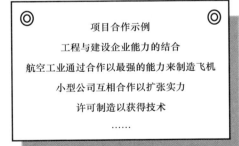

项目合作示例

工程与建设企业能力的结合

航空工业通过合作以最强的能力来制造飞机

小型公司互相合作以扩张实力

许可制造以获得技术

……

图 4.2　项目合作示例

- 航空工业的合作，在一个价值 40 亿美元的项目中，为了制造一种隐形轰炸机，航空工业公司开展相互合作。几家公司共同致力于研究开发出最好的隐形技术。技术是这次合作的推动力，然而最终这些公司的联合并没有解决技术问题。最后，当成本估算将超过 70 亿美元时，这一项目被取消了。
- 三家小型公司联合起来竞投一个要求具有计算机技术、计算机网络操作以及采购管理知识的项目，并获得了成功。虽然这个项目相对来说规模不大，但它却聚集了三个公司的人才来完成项目要求。

- 许可制造以获得技术，一个专业机构向一家公司授予使用某项知识产权的许可，允许它开发制造软件产品，这是目前正在开展的一个项目。专业机构许可别的公司使用其标准，目的是宣传推广有关这些标准的知识，并能为该机构创造一定的利润。这是一种合作关系，因为专业机构仍然保留着检验公司所开发产品的权利。

4.2.4　管理合作项目

客户比较关心项目工作的管理，以及谁将负责某些相关的问题，如项目报告、纠偏措施、项目调整和项目的整体指导等。较强的管理能力能够增强客户的信心，而薄弱和模糊的项目管理则会打击客户的信心。

图 4.3　管理合作项目的几种典型形式

图 4.3 列出了管理合作项目的几种典型形式。合作项目的管理结构形式包括：

- 指导委员会——由所有合作组织的高级管理人员组成。指导委员会监督项目的过程，并对项目进行指导。指导委员会任命一位项目经理或几位合作项目经理负责所有的合作工作，并向指导委员会汇报。
- 项目经理和项目副经理（或合作项目经理）——从两个合作组织中任命两位经理来领导该项目。这两位经理可以向他们各自公司的领导汇报或向指导委员会汇报。
- 项目经理——任命一位项目经理负责项目的所有工作。项目团队的成员就工作绩效问题向项目经理汇报。

这三种管理结构可以根据具体情况进行相应的调整。大型项目需要有一个群体如指导委员会来做战略指导，而小型项目则可以由一位项目经理来管理。管理结构必须满足项目和客户双方的需要。

4.2.5　项目合作中的技术问题

开展项目合作的一个主要原因就是获得外部的技术能力。客户都希望能得到这样的保证，即项目能在技术上获得成功，负责项目的组织有能力完成工作。而项目合作能够汇集多个组织中最好的人才，从而给客户以足够的信心。

项目合作需要一定的规则，这些规则将会使合作各方更顺利地完成工作，为客户提供更好的产品。以下是一些具体的规则：

- 工作分配——将工作合理分工，从而使各"工作包"尽可能由一个完整的团队负责。建立短期团队也许不是最有效地发挥人才和专家角色作用的方法。因此，应从每个合作方中抽调一个工作团队，并分派给这些团队各自能力可以胜任的任务。
- 项目控制——必须建立一个团队，专门负责控制项目的工作。这个团队的成员可以来自不同的公司，但必须承担独立的工作职责。项目控制团队应当向项目经理报告工作。
- 项目管理——必须有一个团队负责项目的管理工作，这个团队可能是由来自不同公司的成员组成的。一些工作是由某位经理管理的，但他只负责向项目经理提供产品的某个组成部分。因而，必须由一个人管理整个项目的所有部分，他拥有指导和判断工作是否合格的权利。
- 公司参与——公司管理人员作为个人不得参与项目的指导工作。项目指导工作必须由联合的群体，如指导委员会或高层管理者代表团等来完成。个人可能会给整个合作项目带来错误的解决方案。
- 客户接口——与任何其他项目一样，合作项目必须与客户有统一的接口。这个接口可能是项目经理、指导委员会主席或选举产生的管理小组代表。在有些情况下，同时存在两个层级的客户接口。战略指导和联络是在高层级指导委员会层面进行的，而日常的接口则是在项目经理和客户代表之间进行的。

4.2.6　项目合作的收益

项目合作能够带来比单个公司从项目中获得的更多的收益。这些收益无论是短期的还是长期的，都会对公司未来的业务产生重要影响。参与合作的公司可以获得的收益包括：

- 技术。与高科技公司的合作能够使公司员工接触到最新的技术和流程。这些技术也许有助于公司未来项目的开展，或者在寻找未来合作伙伴时是一条有价值的信息。
- 由"小"变"大"。小型公司在与大型公司合作过程中，可以学到先进的管理和项目投标方法。这种知识的转移对小型公司未来的业务发展具有重要意义。
- 管理项目。所有参与合作的公司都获得了更好的项目管理技能和知识。这种技术、知识和能力的交叉传递提高了各个公司的项目管理能力。
- 效率。合作各方资源的大量聚集有利于形成正确的工作技巧，从而使完成工作的效率更高。这种效率的提高会因返工和其他浪费的大大减少而产生收益。

- 金钱的回报。参与合作的公司的管理和工作流程都得到了提高，这必然会带来利润的增加。工作的高效率和有效性将使项目能以更低的成本获得更多的利润。
- 公司形象。如果参与合作的公司是公开的，项目的效率和效果将会有助于它们树立良好的公司形象。这种形象和声誉对于公司将来竞标和开展项目工作，无论是参与合作还是独立完成项目，都非常有价值。

4.2.7　小结

项目合作有多种形式，这视合作双方的意愿和创造性而定。合作形式依项目的不同而不同。参与合作的组织的透明度或多或少取决于合作项目的需要。各种类型的组织，公共的、私人的、营利组织、非营利组织，都可以为满足一个小型、中型或大型项目的需要而建立合作关系。

对合作项目的管理通常受到客户需要的驱动。客户信心以及对项目透明度的要求决定着项目的规模及其管理结构。拥有双层管理结构的情况并不少见，即包括项目经理和他向上汇报的指导委员会两个层面。

4.3　项目战略问题管理

4.3.1　引言

项目的战略问题是指来自项目内部或外部的一种情况或压力，这种情况或压力将在项目生命周期内对项目的一个或多个因素产生潜在的影响；这些因素包括：项目成本、进度、技术绩效以及项目融资、设计、工程、建造和运营等。战略问题可能来自许多不同的干系人群体，如客户、供应商、公众、政府、投资者等。一些有关战略问题的例子如下：

- 缩短一辆汽车的设计、开发和制造时间——通过并行工程方法解决这一问题。
- 在产品开发时，没有意识到环境相关和政治问题。美国超音速运输计划正是由于这一原因而被美国国会取消的。
- 在伊斯曼·柯达公司，曾经采用过一种"起死回生"战略——为减少和消除员工对变革的抵触情绪，开展一些补救措施势在必行。
- 一种环境因素的出现可能导致一个项目的延迟或被取消，如当某项目在计划建造核电站的基地附近发现了地震断层时，这个项目就会被取消。

战略问题是项目各方涉及的要点。

4.3.2　项目战略问题的管理

项目战略问题的管理包括四个关键的阶段，如图 4.4 所示。

（1）识别阶段。如果一个项目在规划中包括识别与管理战略问题相关的"工作包"，那么识别项目可能面临的潜在问题的精准性就会大大提高。在每次对项目进展进行审查时，都要注意那些可能影响项目的战略问题是否已经出现。通过审查项目干系人的利益，可以更容易地识别出战略问题。

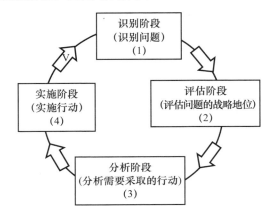

图 4.4　管理项目战略问题的关键阶段

（2）评估阶段。这一阶段的关键任务是判断一个问题的重要性。可以利用以下几种标准：

- 问题的战略相关性、重要性和持久性。
- 问题的可行性，考虑项目团队是否拥有处理这一问题的知识和资源。一个项目可能会遇到它难以控制的问题。此时，唯一现实可行的战略就是跟踪问题并考虑它对项目的潜在影响。例如，在政府的国防工作中，政府可能随时取消合约。
- 一个问题的关键程度是与它对项目的潜在影响的重要性相关的。如果问题是非关键的，则只需对它进行持续监控即可。
- 问题的紧迫性，是指在某一时间段内必须实施某些措施。

（3）分析阶段。在分析解决项目问题的战略与行动措施时，应当回答以下几个问题：

- 战略问题可能对项目成本、进度以及技术绩效等产生什么影响？
- 战略问题所涉及的干系人将对项目产生什么影响？
- 项目团队应当采取什么具体策略解决这些问题？
- 解决战略问题需要投入哪些资源？

（4）实施阶段。这一阶段，行动计划被实施，行动计划及其实施可以作为一个子项目来完成，这一子项目涉及项目管理的所有要素，如规划、组织、指导、控制等。执行阶段的一个重要环节是在项目进展的定期审查中对战略问题进行评审。

4.3.3　小结

项目的战略问题是指可能对项目产生重大影响的一种情况或压力。战略问题可能来自组织内部或外部，例如项目干系人认为对项目具有重要意义的重大事件或推动力。本节介绍了关于项目团队如何更好地管理项目战略问题的几个观点。战略问题可能在项目生命周期的任何阶段出现。项目经理应当重视项目战略问题的概念，并认真对待那些可能会对项目产生影响的战略问题。

4.4　项目干系人管理

4.4.1　引言

项目干系人是指那些在项目及其成果中拥有或认为自己拥有某种权益或利害关系的个人、组织、机构、团体及其他组织等。政治、经济、社会、法律、技术以及竞争环境中的干系人可能对项目产生重大影响。项目经理必须明确哪些人是可能影响项目成果的干系人，并对他们进行管理。

> 干系人是对项目提出索求的一方。

4.4.2　干系人影响项目的例子

- 由于一些环境保护团体的行动，美国设计和建造核电站的进程被延迟。
- 在加拿大詹姆士湾（James Bay）项目中，人们不得不对项目既得利益者提出的关于社会、经济以及生态方面的问题加以特别关注。
- 在穿越科罗拉多州格兰伍德峡谷的高速公路建设项目中，由于环保论者、旅游者和政府机构采取了积极的活动，项目团队必须特别小心谨慎，对一个地区的自然景观严加保护。
- 干系人的行为导致了匹兹堡的一条主干公路改变路线，以使该区具有历史价值的古老的教堂免于拆迁。
- 尽管美国超音速运输项目在技术方面的可行性已得到证实，但由于项目团队没有恰当地对关键的国会议员以及环保组织的政治利益加以管理——这些干系人在项目中的活动组织性很强，致使项目最终被取消。

4.4.3　评价潜在的干系人影响

要采取一种策略，考察项目干系人的潜在影响，首先应回答以下几个关键问题：

- 谁是项目的主要的和次要的干系人？
- 他们在项目中拥有什么样的利害关系、权利或权益？
- 他们给项目团队带来了什么样的机会和挑战？
- 项目团队对他们有什么义务，负什么责任？
- 为了达到自己的目标，他们可能利用哪些优势、劣势和可能的战略？
- 他们拥有哪些资源来实施他们的战略？
- 以上因素中哪些因素能使他们在对项目的结果施加影响方面占据明显的优势地位？
- 项目团队应当制定和实施什么战略来应对干系人可能带来的机会和挑战？
- 项目团队如何知道是否对干系人实施了成功的"管理"？

4.4.4　一个有关项目干系人管理过程的模型

管理干系人过程的关键在于把管理职能（规划、组织、激励、指导和控制）应用于潜在的干系人问题中去。图 4.5 描述了这样一个管理过程模型。

（1）识别干系人。一个项目通常面临两种干系人：①主要的干系人，他们与项目团队之间存在着契约上或法律上的权利义务关系；②次要的干系人，他们与项目团队之间一般不存在正式的契约关系，但对该项目或其结果拥有或他们认为自己拥有一定的利害关系。图 4.6 是干系人的模型。

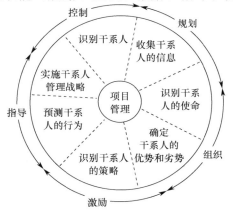

图 4.5　项目干系人的管理过程

主要干系人的职权和职责包括：

- 领导项目团队。
- 为项目结果的设计、开发和建造（生产）分配所需的资源。
- 与所有干系人建立并保持联系。
- 在制定和执行有关项目资源使用的战略中，为决策提供相关背景。
- 通过树立榜样，创造一种文化氛围，即重视给项目带来有价值的专业资源的人才。
- 对项目进度情况不断进行有效的监督，使其达到项目进度、成本、技术绩效的目标，并在需要的时候进行资源的重新配置和规划，以使项目正常运行。

- 定期审查项目团队所负责工作的效率和效果。

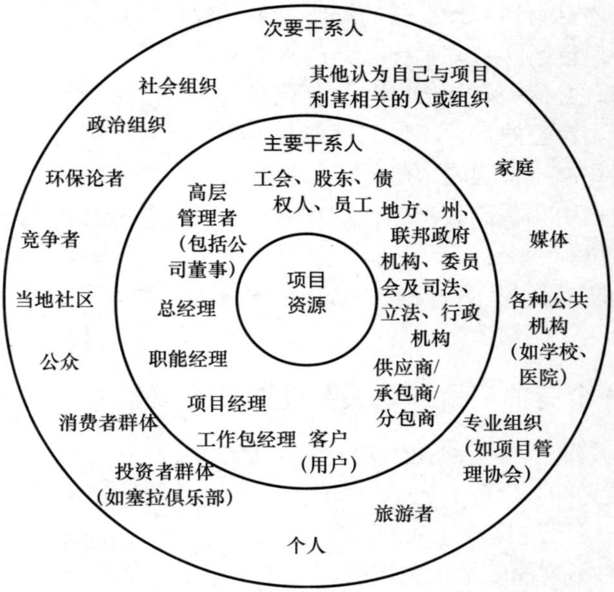

图 4.6　项目干系人模型

次要的干系人比较难以管理。他们的一些显著特点包括：

- 在对项目施加影响方面，他们的言行不受限制。
- 由于项目或项目的结果可能侵犯他们的"领土"，因此他们的相关利益是现实存在的，或者他们认为是现实存在的。
- 他们在项目团队中的"成员关系"较为特殊——只要获取与项目相关的优势或目标对他们有益，他们就不会离开。
- 他们有可能暂时联合别的干系人以追求共同的利益。这一利益可能与项目的目标一致，也可能与项目的目标相悖。
- 他们行使权力的方式有很多种，如政治影响、法律行为如法庭禁令、情感诉求、媒体支持、社会压力、当地社区行动，甚至还有恐吓等。
- 他们可以选择是否对自己的策略和行为负责。

（2）收集干系人的信息。关于项目干系人的信息可能来自多种渠道，包括：

- 项目团队成员。
- 关键管理人员。
- 商业刊物，包括《华尔街日报》《财富》《商业周刊》《福布斯》等。
- 商业参考资料，包括《穆迪工业手册》《价值链投资与保障》等。
- 专业协会。
- 客户与用户。

- 供应商。
- 商业协会。
- 当地和商业出版物。
- 公司年度报告。
- 专业会议上的文章与论文。
- 公众会议。
- 政府渠道。
- 互联网。

（3）识别干系人的使命，即分析那些坚持自己在项目中拥有既得利益的干系人的使命和目的是什么。例如，匹兹堡高速公路项目的干系人的使命就是"改变高速公路的路线以避免古老教堂拆迁"。

干系人可能支持项目，也可能对项目怀有敌意——这都会在一定程度上影响项目。因此，两种情况都需要管理：获得他们的持续支持以促进项目的开展；或尽可能地减少对项目的不利影响。

（4）确定干系人的优势和劣势。确定干系人的优势和劣势对于预测他们对项目及其结果的影响程度是很关键的。一个干系人的优势可能包括表 4.4 中所列示的几种。

相对应地，一个特定干系人群体的可能的劣势如表 4.5 所示。

表 4.4　干系人的优势

- 可利用的资源
- 政治和公众的支持
- 有力的战略
- 干系人成员的积极投入

表 4.5　干系人的劣势

- 缺乏公众和政治上的支持
- 缺乏组织效率
- 不适当的战略
- 分散的、不受约束的成员
- 资源的低效利用
- 整体上缺乏实力

（5）识别干系人的策略。干系人策略是对他们集体行动的一种部署安排。根据这一策略，他们投入所需的资源以达到自己的使命、目标和目的。这一部署规定了哪些资源可以利用，以及如何组织利用这些资源以达到干系人的意图。以对生态环境的不利影响为由通过法律手段终止一个项目的建设，是干系人常用的一种策略。另一种手段是寻求政治团体的支持来影响项目。对建筑场地进行监督、书面请愿、在电台或电视台发布通告等是干系人采取的一些其他常用手段。一旦理解了干系人的策略之后，接下来预测他们可能采取的具体行为就会有更大的把握。

（6）预测干系人的行为。干系人如何利用他们的资源对项目施加影响?这是一个需要回答的重要问题。干系人可以选择多种方案以达到他们的最终目标，这些方案包括：

- 影响项目的经济成果——比如在建立一个新工厂时，建筑工会可能去做的那样。
- 实现干系人的特定目标——例如保护环境，这是塞拉（Sierra）俱乐部使命的一部分。
- 影响项目成果的法律行为——例如停工令，直到干系人的安全索赔得到妥善解决。
- 通过获得立法者支持而采取的政治行动——例如在其政治区域建设资助政府项目。
- 健康和安全——通常在开发新药或制定医疗协议时提出。

（7）实施干系人管理战略。图 4.5 中所描述的管理项目干系人的最后一个步骤是制定一个如何管理和利用好干系人所需资源的草案。实施阶段开始后，项目团队需要开展以下工作：

- 确保关键管理人员及专业人员重视支持或非支持的干系人可能对项目结果产生的影响。
- 管理好项目审查会议，使干系人的评估能成功推动项目实施。
- 与重要的外部干系人保持联系，努力增加他们对项目及其战略的理解程度。
- 确保对干系人针对重大项目决策可能产生的反应有一个清楚的估计。
- 向关键管理人员和专业人员提供关于干系人现状的持续、适时的报告，以满足他们制定和实施项目战略的需要。
- 建立适当的安全保障系统，以确保敏感的项目信息不被充满敌意的干系人所利用，从而影响项目的成功。

4.4.5　小结

对项目的干系人进行管理是项目资源利用规划和实施过程中的一个重要"工作包"。项目团队中必须有一个人对这一特定"工作包"负责，在项目生命周期的各个阶段识别、跟踪和管理项目干系人。

4.5　团队的战略管理

4.5.1　引言

从战略的角度管理一个组织的本质就是在利用资源完成组织使命、目标和目的的时候保持一种平衡。其关键是保持运营能力、战略有效和职能能力卓越的平衡。图 4.7 描述了团队的战略有效、运营能力和职能能力之间的关系。这三种能力的定义如下：

运营能力是指这样一种能力，即能够利用资源为客户提供高质量的产品和服务，实现的利润能够满足提高该产品或服务的现有技术水平的需要，并有足够的剩余资金来实施组织的新的战略创意。

图 4.7　战略管理挑战之间的平衡

战略有效是指这样一种能力，即能够估计未来的产品、服务及组织流程并开发出这种产品、服务和组织流程的能力。第 3 章中所描述的各种项目团队可以用来对组织利用资源实现未来目标的可能性和概率做出估计。

职能能力是指这样一种能力，即能够支持组织实现因当前和未来需要而保持现有的资源使用的能力。

一个组织的运营能力、战略有效和职能能力必须保持平衡，如图 4.7 所示。这一平衡可以通过在组织中组建适当的彼此关联的项目团队来实现。

> **项目团队可以对组织的战略管理产生影响。**

4.5.2　团队链接

许多战略管理领域所特有的组织革新都是由团队带领和完成的。以下是关于这类组织革新的一些讨论。

- 流程再造团队，该团队从根本上对组织的业务流程进行重新思考和设计。团队的工作成果是组织中业务水平的提高和流程的改进。
- 危机管理团队，该团队作为一个中心，负责组织活动中可能出现的一切危机的管理。

- 产品／流程开发团队，负责产品、服务和组织流程的同步设计和开发。有效地充分利用该类团队，能够以较低的成本开发出高质量的产品、服务和组织流程，从而提高商品化的速度，带来更多的利润。
- 自管理生产团队，团队成员实施自管理。如果这种团队组建得较好，并被有效利用，就能大大提高组织制造或生产的效率和效果。
- 任务小组，这是一种临时的专门小组，负责解决组织内出现的临时性问题，或创造提高组织运营和战略绩效的机会。
- 标杆对照团队，负责采用最强大的竞争对手和行业领先者的标准对组织进行衡量。如果标杆对照团队被有效利用，这种团队将提高组织的运营和战略绩效。
- 设施建设团队，负责组织内设施的设计、开发、建设。这是利用项目团队的传统方式，在一些行业如建筑、国防、工程、研究以及政府、教育、健康系统和经济开发机构中，这种团队已经发展得相当成熟。

如今，由于工作性质和战略的变化，在某种程度上采用项目团队作为工作方式在组织中已经成为一种必需。

4.5.3　工作的变化

工作本身正在发生变化，已经从局限于对某特定职能领域负责转变为一种团队共同努力的方式，兼职和临时工作人员的使用在不断增加。今天的组织设计正在经历着巨大的变化，一些比较重要的工作变化包括：

- 一种比建立在劳动分工基础上的传统组织结构更加灵活的组织设计形式开始被组织采用。
- 组织越来越依赖可进行多种选择的项目团队来应对那些对组织产生影响的变化，特别是在新产品开发、产品改进和组织流程改进等方面。
- 越来越多的组织接受了这样一种观点，即传统组织结构的本质是为了维持现状而不是为了对那些来自市场和竞争的需求变化做出反应。
- 对工作描述或管理者监督的依赖在减少；相反，团队成员根据团队目标的变化而实施自我管理。
- 工作人员具备了协调团队中个人努力与集体责任关系的知识、技能和态度。
- 团队成员互相沟通，并从团队领导那里得到帮助和指导；他们将所有的力量集中于实现团队目标所需资源的使用上。
- 单个工作只有当它能提高团队工作的综合能力时，才是重要的。

除了工作的变化，传统的管理者和监督者的角色也在发生着变化。事实上，这种传统角色已经成为"濒危品种"。团队领导正行使着许多原来的"主管"人员所行使的传统职能。今天的管理者正在成为导师、引导者、教师、教练，以及其他一些不同于原来的"主管"性质的角色。团队领导及成员正在履行着许多传统管理人员的角色，例如：

- 规划工作并向团队成员分配工作任务。
- 评价个人和团队的工作绩效。
- 制定针对个人和团队的奖励。
- 向表现差的团队成员提出忠告。
- 参与团队工作中的关键性决策。
- 根据团队成员的个人和集体角色进行组织安排。
- 对工作质量、团队生产力和资源利用效率负责。
- 寻找更好的工作方法，发现有助于团队和组织未来发展的具有创造性或创新性的方法。
- 提供团队建设方式，为组织做好使用这些团队的准备。

4.5.4　做好使用团队的准备

在帮助企业使用团队方式时，管理者必须注意几个重要的基本原则。它们是：

- 各个团队要具备相互合作的能力，并能彼此尊重各自的领域。
- 认识到团队成员之间高度的相互依赖性，并将这种依赖性转化为整合团队结果的一种力量。
- 团队成员愿意共享信息并一起工作，从而形成一种高度协作的关系。
- 认识到团队工作中会经常出现由深层次原因引起的冲突——这种冲突通常源自不同的背景，并且是由实实在在的问题所引起的，而不是个人之间的斗争。
- 通过团队成员的努力寻找更加有效的解决方案，并抓住各种机会，达到一种效果，即每个成员都能在解决方案中看到自己的工作成分。
- 对团队文化的思想和工作流程有一个更好的理解，愿意无私地为实现团队总目标以及具体的目标提供支持。
- 增强团队成员之间的沟通，使他们彼此了解自己在团队中个人和在集体中所开展的工作。
- 更好地理解团队的意图、它与其他团队的关系以及各种资源是如何汇集起来以实现企业使命、目标和目的的。
- 培养高度的团队精神，即一种归属感和共同工作达到预期目标的自豪感。

在组织中，为了设计和实施由团队驱动的战略，负责设计与实施工作的团队必须负有以下职责：

- 将组织的愿景和价值观传递给团队。
- 为团队编制书面文件，包括章程、"职权—职责—担责"关系、工作的重新设计以及整体文化支持。
- 在团队之间以及团队与其他组织部门之间建立概念和工作上的链接。
- 对现有薪酬体系是否适应团队的组织设计形式进行评估。
- 在实现组织转型，即从传统架构转变为以团队模式、价值观和流程为特征的结构中起领军作用。
- 提供整体支持，包括配置资源。
- 评估团队将如何对待组织的职能性专业技术、组织的战略管理和文化特征。
- 提供培训以支持组织向团队驱动型组织转变。
- 评估现有的支持技术，如计算机与信息系统，以支持团队结构体系。

4.5.5 小结

跨职能和跨组织的团队正在为提高现代企业的运营和战略绩效做出重要贡献。当组织战略中包括使用团队这一管理模式时，应当对这一决策做出认真的分析，包括团队的潜在价值、企业如何为建立团队做好准备以及如何管理团队。团队作为组织战略的一部分，一旦被引入，组织的文化将会发生深刻的变化。

4.6 高级管理层与项目

4.6.1 引言

高层管理者包括总经理，对于组织的管理拥有明示的权力分配之外的剩余职权和职责，并对董事会负责。在组织战略管理创新的设计和执行中，项目就好比构建大厦的砖石，因此，高层管理者必须对为什么采用项目管理以及如何管理好项目等问题加以特别关注。

> 高层管理者对组织中的项目管理负有剩余职责和担责。

4.6.2 高层管理者对项目的责任

- 确保建立适当的组织设计。
- 评价组织文化，判断其是否支持项目管理。
- 提供资源，从而有助于对那些与项目直接相关的知识、技能和态度的更新。
- 对所制订的每个项目行动计划实施监督。
- 确保存在一个适当的信息系统，为项目的规划与执行提供支持。

- 建立对项目资源利用情况进行监督、评价和控制的系统，从而对项目是否达到预期的成本、进度和技术目标进行评估。
- 持续关注和思考项目在哪些方面与组织宗旨是一致的，以及会不会继续保持一致。

高层管理者与董事的职权和职责是相似的。如果董事要对企业的项目规划与执行实施监督，那么高层管理者就必须确保组织中存在适当的管理系统，使董事能够随时了解正在开展的重大项目的现状。

4.6.3 关注哪些项目

在一个持续经营的组织中，可能存在成百上千个不同规模、不同目的的关于组织的产品、服务及流程的不同项目。高层管理者在选择需要他直接关注的项目时，必须遵循一定的原则。这些原则包括：

- 那些可能带来市场竞争优势的新产品、服务和组织流程的开发项目。
- 那些可能实现技术突破、开发成本大幅度减少或可能较早实现商品化的产品或服务项目。
- 那些需要投入大量企业资源的项目，如果对这些资源管理不当，将可能削弱组织的财务或竞争能力。
- 那些与其他组织构建战略联盟相关的项目，如与战略盟友共同承担开发成本或在全球竞争中共同向当地市场渗透的项目。
- 那些与裁员、重组、削减成本、提高生产力、投资机会、并购以及与其他组织建立联盟等战略密切相关的项目。

高层管理者要对那些正在进行的重大项目进行考察，并且必须采用某种考察方法以确定哪些项目是重要项目，需要他们亲自参与项目战略的规划与实施。

如果对公司的项目没有进行适当的监督，就可能导致一个甚至多个项目的失败，从而影响公司在市场上的竞争优势。高层管理者监管失败通常有以下几种情况。

4.6.4 项目失败的原因

- 对如何把项目坚实地纳入组织的运营和战略轨道缺乏重视。
- 不愿意对项目的规划和执行进行评估。
- 没有认识到应当以"系统的方法"（本书在其他章节中有所论述）来管理项目。
- 没有为项目提供所需的资源，没有理解或用语言清晰地表达出项目与组织的职能部门及其他部门之间的关系。
- 没有要求对组织的所有项目依据本书第 7 章所描述的监督、评价和控制模型进行定期审查。

- 项目努力没有获得应有的认可。
- 没有认识到因而也没有重视项目的干系人对内部项目的影响。
- 在项目管理中忽视了对项目团队进行培训所需的资源。
- 不能在组织中起到审慎和有效的管理示范作用。

4.6.5 高层管理者对项目生命周期阶段的审查

（1）概念阶段，指确立项目概念性框架的阶段，包括项目可能的成本、进度、技术绩效目标以及潜在的战略匹配。高层管理者在这一阶段的主要职责包括：

- 评价项目潜在的"可交付物"，包括可能与组织业务有关的战略匹配。
- 确定组织在项目生命周期为项目提供资源支持的能力。
- 确定组织为项目团队提供接受过培训的人才的能力，以及从职能部门抽调人力资源支持项目的能力。
- 选择负有管理项目职权和职责的"合适"的项目经理。
- 确定是否为项目制定了充分规划。
- 最后，确保项目及其可交付物与组织的运营和战略目标保持一致，且要有提前终止项目的应急计划。

（2）执行阶段，指投入承诺的项目所需资源，开始进行项目设计、开发和执行的阶段。高层管理者的主要职责是：

- 为项目提供支持资源。
- 赋予项目经理及项目团队管理项目的自由，防止其他管理者干预项目。
- 对项目成本、进度和技术绩效进展进行监督，并向项目经理和项目团队反馈信息。
- 与关键的干系人如项目的客户、供应商和监管机构保持联系。
- 确保组织中的其他管理者承诺通过分配所需资源来支持项目。
- 给予项目经理和团队成员足够的自由，允许他们根据自己的观点寻求解决问题或把握机会的具有创新性或创造性的方案。
- 设置一个缓冲区，保护项目不受那些无法避免的来自组织和干系人的政治影响。
- 对那些为项目提供支持的人形成良好的报酬和激励机制，以获得最好的绩效。
- 确定项目的审计审查是否有效。

（3）后项目阶段。在这一阶段，项目的结果被融入组织业务的整体运营和战略中。高层管理者的主要职责包括：

- 确保成功的项目所采用的战略能够融入组织的业务经营中去。
- 确保采取适当的措施做好项目成果的售后服务。

- 进行项目后评审，收集此次项目管理的信息，包括"经验教训"，为以后的项目管理举措提供依据和参考。
- 检验项目的基本原理，支持组织的整体目标。

4.6.6　小结

本节对高层管理者在监督项目的规划和实施中的角色作用做了论述。这些管理者在项目的规划中负有关键职责，他们应该评估项目可能的战略匹配度。这些管理者在项目三个关键阶段中的作用以及他们应当履行的监督职责在文中都有所描述。

4.7　董事会与重大项目

4.7.1　引言

一旦对一个项目投入了资金和资源，开始项目的设计、开发和建设（制造）后，董事会就负有监督项目进度的重要责任。通过这种持续的监督，董事会对组织的活动能否促进组织未来发展将有更深入的洞察。那些必须由董事会和高层管理者审批和监督的项目包括：

- 新产品、服务和组织流程项目，这些项目可能给组织带来重要的竞争优势。
- 需要投入大量资源的项目，如引进新设施、结构重组、流程再造和裁员举措等。
- 牵涉与其他组织的战略联盟、合作研究、合伙及重要合作的项目。
- 可能使公司首次打入国际市场或扩张现有市场的重大创举。
- 使产品或服务加速商业化的项目，如同步工程。
- 将引起组织使命、目标、目的和战略潜在重大变革的项目。

通过对这类项目的监督，董事会成员能够深刻洞察组织正在进行的活动是否有助于未来的发展。

> **董事会对组织中的重大项目负有主要的受托监督职责。**

4.7.2　一些董事会监督不力的项目

- 在穿越阿拉斯加的管道系统项目中，一个类似于董事会的"业主委员会"没有对该项目尤其是项目的战略决策实施监督，包括：
  - 制订项目主计划。
  - 制订初期的涵盖各项目生命周期的整合计划。
  - 设计和实施项目管理信息系统。

- ○ 制定有效的项目控制系统。
- ○ 设计合适的组织。
- 在核电站的设计与建造项目中，大多数董事会成员都忽视了对项目规划与项目实施进行"合理和审慎的"监督。
- 华盛顿公用电力供应系统项目无力支付到期的 250 万美元债券利息，这在一定程度上是因为董事会监管不力。公司高层之间，包括董事会的沟通，是"非正式的、没有组织的以及不频繁的"。

然而，在有些核电站的建设项目中，董事会所起的作用是值得效仿的。例如，在宾夕法尼亚电力与照明公司的萨斯奎哈纳核电站项目中，董事会就对项目的规划与建设实施了持续的监督。

4.7.3 董事会对项目的关键职责

- 在持续审查那些支持组织目标的项目上起到示范作用。
- 在事关组织未来的战略管理问题上对高层管理者予以指导。
- 确保正在进行的项目所采用的战略与组织战略方向一致。
- 确保组织成员把项目看作战略设计和实施的基础，并确保项目能与组织其他举措之间相互联系。
- 坚持对重大项目进行持续和定期的审查，这样做可以激励总经理和项目经理，使他们在其他项目中也能像管理重大项目那样进行管理。
- 在需要的时候，与关键干系人如项目的客户进行沟通，这种需要可能会在整个项目生命周期中出现。
- 审查重大项目计划中的关键要素。
- 在项目生命周期的关键环节，由董事会做出正式简报或关于项目现状的报告。
- 视察重大项目的建设场地。由此向项目团队及其他项目干系人传达一种重要的信息。
- 对那些需要通过独立审计来确定其现状和进展的项目，对审计工作的开展进行指导。

4.7.4 董事会所需的项目信息

要履行职责，董事会成员需要一些有序和规则的信息。这些信息包括：

- 在董事会召开会议之前提供关于项目进展和状态的信息和问题，使董事会成员能够在会议之前研究这些材料。
- 提供给董事会的关于项目信息的报告应当是清晰明显的，不要把这些信息与其他要提交董事会审议的公司其他报告混在一起。

- 在董事会会议上，留出时间对那些与项目相关的问题和决策事项进行全面深入的讨论。
- 董事会成员会花时间和精力确定那些正在运行的组织重大项目中的"战略匹配度"。

4.7.5　小结

本章讨论了董事会在重大项目中的作用。通过一个例子说明持续监督项目的规划和执行有助于董事会成员深刻洞察组织为其未来所做准备的有效性。关于如何加强董事会在项目中的作用，本章也提出了一些建议。

4.8　国际项目

4.8.1　引言

国际项目是指跨越一个或多个国家的项目。国际项目可由一个组织机构推动，也可以由合作伙伴或一个联合体来推动。项目业主的组织结构关系推动了项目的实施。

国际项目跨越了多个国家的边界。这就导致了文化差异、时差、语言差异以及货币差异等问题。项目参与各方之间的差异增加了产生沟通失误或误解的概率。国际项目的优越性在于，它可以克服很多关于项目规划和执行的困难。

> **国际项目是未来潮流。**

4.8.2　国际项目的基本原理

总体来看，源自不同国家的多方合作利大于弊。从国家来看，当一国投资于研究开发的成本过高时，两个国家会决定由双方合作进行，分担投资成本将会使项目变得可行。

技术对国际项目有推动作用。当一国拥有先进技术而另一国正需要这种技术时，合作能使双方都获利。这是因为可以通过更低的成本、更短的时间获得先进的技术。

劳动力成本的差别是国际项目产生的又一原因。当某个项目属于劳动密集型并且劳动力成本在另一国家相对较低时，企业组织会寻求相对低廉的资源。例如，计算机编程可在印度而不是在美国完成。这是因为两个国家在劳动力成本方面有很大的差别。

国际项目可以是在不同的国家组织机构之间开展的合作，共同生产产品并在成员国进行销售。合作的所有组织如同团队一样在一起工作，共同生产某一产品的不同零件，各自为该产品在本国内拓展市场，这就降低了该产品的成本，而且发挥了合作各方的优势。

几个国家的组织共同组成联合体合作生产某一产品，同样可被看作国际项目。制造协和式飞机就是几个国家合作生产超音速客机给多个国家带来收益的实例。

4.8.3 国际项目的类型

根据各自特点，可将国际项目划分成几个类别。一般性类别划分有助于我们理解几种可用的结构安排以及关于跨国合作的现有观点。图 4.8 列出了国际项目最常见的几种类型。

有关国际项目的类型说明如下所示。这些说明描述的是第一层级的国际项目的代表。这种项目一般是为了满足项目干系人的业务需要而加以裁剪的。

```
◎        国际项目的类型        ◎
            多国参与项目
   一个组织，在不同国家拥有项目单元
   一个组织，产品零部件在多个国家生产
   多个组织的联合体（从事一个或多个项目）
              ……
```

图 4.8　国际项目最常见的类型

- 多国参与项目。两个或两个以上国家的合作，目的是生产满足双方利益的产品，有关国家通过签署合作协议，来规定合作的内容和范围，一般的业务安排如下：
  - 国家间进行分工，如国家间签署合同。
  - 项目指导委员会或项目管理机构。
  - 关税和税收免除。
  - 使用的货币单位。
  - 各成员国之间的资金转移。
  - 知识产权。
- 一个组织在不同国家拥有项目单元。由一个组织总体控制，由两个或多个成员国参与，以达到某一个特定目标。当这一组织机构出现在一个或多个国家比较有利时，世界上主要的大公司通常会采用这种形式。在母组织的控制下，项目工作的各组成部分将在不同国家进行。项目的最终产品影响着位于不同国家所有参与项目的组织。
- 一个组织其项目（产品）组件在几个国家建造。不同国家通过共同努力进行某一个项目。不同国家的实体可以是承包商或业务伙伴。项目的最终产品一般用于一个或多个组织，且不局限于参与该项目的组织。
- 多个组织的联合体。不同国家的多个组织共同参与，为了同一目的，像一个肌体一样运转。当需要几个国家合作达到某个开发产品而且该产品会对各方有益时，常采用这种形式。将多个组织的力量组合在一起，是为了寻求利益或规避风险。项目的最终产品通常服务于所有成员组织，也可能只是为了盈利。

国际项目可采用多种组织形式。最常见的形式往往简单而又直截了当。当项目跨越国界时，便会遇到诸如税收、币值稳定性差异、质量方法差异等潜在困难。为了能够顺利完成项目，应该使整个项目变得简单明了。

4.8.4　国际项目的优势

国际项目在未来呈现出诸多优势。图 4.9 对这些优势进行了总结。对这些优势，详细论述如下：

图 4.9　国际项目的优势

- 财政方面。较为富裕且比较发达的国家可通过全球发展中国家创造就业机会。发展中国家参与合作，由于劳动力成本低，因而从事劳动力密集型项目是有利可图的。这同样也为发展中国家发展其经济提供了一个收入来源。

- 硬通货转移。许多国家通货膨胀率高，每年超过 100%。当项目工作用硬通货或低通胀的货币付费时，则收费组织就在其国内赢得了稳定性和杠杆效应。稳定的货币可使从事项目工作的组织获得增长，而这种增长在国内是无法实现的。

- 技术转移。通过国际项目这种合作方式，技术可以从一个国家转移到另一个国家。技术转移可以通过为另一个国家提供信息或产品反向工程来完成。最终结果是一个国家的技术资本将通过转移得以增强。

- 利用现有技术。对于所选择的技术，别的国家可能明显处于领先地位。技术转让要花时间，项目往往是为了满足东道国的这种需求。因此，东道国的组织机构可通过合同关系得到这种技术。

4.8.5　国际项目的劣势

国际项目的劣势
技术转移
不同的时区
不同的工作时间安排
不同的语言
文化差异
用本国货币来衡量项目
质量标准
……

图 4.10　国际项目的劣势

国际项目与国内项目相比，存在一些劣势或面临着额外的一些挑战，在组织机构中必须付出一定的代价或运用知识来使有利条件大于不利条件，从而战胜这些挑战。图 4.10 总结了国际项目的一些劣势。对这些劣势，详细论述如下：

- 技术转移。尽管技术转移是国际项目的一个优势，然而一些国家却对技术

117

转移加以限制。最近一段时间，计算机技术成为非法转移的对象。就某个组织机构而言，它可能不愿意他人分享自己在制造方面的商业秘密或其他产权信息。

- 不同的时区。时区可能会阻碍母组织与其遍布全球的伙伴之间的沟通。沟通窗口可能限制在每天只有几小时或仅能在夜间进行。

- 不同的工作时间安排。全国性节假日及工作时间可能限制沟通窗口和其他沟通机会。全国性节假日在各国也是不同的。比如，欢庆感恩节在美国是 11 月而在加拿大是 10 月。

- 不同的语言。语言将使技术领域的沟通十分困难。比如，美国英语与加拿大、英格兰、爱尔兰、苏格兰、澳大利亚、新西兰所说的英语有很大的差别。

- 文化差异。由于文化的差异而造成会议日程安排的不同。与欧洲人、北美人及亚洲人举行会议，在形式上明显不同。从一个美国人结束其观点陈述到一个亚洲人做出回应，这期间的沉默会令美国人非常不自在。不过，这是亚洲人向对方表示尊重的一种方式，即等待对方发言结束。

- 用本国货币来衡量项目。当由于通货膨胀而使一种货币贬值或另一种货币增值时，使用当地货币对一长期项目的结果进行衡量将很困难。项目成本将由于货币价值的变化而发生很大的变化。

- 质量标准。不同国家的质量标准不同。获得的材料可能品质很低，制造工艺的精良程度也可能很低，这些质量方面的不平衡，对产品的质量和使用会造成负面影响。

根据国际项目参与各方协议的签订，还能发现其他一些劣势。在启动一个新项目之前，任何组织都应仔细研究文化差异等问题。这些差异一经发现，应通过寻求共同点使之得以避免。

4.8.6 制订国际项目计划

预先考虑上述优势和劣势可使组织对进行国际项目时遇到的问题有一个非常重要的认识。了解另一国家的文化、可获得资源、经过培训的劳动力的情况等，这些都只是一个开始。此外，该国法律、关税税收及交通系统对于项目的进行可能有利也可能不利。

政府间的国际项目通常使用 20 个不同章节的协议。这些章节附在一个标准的协议文本之后，以保证所有领域均被涉及。这种协议具有道德约束力，但由于没有可对两个或多个国家具有司法权的法院，因而不具有法律约束力。不过，组织机构应指定在协商失败后拥有司法权的国家。

政府有必要确定应该用哪种语言来解释协议，用哪种字典来进行文字处理。这样就提供了一种改善沟通并使争端得以容易解决的办法。由于相同的词有不同的用法，所以这种方法并不能完全避免误解。

国际项目的规划必须考虑到工作将如何进行，以及各成员国受到的文化因素的影响。有一点很有意思，就是在同一个国家内，存在着不同的区域文化。规划时必须考虑到这种区域差别。

一份在项目计划中需要强调的事项清单如下：

- 参与人员完成任务的技术和能力。
- 在相关技术和管理领域内所必需的技能和知识。
- 必须考虑的文化特点。
- 用于产品交付和海运的运输系统。
- 用于制造的材料等级和数量。
- 质量保证和质量控制程序。
- 沟通与汇报方法，包括工具和技术。
- 所涉及国家的政治稳定性。
- 有关劳动力、税务、税收和收费方面的法律。
- 除不可抗力之外，政府对各种原因造成的损失所给予的赔偿。
- 付款所用货币及会计所用货币单位。
- 时差及其对项目汇报的影响。
- 所有国家节假日与工作时间段。
- 参与项目各方之间的接口。

项目规划必须用一种语言来完成，以确保能得到最畅通的理解。即使在讲英语的国家之间，对计划的理解也会有区别，因而图形、图解的使用在促进对计划的理解方面比文字、附注更为有效。

4.8.7　小结

为了能借助他国的力量，各国政府及私人组织机构会寻求国际项目合作。这种做法为各国都带来了收益，并且为参与项目的各组织机构带来了特别收益，通常带来的是财务的节约或收获。

当一个组织机构开始从事跨国项目时，对于它来说，国际项目既有优势也有劣势。当此项工作已开始进行时，该组织机构需要考虑这些优势和劣势。

试图将一个国家的文化移植到另一个国家是很困难的，至少是一项长期性的工作。各国工作伦理差异很大，有努力工作型的，也有放松甚至是松懈怠惰型的。各个国家的文化不同，其处理业务和人际关系的方式也不相同，有正式的，也有非正式的。在尊重他人的风俗方面也有很大区别。

对于项目而言，沟通会是一个最富挑战性的困难。即使在英语国家，词与短语的使用也会有很大不同。当翻译一种语言时，技术语言或工作语言中一些细微差别会造成很大的麻烦。

4.9 项目组合管理

4.9.1 引言

对项目进行组合管理就是运用项目特征和属性对项目进行分类，并对项目对于企业的价值进行估算。这就明确了一点，即项目特征是决定目标选择标准的正反两方面的因素。对项目进行组合管理时所挑选出来的项目组合是一种平衡的组合，具有不同的特点，但都与企业的战略目标和运营需要一致。

项目通常按照其规模进行分类，即大型项目、中型项目和小型项目。这种分类根据不同企业对项目规模的不同定义而有所不同。规模的大小是相对的，并且规模也只是描述项目特征的一个参数。组织必须对项目的其他特征加以规定，并且将这些其他的项目特征运用到项目组合的构建中去，以保证企业的生产力和增长。

对项目进行组合管理是一项战略决策，要求在项目被选定之前就把项目组合的特征确立下来。被选中的项目必须与企业的战略目标一致，与公司提高企业竞争力的组织目标一致，这些项目是企业经营的基石。为组建项目组合挑选项目时还要考虑另一个参数，即项目成功的概率，对选择的项目在风险特征上加以平衡，将高中低风险的项目组合在一起。

4.9.2 项目组合管理的背景

很早之前，金融机构就已经认识到，要想处于最佳投资状态，就要进行投资多元化，即要同时持有股票、债券和现金，而这些投资工具的投资损失风险和获得投资收益的机会各不相同。为了达到投资者各自不同的目的，要在不同种类的投资工具中根据投资风险和获得收益的可能性构建投资组合。例如，总价值为 100000 美元的投资组合可以由 75000 美元的股票、23000 美元的债券以及 2000 美元的现金组成，从而实现投资多元化。某位投资者可能愿意接受这样的投资组合，即接受股票高于债券和现金的风险和回报。

> **项目组合是企业战略的未来。**

项目组合正在获得组织的认可，以平衡项目类型及其相对收益。每个组织都需要精心搭建项目组合，该组合与组织的战略目标、运营需要以及竞争能力相一致或匹配。通过平衡项目种类和风险初步建立项目组合，该组合相对于组织的现实能力而言具有实际运作空间，这是组建项目组合的开始。更复杂的构建模型还要求重点突出组织的发展方向和组织须保持的增长率，并且结合二者进行项目组合的构建。

4.9.3　制定一个项目组合模型

项目组合模型对于一个组织来讲是特定的。表 4.6 是一个项目组合基本模型的例子。这个模型可以是一个组织组建项目组合的开始。表中所列出的类别是建立一个项目组合时需要考虑的要素。

表 4.6　项目组合基本模型（举例）

序　号	类　别	目标数量
1	小型项目	32
2	中型项目	12
3	大型项目	4
4	高风险项目	2
5	中风险项目	6
6	低风险项目	40
7	能力相关的项目	48
8	项目客户的数量	＞12
9	高科技项目	2
10	研发项目	5

表 4.6 中列出了三种规模的项目及其目标数量。从表中我们可以看出，这一模型比较偏好小型项目，对此可能有以下几个原因：小型项目能快速完成，组织在小型项目管理上经验丰富，组织需要稳定的收益或者企业生产的产品以及提供的服务所面对的市场主要是由这些小型项目组成的。

在任何一个构建项目组合的模型中，项目风险都是一个需要重点考虑的因素。表中没有对列示的三种水平的风险加以进一步的描述，但这一模型对低风险项目具有明显的倾向。尽管低风险项目受到这一模型的偏爱，但毫无疑问，低风险项目的利润率较低，为此低风险项目被称作"面包和黄油"的工作。而另外，高风险项目具有高收益的特点。为什么项目会具有高风险呢?其中原因可能是对于组织而言该项目是一项新技术，或者项目本身存在着其他的不确定因素。

项目与组织的能力匹配，对项目组合的表现具有重要意义。延迟交付以及达不到要求都会给企业带来相应的惩罚，从而对企业造成实质性的影响。进一步来说，一个组织应该持续地塑造其核心竞争力，扩大其业务领域，并在其他产品上获得业务增长。项目表现是否优良与组织的竞争能力以及该竞争能力是否趋于成熟直接相关。

项目客户多元化对项目组合的绩效而言也是一个有利的因素。只为一两个客户服务将使组织处于一种不安全的境地中。如果这个客户不想要企业生产的产品，或者这个客户不再营业，那么组织就会完全失去相关的市场。客户数目较多虽然增加了管理干系人的工作量，但也使由于丢掉一两个客户而使企业的营业份额骤减的风险大大降低。

高科技项目通常会带来新的产品或副产品，但如果这一产品不在企业目前正在生产的产品范围内，那么这个高科技项目也将带来巨大的成本。通过开发符合发展潮流的产品，可以获得更高的增长率和更好的市场地位，这也对经营利润和市场形象的提升有很大的好处。然而，高科技产品往往要求巨大的投资，以提高产品的性能和外观。

研发新产品的生产方法或者设计新型服务可能需要启动研发项目。这是对组织未来进行的投资，这投资直到达成开发新产品或服务的有关协议才结束。通常，属于组织发展方向的先进的产品和服务会列入企业的营销战略或战略计划的某些目标中。

项目选择和启动通常会遵循表 4.6 所列示的项目组合模型的要求。此外，还需要对一些问题进一步细化，如对企业规模、风险的判定标准以及组织的竞争能力进行详细的规定。

4.9.4 项目选择标准

在开发和制定项目选择标准时要注意一点，即项目选择标准要与组织规模、经营范围、提供的产品与服务、消费者基础以及其他因素保持一致。表 4.7 将列出项目特征以及相关的标准，可以作为一些组织在进行项目选择时使用项目特征的示例，但这些示例不是全部的选择标准，其他标准也需要加以考虑。

表 4.7 组织对项目组合的选择

特　征	标　准
项目规模	项目组合是大中小项目的混合，小项目在 1 万美元以下，中型项目在 1 万美元至 10 万美元之间，大型项目在 10 万美元以上。 • 小项目占整个项目组合中项目数的 70% • 中型项目占整个项目组合中项目数的 27% • 大项目占整个项目组合中项目数的 3%
核心能力	项目之所以被选中，是因为该项目与企业四大能力中的某个方面契合。例外情况则需要董事会的批准
商业风险	项目（产品）选中后成功的概率很高（在 90% 以上）

续表

特　征	标　准
项目风险	项目目标有 70%以上的成功机会
技术	项目所需要的技术与目前核心能力的增长计划相容
盈利能力	项目未来的预期盈利能力在 15%以上

这些标准为项目组合在挑选项目时设立了一个非常保守的门槛，一个项目拥有足够的投资回报率才有可能被选中。例如，商业风险在 10%或 10%以下的项目在现实中几乎就已经是不可能成功的项目了。因此，在组织选取项目时，很有可能按照成功率在 60%或 60%以上的标准进行挑选。

在项目选择过程中存在许多变量，其中有些变量自己就能够决定项目的取舍；而其他变量则有可能需要结合在一起考虑以判断是选择一个项目还是剔除一个项目。这一点又再一次体现出组织的项目选择战略。表 4.8 是对一些变量的列示及其描述，这些变量构成了组织项目的选择模型。

表4.8　项目选择的因素

变　量	内　容
利润率	当项目的最终结果是销售一项产品或服务时，组织就需要通过项目获取利润。组织通常在风险、项目完成的难易程度、工作的类型以及项目是否会产生有用的副产品等基础上为项目设定一个利润目标
项目风险	组织必须对项目风险进行评估。所谓的项目风险也许是指项目能否达到市场预期或者是指项目能否在规定的成本、进度和技术绩效目标基础上完成
流程变革	组织可能会通过项目优化组织流程。通过项目改善流程或建立新的流程有可能是在成本节约和时间上最有效的一种方法
资源	需要对人力资源和非人力资源进行评估。人力资源可能是也可能不是执行一个项目中的关键要素。可能得到也可能得不到完成一个项目所需要的特殊材料或工具。在一些情况下，现有的人力资源在数量上对于在规定的时间框架中完成项目而言是不够的
财务考虑	当启动一个项目时，往往需要支付大量的费用，这对企业的现金流会产生负面影响。劳动成本以及外包所产生的成本对企业的财务影响也是相当大的
基石	这里提出这样一个问题，即项目对组织进一步发展核心竞争力以及企业的成功而言能否起到基石的作用？或者既对建设组织毫无意义又对组织实现整体目标没有帮助
副产品	副产品是否能应用于后续项目中或对组织未来竞争力的提升有益
技术	组织是否理解了相关的技术，并在此基础上从事经营？此外，技术成熟度以及是否要对技术进行进一步的研究都是进行项目选择时需要考虑的因素

变 量	内 容
项目持续时间	项目持续时间是否与日常工作安排没有冲突？组织中是否只有长期项目或者只有短期项目
项目规模	相对于组织而言，项目规模（金钱、资源、项目工期）是否适宜？组织可能会发现项目对于组织结构而言有可能太大了，或者发现对于目前使用的管理方法而言可能太小了
公司形象	当执行一个项目时公司是否获得一种企业形象
高度竞争	相关的项目或产品所面临的竞争激烈程度如何？项目是否处在一个衰弱的市场中
客户	项目是为现有客户服务还是为新客户服务？确定组织的业务是否以一个或两个客户为中心，某个客户的任何损失都会对组织产生重大影响
项目生命周期	项目的生命周期阶段是否提供了工作的连续性，或者是否存在中断的流动工作？中断流工作通常需要更多的资源和成本
核心竞争力	项目体现的是企业目前所具有的核心能力，还是作为塑造某一新的核心能力的开始？前者要比后者容易得多
需求紧急度	如果项目紧急，那就必须在规定的时间框架中完成，项目是否紧急也关系到资源的供给
研究与开发	研究与开发项目是过多还是过少，是否聚焦于应重点关注的领域？项目是有助于提升现有产品的质量，还是有助于新产品的开发

这些变量是有意按随机的顺序进行排列的。此表中的项目顺序不会对变量施加任何权重，也不会暗示变量可能适用于何种组织的战略。此外，组织必须开发其特定模型，并且可以使用任意或所有的上述变量。

项目选择标准一旦根据项目组合的需要建立起来，就可以对全部备选项目进行审查。项目选择模型通过对理想项目的描述而确定项目选择标准，在使用这类模型时人们将根据模型与现实的差距对模型进行调整。模型很难真实再现现实中的情形。

为了说明项目组合的概念，表 4.9 示例说明了企业使用哪些参数进行项目选择。

表 4.9　项目组合示例

序　号	项　目	目标数量	实际数量	差　异
1	大型项目			
	● 低风险	3	2	-1
	● 中高风险	1	0	-1
	● 高风险	0	1	+1
2	中型项目			
	● 低风险	10	8	-2
	● 中高风险	4	6	+2
	● 高风险	1	2	+1

续表

序　号	项　　目	目标数量	实际数量	差　异
3	小型项目			
	• 低风险	22	19	−3
	• 中高风险	14	15	+1
	• 高风险	6		−6
4	内部流程变革			
	• 组织变革	4	1	−3
	• 持续改进	2	1	−1
5	内部产品开发			
	• 新产品	4	0	−4
	• 产品改进	7	2	−5
6	内部临时项目			
	• 标杆对照	1	0	−1
	• 竞争分析	1	0	−1
	• 营销效果	1	0	−1

该表列出了那些目标数据可能会与实际情况发生偏差的项目选择标准，而这些偏差又会对企业产生较为重大的影响。这会给企业发出某种信号，即项目风险可能会使组织未来发生一些问题。第二个需要关注的方面是项目在组织自身建设上的不足。这方面有问题可能是因为没有针对提高组织业务能力设计和落实有关的预算或专项拨款，而经营决策几乎把重点都放在那些能产生收益的项目上了。

图表所示例子是相对于一个企业而言的项目总结，并为组织在将来进行项目选择指出了方向。这些信息也为将项目与组织的战略目标进行比较提供了可能，由此可以看出，这些战略目标对于企业的产品、服务以及市场而言是否现实。

通过对项目组合的观察与管理，可以使高级管理人员对组织的工作特点有一个更好的理解。项目组合的出现使人们将注意力都集中于那些符合项目选择标准的项目，就像人们对那些跨越既定界限的项目一样。项目组合管理对于组织更好地进行工作决策以及理解工作的本质提供了指导性的框架。此外，项目组合管理对于提高企业生产率和增长率也很有助益。

4.9.5　小结

项目组合管理是组织通过一个特定的模型对各种项目加以平衡，使项目选择与组织的战略目标保持一致。进行项目选择主要考虑项目在这个组织中执行是否合适，以及组织是否有足够的能力完成这一项目。

项目组合管理要求必须有一个在备选项目中进行平衡的特定的模型，并使用该模型进行项目选择。这一特定的模型要与企业在战略目标以及组织经营计划中明确表述的企业需要相符合。调整项目选择以实现这些目标对于在竞争激烈的世界中生存和发展至关重要。

项目组合管理通过提供对所选项目类型的理解和保持与战略目标和目标一致的项目平衡，为组织增加价值。当在战略和组织匹配之外选择的单个项目接受诸如风险太大的事项时，项目组合管理还突出了由此带来的组织不利趋势。

4.10 多项目管理

4.10.1 引言

出于经济原因，同时为了最有效地使用资源，需要同时管理多个项目。一个组织可能同时会有很多较小的且相互无关联的项目，这些小项目必须完成并要向客户交付产品。这些小项目要求有某种形式的项目计划以及完成项目工作所需的相应资源。为每个项目任命一个主管并建立一个项目团队可能并不是取得产品成果的有效办法。

你可能已经注意到了本节与"项目集管理"一节的内容有相似之处，这两节都涉及了多项目的伞状集中管理这一关键概念。

所有项目都需要做一些规划，规划的主要框架（如规划沟通）对于所有项目来说都可以是相同或类似的。此外，多个项目的产品可能是一个客户。项目功能上的通用性允许使用更少的资源进行单点管理。

4.10.2 多项目管理的收益

组织想要寻求高效管理项目的方法，就要求组织对所采用项目管理取得的收益进行评估，以衡量该管理方法成功的程度。通常来看，多项目管理可带来以下收益：

- 当主管能够协调多个项目并对人员进行任务分配时，这种做法可以更有效地利用资源。
- 当项目主管管理多个小项目时，可以通过计划来实施和控制多个项目，避免项目之间互相牵制，从而使项目主管更有效地发挥作用。
- 通过专业知识以及在项目组中运用项目管理的先进理念，更快地交付项目产品。
- 通过一次汇报多个项目的进展情况以及使用相同的汇报格式，提高汇报的效率。
- 通过对一系列小项目的学习，不断提高组织的项目管理技能。

- 通过对一系列小项目的实践，完善项目管理的过程。
- 根据对项目优先级排序来平衡资源，使用单一项目进度表来对资源和时间进行管理。
- 通过灵活调整各个项目的节奏来满足交付的要求。

不同的组织对好处和坏处的定义不同，体现在营利性、客户关系、项目管理有效性以及战略目标等方面。这些作用可与未来商业机会或改善目前情况直接或间接相关。根据组织选择的多项目管理的方法和流程的不同，可获得的收益也有多有少。

4.10.3　项目分组管理

当项目分组遵循一些基本原则时，那么，在一个项目领导者负责的情况下，项目分组管理会呈现出许多优势。必须遵守这些多项目管理的原则，否则项目获得成功的难度将会增大。图 4.11 给出了项目分组时应考虑的原则。现对这些原则说明如下：

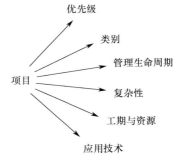

图 4.11　项目分组的原则

- 项目优先级。被分组的项目应具有类似的优先权。优先级是指对某项目需要的迫切程度，它指明了项目获得资源的先后顺序，以及需要完成的先后顺序。混合优先级排序可以很容易地决定不给优先级低的项目分配资源。这么做的风险是低优先级项目将难以完成。

- 项目类别。分组的项目应属于相同的类别。所谓类别是指用周期、价值或所需资源等指标对项目进行衡量的方法，是组织用以确定项目对组织业务影响程度的一种方法。当大小项目混合在一起进行管理时，在项目的执行过程中会出现不平衡的情况。由于人们认为大项目更重要，因而它有可能得到多于其实际需要份额的资源。而小项目也有可能获得份额以外的资源，因为小项目能够更早地完成，从而使人们切实地感受到工作的进度。

- 项目管理生命周期。被分在一组的项目应具有类似的生命周期。尽管不同的项目可能处于生命周期的不同阶段，但由于生命周期相似，仍然有利于制订统一的计划和实施方案。由于能不断地获得学习经验，生命周期方面的相似性也有助于流程的改进。

- 项目复杂性。为多项目管理而进行的项目分组较为简化。复杂的技术解决方案可能会牵扯更多的精力，投入更多的管理人员，这样就可能分散对其他项目的注意力。

- 项目工期与资源。对于分组的项目，其典型工期应相对短一些，完成整个生命周期应少于 3 个月，一般只要求较少的资源。单个项目所需的人员应少于 6 个。若需要更多的资源，则可能占用其他更重要的项目所需要的资源。
- 项目应用技术。项目所需技术应当类似。如果项目属于同一技术门类，则更好。混合技术要求有不同种类的技术，由于这些技术通常难以相互兼容，所以无法跨项目使用技术。任何技术的混合都将削弱项目分组管理的效率。

4.10.4 多项目管理的实例

第一个实例发生在 1994 年。有一家中西部的公司，其每年的项目多达 250 个。这些项目在规划、执行和收尾方面各不相同，该公司的业务决定了其所有项目的启动和结束必须在同一年度内。因而在一年内，规模在 1000～1500000 美元的在执行项目的数量超过 150 个。所有项目所需的技术及项目复杂程度类似，但其制订计划、实施与收尾却未采用同一方法。

高层管理者认为此种情况非常混乱，随意性太强。此外，该公司项目管理效率低下，一些项目无法按时交付产品。项目经理是一些合格的工程师，但他们缺少或没有受过项目管理方法的培训。规划通常只是一份工作和阶段性目标实施日期的说明。

该公司开始着手建立一个项目管理系统，该系统要求在项目执行前必须制订统一的计划和项目文档。采用这个项目管理系统的目标是要节省 15%或更多的项目费用，这样就可以开展一些辅助性的维护项目。高层管理者还要求项目计划应该对审批资金有个更高效的预见性。

借助于外聘顾问，该公司建立了计划制订标准及模板化的进度计划。10 名工程师接受了项目管理基础知识的培训并学习了为单个项目做计划的方法。外聘顾问则将各个单独的项目计划合并为一个主进度计划以确定它们之间的相互影响或冲突情况。高层管理者与项目经理（工程师）可以随时了解主进度计划的安排，以明确哪里拖了后腿以及哪里发生了冲突。

由于使用这种独特的多项目管理方法，第一年的项目费用节省了 17%，以后几年预计会节省更多。项目按照所批准的计划进行管理，该公司的高层管理者将这种理念传播到公司的其他部门。由于记录了哪些方面需要改进，所以在技术领域内获得了不断提高。

第二个实例发生在 1995 年。这是一家一流的国际性公司，该公司在多个国家开展项目，而这些项目却处于失控状态。这些项目大小不一，且许多项目相互依赖。这些情况表明，应该采取一定的措施来明确计划制订的级别、项目之间的接口以及完成单个项目所要求的资金。

在这种情况下，进行多项目管理就相当于由一个项目管理者管理所有的项目，并对各项目的交互接口进行协调，所有项目的接口及每个项目的各个阶段均置于一个主进度计划和管理者的调控中。通过主进度计划可以对所有工作有一个全局性的把握。单个项目的项目经理在项目接口和里程碑的制约因素下，就总体工作中的一个组件来开展工作。

由于单个项目的进度计划采用的格式是不同的，因此该公司制定了一个标准的进度计划格式。项目里程碑由来自董事级的高层管理者负责。同时，这位高层管理者还要负责预算。公司为所有项目经理制定并重新颁布了进度计划约定，以便各个项目与主进度计划保持一致。

对于在 15 个以上国家开展的所有项目，其报告程序也都实现了标准化。设计这样的报告程序是为了确保每周都可以获得与主进度计划保持一致的有关项目进度的报告。同时，当出现与主进度计划不一致的情况时，能为高层的决策提供信息。所有报告都将通过电子邮件的方式完成。

这个例子最终的结果是，高层管理者可以为所有项目的运营建立一个参照系，并使得项目经理能够对项目各个阶段进行管理。项目经理负责制定预算，尽力满足项目的技术参数，并保证项目按照进度计划顺利进展。

这家公司进行多项目管理的本质是：在最上层设置一个总经理，处于总经理之下的是位于不同国家的多位项目经理。这些项目经理在总经理的管理下开展工作，完成项目成本、进度和技术等方面的要求。这样，便将所有松散的小项目纳入一个主计划中，并通过这个主计划来协调工作。

4.10.5　单项目管理与多项目管理的对比

有时可将单个项目管理纳入项目集进行管理。究竟是将一个项目纳入项目分组管理还是单独进行管理，需要经过理性的分析。当一个项目非常重要并需要对其采取专门的措施时，就要将其从项目集中抽出来，单独进行管理。有以下特征的项目需要进行单独管理：

- 由于需求的紧迫性以及对组织的重要性，需要特别关注的项目。如果项目失败将会产生很大的负面影响。
- 因会影响到所有的项目，必须首先完成的项目。
- 涉及技术复杂需要特别关注的项目。能预见该项目会出现许多变化且变化范围微妙。
- 项目经理需要特别关注的示范性项目。
- 对于组织而言，属于全新类型或全新技术的项目。

单独进行管理的项目可能将耗费更多的资源，且资源使用效率低，但一些项目却有足够的理由需要对其进行单独管理。决定一个项目是否采用多项目管理形式，必须在充分掌握信息并加以权衡之后再作决策。

4.10.6　小结

多项目管理的方法论并不是唯一的，可以根据组织的需求灵活地裁剪项目规划、执行、控制和收尾。管理多项目有一些原则，实际工作中应使用这些原则并有针对性地对计划进行修订。组织只要将这些原则与业务需要相结合，便可以制定所需的管理体系。

通常，为了有效地使用资源并获得项目的成功，组织将小项目加以分组。对项目的分组保证了对多个项目进行单一化的管理，使组织拥有在不同项目之间及时调配资源的能力，并能保证工作因资源充足而持续进行。通过持续改进项目能力以及可重复的规划过程，组织可以实现其他收益。

第 5 章
项目领导力

5.1 项目领导力概述

5.1.1 引言

项目领导者是指在项目生命周期内领导项目，并在预算内按时完成项目技术目标的个人。要领导任何组织工作，领导者都必须身体力行。

5.1.2 公认的项目领导者的关键特征

- 他们做事有条不紊。
- 他们引人注目，驾驭一切。
- 他们随时准备倾听团队成员的见解，并与之讨论、收集信息，以便做出决策并付诸执行。
- 当时机恰当时，他们可以说："让我们行动吧。"
- 他们果断坚决，拥有做出正确决策和实施的丰富经验。
- 他们能使团队成员人尽其才。
- 他们善于将事情化繁为简。
- 他们公正且有耐心。
- 他们在领导角色上恪尽职守。

5.1.3 项目领导者与管理者

沃伦·本尼斯（Warren Bennis）在《优秀的经理和领导者》（*Good Managers and Good Leaders*）中提出了经理和领导者两种角色的区别，如下所述："领导者做正确的事情（有效性），而经理正确地做事。"我们对本尼斯所做的区分进行了提炼，便有了下列领导者与管理者的特点。

> 领导力是带领众人前进的一种能力。

1. 领导者

- 制定并宣传项目的愿景。
- 处理项目在运营和战略方面的变革。
- 与相关干系人建立互惠网络。
- 为项目团队营造文化氛围，促进团队承诺和激励。
- 通过与项目其他干系人的合作，设定项目的基本方向。
- 识别有可能对项目产生影响的普遍问题，并与团队成员一起解决这些问题。

- 成为项目本身及其目标的一种象征。
- 在与干系人协作的过程中是项目的主要倡导人。
- 做正确的事。

2. 管理者

- 处理在制定和实施项目管理系统过程中出现的复杂问题。
- 对有效率且有效果地使用项目资源进行监管。
- 在项目管理系统中设计并开发各项管理职能，包括规划、组织、激励、指导及控制。
- 必要时重新规划项目的资源，以保持项目资源支持的平衡。
- 监督项目团队成员的工作能力，包括对他们改进知识、技能和态度提供必要的指导。
- 确保项目沟通过程，使项目得以有效运行。
- 实施监管以确保项目的监督、评价与控制有效进行。
- 正确地做事。

项目经理既要做领导者又要管理项目，为了成功扮演以上两种角色，就必须具有下列各项能力：

- 对项目中所涉及的技术有全面的了解。
- 具备在项目中建立文化氛围的人际关系技能，使得团队成员和干系人相互信任，彼此诚实，信守承诺并互相尊重。
- 理解项目的管理过程并能落实这一过程。
- 能够识别出项目场景中的各种系统。
- 能够制定和执行项目中的各种决策。
- 能够实现项目的预期目标。

项目经理要能够同时担当项目管理者和项目领导者两种角色，这种能力有赖于个人的知识、技能和态度。

5.1.4　资深人士的观点

在一次资深高层级项目经理会议上，主持人要求与会者使用一个短语、单词或句子来描述一个"好的项目领导者"和"差的项目领导者"之间的区别。结果如表 5.1 所示，好的项目领导者和差的项目领导者的差别显而易见。项目团队成员应对自己的领导者进行评价，明确其领导风格是什么，并为其领导水平进行定位，从而确定他们是好的领导者还是差的领导者。

表 5.1　好的项目领导者和差的项目领导者

好的项目领导者	差的项目领导者
• 领导者者应该有积极的态度，有见的，知识渊博 • 关注雇员的个人生活(家庭情况等)，对将会出现的问题有预见性，是优秀的榜样，做事果断坚决 • 清楚地沟通项目要实现的愿景、面临的挑战以及行动的动机。重要的是可以给出制定项目规划的可测量的标准，是"目标导向型"经理 • 能够预见业务的未来愿景，并与相关的项目成员沟通，鼓励其成员为实现项目目标做出贡献，以信任、支持和积极的态度去接受批评，在经受失败时，仍可以保持信心并继续对项目给予支持 • 能够帮助下级确定工作方向，并支持其在实现这一项目目标的过程中成长。是导师而非主人，深知每个成员的目标及这样做的动机，并且一直有这样的认识 • 能够发现决策对每一成员的影响，强调团队精神，承认个人对组织的贡献，努力与下级和睦相处 • 能够倾听下级的想法和意见，不要采取反感的态度，但可以提出批评。与以往关系紧张的部门协调关系，多去项目现场，而不是整天坐在办公室里 • 能够知道什么是良好的工作及怎样去改进工作，能够看到产生的问题和不足 • 人性化地处理与同事的关系。遇到问题应征求同事的意见和想法，允许下级从事自己选择的项目，出问题后不能只是指责，而应该说："没有解决不了的问题，看看我们今后应该采取什么措施来避免问题再次发生。"	• 滥用职务权力进行指挥，不去了解和解决问题，不能认真地倾听他人意见。忽视或拒绝那些因为政治派别而本应采纳的意见。任意变更工作领域或工作方向，同时还把以前的错误选择推到他人身上 • 不寻求别人的帮助，不能起到榜样的作用，不了解项目过程中涉及的技术层面上的内容和问题 • 对经理的业务活动不加规范约束，在问题产生时只关心细节，不能站在一定高度予以解决，只是一味批评，却不会及时表扬 • 不能很好地传达项目的愿景（如果有的话），不能解释为什么要做该项目。从不关心项目的执行问题，并认为那只是空洞的口号 • 不听取他人意见，不懂得怎样进行有建设性的批评，片面追求完美，对完成不错的工作不予肯定。妨碍新的创意或想法的产生 • 只关心个人升迁，缺乏热情，无法与他人沟通愿景和想法 • 不能以人为本，缺乏兴趣，缺乏说服力，看不见项目愿景或没有实现愿景的方案 • 沟通起来只会喊叫、挥手和指指点点，面部表情看起来总是不满的样子，当事情进展顺利时只是说："不坏嘛，但请注意，不要犯什么错误。"从本质上讲，它只会用否定的语言。他是 X 理论的忠实信徒，但他甚至不知道什么是 X 理论

5.1.5　小结

本节简单考察了项目领导者和项目管理者的特点与差别。那些有职权和职责对项目决策的制定和执行进行监督的人，应该同时具备领导者与管理者的特点和能力，并且知道如何合理运用这两种能力。

5.2 项目领导力——更进一步的认识

5.2.1 引言

有人说，管理者可以接受培训，但领导者必须从榜样中学习。以身作则要求现有领导者成为未来领导者的榜样。未来的领导者可以在追随他人的同时发展。

要想成为领导者，个人应该将诚实与正直确定为最高目标，并且始终坚持。缺少了这两个重要的品质，个体就不可能成为真正的领导者。其他人不会追随一个既不诚实又不正直的人。有人问："我可以在撒几次谎之后仍得到你的信任?"答案是零次。

5.2.2 领导力基础

在军事上，领导力的定义是："通过提供目标、方向和激励来影响他人完成使命的过程。"这一定义稍加修改就可以运用到项目领导力中去。项目领导力的定义为："通过向个人和项目团队提供目标、方向、激励和教练，来影响他人完成项目工作的一种艺术。"项目领导力与军事领导力一样，在处理人际关系时，需要用诚实和正直的最高标准来建立起他人的信任与信心。

- 目标。向团队成员提供一个项目总的范围及将要进行的工作。这是项目生命周期的"主要环节"和最重要的部分。以目标作为指导，团队成员才能成为项目过程中的一部分。
- 方向。向团队成员提供必要信息，描述项目任务、项目分配情况以及需要优先完成的部分。其中还要包括应用于工作中的标准，以及对完成工作的期望。方向为团队成员在工作中达到所应达到的水平提供了指导。
- 激励。向团队成员提供关于项目工作为什么重要的信息，并且使他们逐渐产生自愿完成工作的意愿。确立激励的目的是促使团队成员即使在不利的情况下也能完成项目的各种工作。

> **好的追随者通常会成为好的领导者。**

- 教练。向团队成员提供旨在不断提高其在项目管理领域的知识、技能和能力的发展机会。教练可以通过设定范例、对执行工作的方法进行演示、向个人提供咨询等方法来达到规定的标准。

团队成员对他们的领导者有很多期望，这些期望至少包括以下方面，如图 5.1 所示。

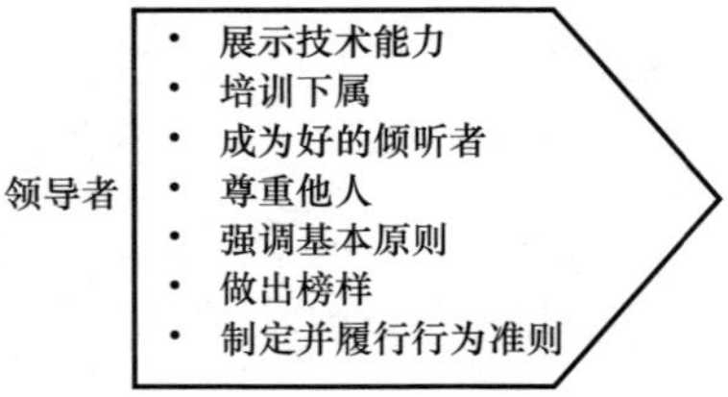

图 5.1　团队成员对领导者的期望

- **展示技术能力。** 领导者必须在项目管理领域中展示其相关专业的技术能力。团队成员期望并要求其领导者对自身规划和执行项目的能力充满信心。
- **培训下属。** 领导者不应局限于用一般的培训项目来强化这一行业的基本准则与实践。领导者应花时间将他们的经验和知识收益与他人分享。领导者应该帮助团队成员提升能力。
- **成为好的倾听者。** 领导者应花时间倾听团队成员的意见，对一般团队成员的态度就像对高层管理者那般重视。通过倾听，项目领导者可以发现团队成员存在的重要问题，并找到解决方法。领导者可以通过倾听来了解其团队成员。
- **尊重他人。** 领导者对团队成员应该始终给予关注和同情。领导者应该以团队成员期望得到的更好的方式来对待团队成员。与团队成员给予领导者的尊重相比，领导者所处的位置要给予团队成员更多的尊重。
- **强调基本原则。** 领导者必须掌握项目管理的基本技能，如组织、规划和分配工作、追踪工作以及做出决策。这些技能以及其他一些技能应通过行动和反复的示范传授给团队成员。
- **做出榜样。** 领导者必须确立高尚的价值观并严格遵守。如果领导者鼓励上述价值观的履行，团队成员就会效仿。
- **制定并履行行为准则。** 领导者必须了解和履行由本组织建立的行为规则。关于安全标准、对待同事的行为标准以及工作标准的基本准则都必须严格履行，对任何偏差都需要进行及时的纠正。

领导者不能放弃指导其领导力的基础概念，并且要做到始终如一。领导者在履行其领导职能的时候，不能满足于次优表现。借助榜样和价值观的作用，领导者可以与其项目团队成员一起成功地运作项目，从团队成员那里得到最好的价值。

5.2.3　项目领导力

项目在技术和组织方面的复杂性，使得项目领导者成为必需。项目领导者同时也要面对各种可能发生的不确定情况，而这些不确定的情况正是项目领导者不能向团队成员传达的内容。各类组织都需要符合下述要求的项目领导者：

- 了解项目在其组织环境中所波及的范围。
- 向团队提供目标、方向和激励。

- 主动抓住各种机会。
- 是团队在技术方面合格的组织者。
- 利用各种机会的同时，在权衡之后愿意冒一定的风险来推进项目。
- 有必胜的信念，善于排除障碍。
- 组建一个有凝聚力的团队。
- 通过口头或书面形式进行有效的沟通。
- 全心投入于项目并完成项目。

5.2.4　什么是领导力？

项目管理最基本的要素是在项目运行中一定要有具备能力和信心的领导力。领导力为确保项目成功运行，应该向项目团队成员明确项目运行的目标、方向、激励和教练。图 5.2 列出了项目中必须加以考虑的有关项目领导力的四个方面。

称职的项目领导力的工作并不复杂，但必须考虑到几个关键的方面。失败的项目与其说是该项目在技术方面遇到挑战，倒不如说是项目的领导力遇到挑战。这种领导力既涉及项目内部，又涉及高级管理层的决策制定。

> 领导力=目标+方向+激励+教练
>
> 图 5.2　领导力的组成

领导力有 4 个要素需要考虑：被领导者、领导者、情境和沟通。

- 被领导者。通常为项目的团队成员。但是其他受领导影响的人也应列入此项。个人被领导的方式取决于他们所获得的培训水平与所掌握的技能水平。领导应该区分哪些人胜任其工作，哪些人不能胜任；还有必要区别哪些人能完成工作，哪些人不能完成工作。

技能水平低的人往往比技能熟练的人需要更多的培训和更多的详细指导。当原本技能水平低的人取得进步时，领导应对其进行鼓励和奖励；当然，在那些技能熟练的人取得成就时，也应对其进行奖励。

对于有能力以一定质量完成工作而未能完成的人，必须对其失职原因进行考察，这种失误可能是由于认识不足或其他合理因素导致。对于有能力但拒绝执行工作的人，要对其进行劝告，如有必要可以进行处罚。通常在确定哪些人是因缺乏信息而不工作、哪些人不愿工作时，判断标准较难把握，需要一种微妙的平衡。

- 领导者。领导者不仅要执行其领导的职责，还应该使他人明确其领导地位以及他是如何履行领导职能的。对于被领导者来说，领导者应该是可见的。领导应通过展示其行动清楚地表明是谁在领导。术语"领导者"是指冲在所有项目团队成员之前并且对项目负责的人。

领导者必须清楚地了解他们自己是谁，能做什么，应该知道什么。领导者必须深知自己的优势、劣势、才能和局限，只有这样才能有效地进行自我控制和规范约束。领导者应该在避免自身劣势和局限的同时充分利用其优势和才能。

作为一个领导者，需要不断进行自我完善，全面提高人际关系技能。一个领导者要使别人信服他的领导才能，就必须向被领导者展现他的品德和可信性。仅仅依靠命令、指示、言语或其他表明其职位的陈述，一个人是不能担当领导者的重任的。只有被领导者才能任命谁是领导。下面这段话节选自一段对即将上任的军官的演讲，清楚地阐述了领导力的意义。

"我很遗憾自己不再年轻，不能成为你们当中的一员。今后你们还有很多岁月要经历，你们将迎接前面的种种挑战和危险，而对于我来讲，这样的日子已成过往。不久你们将面对你们的部队，作为军官、指挥官、领导者，我们对你们有什么期望呢？我们期待你们具有毋庸置疑的正直和高尚的品德，我们期待你们处事公正、言行一致……像对待一个活生生的人那样对待士兵，尊重士兵，具体地处理一个又一个问题。我们期待你们有勇气公开表明立场，当你的士兵服从命令时，对他们予以保护……在你犯错误时勇于承担错误。美国军队只是委派你们进行指挥，而真正使你们成为军官的是你们自己下达的命令。没有任何其他命令、证书或徽章可以让你们成为真正的领导者。领导力是无形的，领导者是靠自己争取来的，而不是天然形成的。领导力是你们自身不断完善的结果"。

- 情境。领导者所面临的情境与个人所面临的处境是不一样的。在采取行动之前，领导者必须对所面临的情境有所估计。有句谚语这样说："公开赞扬，私下批评。"领导们一般愿意在同事面前对某一个人所取得的成绩进行表扬；另外，作为领导，在准备对表现较差的人提出忠告时，往往要等待私下的场合。

领导者在任何情境下都要努力达成最好的效果。对领导者来说，喊叫或提高自己的声音，在绝大多数场合都是不恰当的。领导者必须时刻保持冷静，清楚地传达他所期望的结果。只有在发生突发事件时，喊叫才是合理的，例如，当这种行为能够使人们对安全和生命产生迅速反应的时候。

领导者在纠正错误时应该选择恰当的时机。有些行为要求领导者做出迅速的反应，而有些行为则并非这样紧迫。纠正错误的时机往往取决于其他活动的节奏。无论是否拖延，一个领导者总是要对良好的以及较差的表现做出反应——纠正错误或是表扬优秀的，无论怎样拖延，在工作中都是必须解决的问题。

- 沟通。领导者必须是有效的沟通者，在形式上可以是口头的或书面的。人际沟通是人与人之间的信息沟通。领导者应运用多种形式与上层管理者、同事、团队成员、客户以及其他干系人进行有效的沟通。下面是人际沟通的 3 种形式：
  - ➢ 言语或文字符号——书面或口头语言或其他可以理解的方式。
  - ➢ 示例——图像、图片或其他说明问题的方式。

➤ 数学方法——两种类型：

—逻辑和结构涉及解决问题的一般方法。

—内容涉及解决特定问题。

所有的沟通方式都可以归为以上 3 类。在运用这些沟通方式时，通常会同时使用其中几种而非一种方式。各种不同的组合取决于受众、沟通目的以及当事各方的距离。

沟通会受到个人信念与价值观的影响。信念是指一个人所了解、期望或认为的观点。价值观是指一个人的需求、欲望以及偏好。项目领导者必须考虑到会对项目团队成员产生作用的价值观和信念，并尽量避免改变这些价值观和信念。

通常，领导者与团队成员的沟通会受到听众的价值观与信念的影响。而团队成员给予领导者的信心和信任也会因领导者的沟通能力而提高或者降低。可以看出，领导者诚实、正直和开放的声誉在很大程度上影响着他与每个人的沟通。

5.2.5　领导力的原则

图 5.3 列出了为项目领导者确定的 11 个领导力原则。

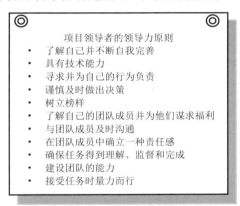

图 5.3　项目领导者的领导力原则

5.2.6　领导力的特点

领导力所具有和展现出的特点，在使项目团队成员自觉服从、信任、尊重他们以及与他们忠实合作等方面，起着极其重要的作用。图 5.4 列出了一个好的领导者所应该具备的特点。

图 5.4　领导力的特点

5.2.7　小结

领导力的概念与其他更为常见的管理概念相比，具有明显特征——是技能、知识和能力的结合。领导力这一概念包括了一系列领导者所应具备的特征和特点，而正是这些特征和特点使领导者逐渐赢得了被领导者的信任。

领导力不是天生的，也不是培训出来的。领导力是通过学习他人的行为榜样形成的，效仿那些积极的、可以促使其他人自觉完成工作的领导特征是成为领导者的关键。领导者应该乐于以坦率、诚实的态度来对待项目团队成员。

领导者是自我奋斗的人。任何培训、教育和任命都不能造就一名领导者。领导者是从被领导者那里争取到领导权利的。获得被称为领导者的权利要通过极大的努力，并要展现出能够博得被领导者信任的价值观和特征。

5.3 教练项目团队成员

5.3.1 引言

教练是领导工作及团队建设中一个非常重要的方面。它不仅要对好的行为进行肯定，也要对破坏性行为进行纠正。教练是面向个人及整个团队的，是领导者逐渐发展和改进的一项技能。

教练是一项基本的领导力能力。掌握教练技能和指导工具相关的知识对处于项目领导者角色的人来说是必不可少的。在项目领导者成功完成其项目以及加强个人及团队成员的能力等方面，教练能力具有重要意义。

5.3.2 什么是教练

教练是指"通过某个人的干预来改变或加强团队成员的某些行为，以提高项目团队成员专业能力的领导行为"。提出忠告常常与教练具有同一含义。然而，教练还需要对积极行为进行提倡，并试图对负面行为加以改进。提出忠告经常是健康顾问、精神领袖或其他经过专业训练的从业人员所做的事情。

在项目管理中，教练活动特别指领导者所做的那些影响工作绩效的行为。通常，这些行为能鼓励个人和团队按预期方式行事。当个人处境影响工作绩效时，往往要求教练的作用延伸到个人生活中去。例如，一个面临婚姻问题的人可能不能给予其工作足够的重视，婚姻问题的压力很容易将其工作效率降低。

教练是导师或顾问。

5.3.3 项目领导者作为教练的角色是什么

项目领导者负责将项目收益交付给干系人，特别是交付给客户或顾客。项目领导者的这一职责还包括组织和维持一个强有力的项目团队来运作项目。在指导团队成为具有创造性的工作小组的过程中，领导的作用至关重要。

领导者首先要制定项目实现的期望目标，并向其团队成员传达他们需要遵循的标准。确定预期目标可以在项目的开工会议上完成。此外，还需要确定项目的范围、特定需求、目标交付日期以及对项目进展方式的说明。最后，确定对项目团队成员行为标准的期望也是非常重要的。

一旦期望确定，项目领导者就必须通过纠正行为偏差以及肯定符合标准的行为来实现这些期望。必须通过不断强化才能显示期望目标的可行性及其对项目的必要性。当一个项目领导者不能指出项目实施过程中产生的偏差时，这个领导者实际就是对那些确实遵守上述要求的人进行"惩罚"。如果由于偏好或其他个人的原因而使上述"规则"未能落实，那么这位项目领导者在管理其团队时将难以达到他所预期的结果。

5.3.4　教练技术和工具

项目领导者必须有能力对团队成员进行有效的教练。如果这个项目领导者由于个人问题阻碍了他工作能力的发挥，那么他对团队成员进行有效教练的可能性就会大打折扣。领导能力，即不受自身问题困扰的能力，是成为一位领导者/教练的先决条件。图 5.5 所示是主要的教练技术和工具。

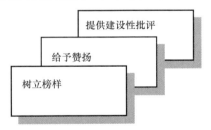

图 5.5　教练技术和工具

进行教练最有效的方法之一是树立榜样。如果一个领导者规定每天早上 8 点开始工作，而他自己却每天都要迟到，那么这就会给团队一种强烈的负面信息。反过来，如果团队需要加班，而项目领导者留下与团队成员们一起干，就会传达一种积极的信息。

赞扬也是项目领导者可以使用的最有效的方法之一。赞扬必须是真挚和诚实的。赞扬必须与项目开始时（或团队成员加入时）所确定的预期目标有关。赞扬可以是对以很好的方式完成工作或进行技术改进表示肯定。赞扬是对个人或团队成员出色工作的反馈。

"干得好，彼得。你的工作比计划提前了一天。我对此感到很满意。"

"乔，你准备每周报告的水平已有了很大的提高。股东对能及时地收到报告非常满意。"

"玛丽，在团队会议上你的表现更加活跃了，我们的团队从你的知识中获益匪浅。请继续坚持下去吧！"

而批评必须谨慎使用，并且尽量在私下场合进行。任何关于个人绩效的批评只有以中立客观的态度进行，才能获得最大的效果。在对项目成员提出批评时，要尽量避免对个人特点进行批评，要使批评所针对的问题是专业上的问题而不是个人攻击。批评的目的是求得工作中的改善。

建设性的批评必须将目前存在的问题用平静的方式传达，以下是几个关于批评的例子：

"弗雷德，在团队开工会议上清楚及时地提交报告对我们项目的成功与否至关重要。但由于你的报告没能及时提交，因而没有办法与其他团队成员的报告进行整合。这影响了整个团队进度，这是一件很糟糕的事情。我们应该怎样去做才能及时地提交报告呢？"

"奥斯卡，在我为新项目团队成员进行迎新会时，已经就团队成员的缺席需征得我或我的助理的同意达成共识。昨天，团队有一个重要的会议，而你却没能参加。我们是一个整体，团队需要你为项目做出贡献。能告诉我到底发生了什么事情吗？为此我们将来要做点什么吗？"

"艾伦，你看起来对我们的团队会议缺乏兴趣。今天早上，你在每日简会上睡着了，这对整个团队和出席会议的人造成了极其不好的影响。我们应该怎样去做来改变你现在的这种状态？"

在项目工作环境中，赞扬与批评都是必要的。项目领导者必须料到自己的反应会对事态发展产生什么样的作用。一些小的环节被忽视或未被纠正，将会引起更大的问题。要对涉及关键环节和行为方面出现的问题进行及时纠正。预料到赞扬或纠正什么将产生什么后果，会有利于帮助项目领导者提前做好必要准备。对于新的项目领导者来说，还需要对那些能通过指导来解决的情况进行预估。

要提高团队成员的个人水平，项目领导者的努力应以下面4个目标为指导：

- 使个人能够认识到自己的长处和短处，并能找到问题所在。而项目领导者要成功达到这一目标需要的是耐心、发自内心的关注、清晰的思路和沉着的举止。
- 使个人能根据事实决定可行的做法来避免自身的短处，并且选择一种正确的行动方案。项目领导者要达到这一目标，就要运用相关的技能、知识和制约因素。
- 使团队成员采取合理的正确行动，这取决于个人对自己所做决定的投入以及完成工作的信念。
- 使个人对其决策及行动承担全部责任。只有把上面3个目标结合在一起才能使这一目标得以实现，因此项目领导者必须在获得个人对行动的承诺之前确保实现前3个目标。

对团队进行教练是形成集体协作的前提。当团队完成任务或取得重大进度时，领导者可以对团队予以表扬。当团队的努力得到除项目领导者之外的人员的肯定时，这种赞扬更为有效，为此，领导者可以通过请高层管理者或客户对团队的成就给予肯定。当团队意识到自己的努力得到承认，并且认识到他们的工作对他人很重要时，就会在工作中建立起自豪感。

对团队进行批评是比较困难和尴尬的事情。但不足之处必须改进，而且团队领导者一定要得到团队改善不足的保证。指出不足之处的一种方法是说明这将导致团队不能达到预期效果，并且征询整个团队的意见来避免这种情形。让团队去判断坚持错误将会产生怎样的后果。作为团队的一员，项目领导者应该做好指出不足的准备，并将指出不足看作改进项目运行结果的一个必要步骤。项目领导者必须获得团队对他们未来绩效的承诺。

5.3.5　有效教练的特征

为了使自己的态度与行为更加适应教练工作，项目领导者必须了解图 5.6 所列出的作为领导者应该具备的各项特征。

图 5.6　有效教练的特征

- 灵活性□□针对不同的个人以及和对期望未来实现的目标之间的关系，采取不同的教练方式。
- 尊重——对具有不同价值观和心态的独特的复杂的团队成员表示尊重。
- 沟通——当对个人进行教练时，使用口头、书面语言、手势和身体语言来建立起坦诚的双向沟通，有效的教练可以鼓励个人说出比领导者所说的还要多的看法。
- 支持——通过行动和对个人的关注对团队成员予以支持和鼓励，这是项目领导者在对个人进行教练时所要考虑的首要问题。与此同时还要帮助他们找到问题的解决方案。
- 激励——有些人可能希望得到教练，而有些人则表现得很消极。那些希望得到教练的人的动机是完善自己，而较为消极的人可能更需要得到教练，而且他们会从中获益更多，项目领导者应该去发现那些不愿接受教练但又需要教练的人。
- 目标——培养负责的、独立性强的、可以解决自身问题的团队成员。

项目领导者在教练过程中必须为谈话内容保密。开始时，项目领导者应向被指导者说明这是一次秘密的交谈，项目领导者应做出不会将谈话内容转述给别人的保证。例外的情况是，某人需要教练的原因是他触犯了法律，而指导者不能成为其同谋或帮凶。

项目领导者对个人进行教练的能力是有限的。由于大多数项目领导者不是治疗专家，因此，如果有这种需要，项目领导者应停止其教练活动，并介绍有关的个人去求助医生或某一特定问题的专家。这样做的目的是使每个人都成为力所能及的最有效率的团队成员。有时候，介绍团队成员向其他专业人士求助是一位领导者向个人所能提供的最好的帮助。

5.3.6　小结

由于项目领导者会花很多时间与其团队成员共同促进个人效率和工作效果的提高，所以，教练是一个项目领导者需要具备的多种能力中非常重要的一个部分。教练的意义在于它能使个人在组织中更受重视，项目团队更加团结一致。但是教练往往在项目中未得到应有的重视，人们也没有完全意识到教练所带来的好处。

项目领导者可以学习教练技术和工具，并通过不断实践来提高指导的水平。项目领导者必须认识到自己教练的局限性，并在恰当的时候建议个人去求助于专业顾问。教练活动必须保密，并且在教练过程中做到互相信任。在沟通过程中，如果大部分的谈话是由被指导者说出的，而项目领导者只是倾听者，那么这样的教练过程可以被认为是非常有效的。

5.4　管理项目中的冲突

5.4.1　引言

项目中总会有冲突发生，这是由于项目团队的临时性以及项目领导者需要管理一定数量的外部接口所引起的。当两方或更多方当事人就项目工作的一项重要因素不能达成共识时，就会产生冲突。这种意见上的不一致可能是关于技术解决方案上的分歧，也可能是关于某一项成本、如何完成某件事或对何时交付的意见不同而造成的。

人与人之间的冲突可能源于人事方面的斗争，这种斗争属于个人原因，但却阻碍了工作的及时完成或者导致客户的不满意。解决个人冲突通常比解决专业分歧更为困难。个人冲突对实现项目目标会起到负面影响，因为它破坏了项目的工作关系，而正常的工作关系对于项目的完成是必不可少的。

> 预料到会出现冲突，就可以在项目环境中对其加以管理。

5.4.2　冲突来源

由于项目自身的特性，项目执行环境中不可避免地存在冲突。按时完工、符合预算、满足客户需求，要完成这些目标都可能导致冲突的发生。这些目标和它们可能引发的冲突对于项目团队以及项目团队之外的其他方面而言是与生俱来的。

每个人都有各自不同的工作议程，看问题也会有不同的观点。实际存在的和感知到的分歧会增加冲突发生的可能性。一个项目团队需要按单一工作议程行事才能确保该项目的最终成功。让自己的团队成员能够上下一心，并且制定出统一的工作议程，是项目领导者的核心职能之一。

来自外部的原因是人们对资源的需求具有竞争性。例如，当某两个项目共用某些资源时，双方项目经理都对这些资源有需要，那么这时就会产生冲突。对某一有限资源的竞争性需求可能是在这一矩阵环境中产生冲突的最大根源。图 5.7 列出了项目中出现的某些方面的冲突，并就其具体内容进行了讨论。

为了更有效地进行管理，我们将项目中容易产生冲突的相关来源划分为几个方面，它们包括：

一些冲突的来源
- 项目优先级
- 项目管理方法论
- 进度和资源
- 性骚扰
- 玩笑
- 其他

图 5.7　项目中一些冲突的来源

- 项目优先级——项目领导者和其他部门经理之间往往会出现关于优先级问题的冲突。这通常要确定哪个项目或工作最紧急，最需要优先利用某类资源或使用某些设施。企业内各部门对于项目优先级的问题并不能总是处理得很好，因此项目领导者往往会遇到这种棘手的问题。这时组织往往会认为"每个项目都很重要"，而当每个项目都需要优先处理时，也就没有优先级的意义了——必须排出项目的先后顺序。

- 项目管理方法论——项目管理方法论在项目执行过程中往往被"修改"。某些部门在计划和实施项目的过程中，当涉及使用哪种方法最好时，将会产生冲突。"修改"后的项目管理方法通常省略了项目过程中一些重要的部分，如进行测试的过程可能会被缩减以便节省时间。

- 进度和资源——项目的动态性将改变项目所需资源的时间框架。职能经理希望有一个固定的时间为项目分配资源；时间既不多，也不少，并且在任务计划的基准进度计划内。

个性差异往往也会导致冲突，而且会破坏项目需要的互相合作的氛围。在通常情况下，产生冲突最普遍的原因莫过于一个人或多个人的错误行为。其中，一些较为重要的因素将会给项目执行带来混乱，并产生冲突。在此举例如下：

- 性骚扰——在此解释为在有违对方意愿的情况下对男性或女性进行性侵犯，这将形成一个极为有害的工作环境。这种侵犯可能是身体上的行为，或者是语言上的攻击。

- 玩笑——这些玩笑可能是贬低某个人或某个群体的行为，这种做法无论相关人员是否在场都不合适，那些与种族或性行为有关的玩笑是不恰当的。

- 其他——以贬低别人来吸引众人注意力的行为、穿奇装异服或过于暴露的衣服以及其他一些品质低劣的行为都是不能容忍的，带有贬低性质的手势及言论也是不能接受的。

5.4.3　冲突类型的分类

对冲突类型的分类将有助于对其进行识别，从而处理好冲突的每一个环节。冲突可分为两类：公开的冲突和隐蔽的冲突。

- 公开的冲突——当一方或多方向另一方发出挑战时就会出现的一种冲突。对付这种冲突比较有效的方法是提出问题并找到解决的方法，这是解决问题的第一步。公开的冲突是可以识别和管理的。
- 隐蔽的冲突——一方或多方与另一方存有异议而未说明，并出现严重怠工或者拒绝提供全力支持的现象，这种情况被称为隐蔽的冲突。在这种情况下，虽然怠工和不给予工作上的支持是可以被大家看到的，但这并不是冲突的原因，这种冲突往往难以解决，除非找到冲突的原因，否则就无法彻底解决问题。

5.4.4　冲突的原因

项目的动态性是冲突的一个来源。某项任务的执行通常会有执行时间和地点。如果执行方缺乏灵活性，那么进度计划的滑动和任务的变更将导致项目失败。在为某项任务调配承诺的资源时，职能部门的经理们通常会为动态的进度变更而备感头疼。

会议中要使各方达成共识也是冲突的一个来源。"意见一致"本身的含义就是每一个人都要同意。但组织文化的本质是只要和自己没有关系，人们就不会提出什么问题，因此，意见的一致就会表现为"如果这件事和我没关系，我就不会不同意"。这样，这种众口一词就不会产生任何不同的意见，这使得很多问题被搁置，直到在执行项目或任务时又遇到，这些问题才不得不被提起解决。

另一种获得一致意见的原因是大家都存有"任何决定都不会对这个房间里的任何人有害处"的想法；但不在此房间中的其他人却可能因此而受到牵连。这是一种潜在的产生冲突的来源，而且会对项目产生很大的危害。这种方式应予以禁止，每个人都应想到所有人的利益。

组织文化是产生冲突的一个来源，组织文化是组织价值观的总和，有些文化是好的，有些文化却不尽如人意。很多个人往往以"组织文化"为由拒绝执行某项任务。例如，某些机构允许职员在不同意做某项工作时，即使被分派到这个工作，他也可以选择不做，这样，项目领导者就会与有关的项目成员产生冲突。

组织文化还会大大影响各层级决策的产量和执行。当其他人不同意做某项工作而个人又无权做出将对他人产生影响的决策时，这将会贻误决策的制定，而且会耽搁工作。当第三方因此造成延误而无法进行工作时，冲突就会出现。

5.4.5 团队价值观

当团队成员谈论团队文化的时候，他们实际上是在谈论他们已认可或已采纳的团队价值观。团队文化是团队价值观的总和，不论其形式是具体的还是抽象的。

我们很难将所谓的"组织文化"弄得清楚明白，因为它是所有具体的和抽象的团队价值观的综合体。为了解决冲突，人们必须直接找出某个团队的团队价值观，并弄清这种价值观是产生冲突的原因还是助长冲突的条件，最后决定是该发扬这种团队价值观还是该将其摒弃。

5.4.6 冲突解决模式

项目管理的领导者可能会采取下列解决冲突模式中的一种或几种。这些模式对于提高个人迅速有效解决冲突的能力很有帮助。它们包括：

- 撤退——当已发生或将要发生冲突时采取回避的态度。这是一种既不能解决冲突又不能澄清问题的逃避方法。它是一种难以从根本上解决冲突的方法。
- 缓和——是指努力说服当事双方，通过淡化异议，强调共同观点以说明冲突并不真正存在。潜在的冲突常常因为人们遇事观点相异而致。这种解决冲突的方法收效甚微，而如果一个人只会运用缓和的模式解决冲突，那么人们将会对这个人的印象大打折扣。
- 妥协——这是一种试图令冲突双方有所让步从而解决冲突的方法。运用这种方法的前提条件是双方都正确或都有错误，而且都需要各自放弃自己的某些看法才能平息事端。这种方法通常会令当事一方或双方不太满意。
- 强迫——坚持一种观点，否定冲突一方的意见或对双方的意见均不采纳。如果在解决冲突时当事双方都不予以合作，或者已无时间再运用另外一种模式去解决冲突，那么用这种模式是很有必要的。
- 问题解决——弄清问题的本质，查找事实根据，分析形势，选择最合理的解决过程，最终达到消除冲突的目的。这种模式虽然需要耗费时间，但是，如果冲突双方都有意合作而且乐于解决问题，那么这种模式将是最为有效的方法。

5.4.7 防止冲突

当两个或更多团队成员按不同指示或不同的信息进行工作时，冲突往往就会出现。这些引起冲突的指示或信息肯定有存在的根源。这些指示或信息有可能直接来源于个人，如项目领导者；或者由于缺乏项目领导者的引导，而使团队成员只能靠主观臆测来决定各自的行动。

当一位项目领导者和某职能部门经理向一个团队成员下达不同的指令时，也会出现冲突。该成员必须面临应该服从谁的选择。下达指令的这两位领导者中有一位最终将会被证实是错误的。

在处理有可能产生冲突的情况时，防止冲突发生或许是最有效的方法。项目领导者必须保证所有成员明白，要使项目顺利进行需要他们做哪些事情，并且要所有成员对项目计划都非常熟悉。项目领导者还应确保团队成员深刻理解该项目的目标和含义，以便项目能够顺利实施。

向团队成员灌输"信任"和"自信"思想的团队建设也能减少冲突。一种彼此信任的环境会使团队成员之间在培养起互相合作精神的同时，形成减少互相争斗的趋势。项目成员对项目领导者信任并持有自信，将有助于建立一个更加有利合作的环境。

5.4.8　小结

以有效的方法管理团队成员可以被诠释为如何避免冲突。冲突是耗费精力、具有破坏性的情形，它会阻碍事情有效发展。避免冲突或许是解决冲突的最好方法，因为它可以促进团队成员间的彼此信任，精诚合作。因此，避免冲突是解决冲突、有效管理团队的最好途径。

要制订计划以避免出现问题，或在确定冲突解决方案时一定要弄清产生冲突的原因。上述五种解决冲突的模式可以指导我们在某种既定情况下该选择哪种模式。如果运用恰当，那么每种模式都是可以接受的。

5.5　团队领导力

5.5.1　引言

20 世纪，人们对领导力这一概念进行了广泛深入的研究，这一潮流至今仍在持续，涌现了大量有关这一主题的论文和相关的文章。数百本书对领导力在各类组织中的作用进行了剖析，这些组织包括政府机关、军事机构、工业组织以及政治组织。近年来，关于领导力与管理之间区别的研究增多，这一课题将在未来继续展开。下面对项目领导力的作用加以探讨。

5.5.2　什么是领导力

对领导力这一概念的解释有很多种，一项研究发现其数量多达 130 个。另一份研究资料表明，已经出现了 5000 多个相关的研究和专论。通常，这些文献会对领导过程及领导力的特点进行描述，从而说明一个有效的领导者应该具备哪些品质。下面显示了一些关于领导者的概括。

领导者的一般特征如表 5.2 所示。

表 5.2　领导者的一般特征

- 全力以赴
- 获胜者
- 所作所为公开性强
- 化繁为简
- 对其追随者而言随时可以沟通
- 耐心地对待追随他的人
- 工作努力

- 他们将所有的力量集中在一件事上——一个人的理想和动机是他们追求成功的动力。
- 他们对他们想要领导的人有很大的吸引力，在其追随者的心目中，毫无疑问，领导者是处于其上方并掌控大局的人。
- 领导者对于其追随者来讲是一个可以倾诉的人，是一个可以一起进行讨论的人，并且是一个可以将决策和执行决策所需信息进行汇总的人。一旦他们及时地做出了某项决策，他们就会毫不犹豫地说："让我们开始干吧。"
- 他们总是在他们所领导的人身上以及所领导的机构中看到积极的地方。领导者在激励和赞扬其追随者付诸行动方面有过人之处。
- 好的领导者总会使事情变得更为简单——他们对复杂的情况或机会进行分类，进行有效的决策，并立即付诸行动。
- 他们对其追随者公正并且耐心。
- 他们为了成为领导者而努力工作，而不是让人们觉得他们是"总是不在场的大爷"。

5.5.3　领导力与管理之间的区别

领导力是管理的一部分，同时又与管理有所区分。沃伦·本尼斯（Warren Bennis），这位著名的研究领导力这一管理职能的专家指出，领导力与管理的区别在于："领导者做正确的事情（有效果），管理者正确地做事情（有效率）。"一位能够促使项目达到期望效果的领导者所做的工作包括提出项目前景、将资源组合到一起以及为项目的干系人鼓劲。而一位有效率的项目经理（管理者）则要确保建立起了适当的管理体系并惯于为项目提供技术和其他所需资源方面的支持。下面对项目领导者和项目管理者之间的区别进行进一步的描述，如表 5.3 所示。

表 5.3　领导者与管理者之间的区别

领导者	管理者
- 制定愿景 - 网络 - 关系 - 符号 - 链接	- 管理系统 - 效率 - 管理职能 - 监管者 - 资源

1．领导者

- 制定并与干系人沟通项目的愿景。
- 与项目团队成员以及其他干系人共同为项目创建支持网络。
- 时刻关注那些可能会对项目产生重大影响的工作方式和关系。
- 与干系人进行沟通，从而为项目建立起一套合适的管理体系。
- 在组织中成为项目的符号和倡导者。
- 促进项目与组织的运营与战略相互链接。

2．管理者

- 指导管理系统的设计、开发和运行，以支持资源在项目中的使用。
- 维持资源在项目中使用的效率和效果。
- 促进项目的规划、组织、激励和控制系统。
- 监督项目团队成员、团队以及干系人的能力落实。
- 必要时，对资源进行重新分配，以保证项目所需的最大收益。
- 促进项目团队成员的职业发展。

　　项目经理所承担的职责既包括领导职责也包括管理职责。他们要同时处理项目的运营问题与战略问题。项目经理所承担的这两种职能要求他们非常了解人们对项目有可能考虑的各种因素。项目管理者这一角色源自组织下发的文件，而项目领导者这一角色则源自个人的能力。

　　对于项目领导者的角色而言，最富有挑战性的事情就是与组织之外的项目干系人打交道，如供应商、政府部门、工会、专业组织、当地的社团机构以及有时不得不接触的环保部门。以下是与这些干系人打交道的几条原则：

- 留意是否有机会向这些干系人提供帮助，从而建立起与这些干系人之间的互惠关系，这对项目而言很有帮助。
- 抓住每一个强调和描述项目经理所扮演的角色和职责的机会。

- 努力使干系人支持项目并认同项目所产生的互惠效应。
- 培育基于专业联系而形成的关系，这是项目团队与干系人之间的最佳关系。
- 抓住一切机会推动与这些干系人之间的互惠关系，这也是项目团队与干系人之间所需要的关系。

项目领导者会发现，他必须在许多不同的场合下运用询问、鼓励、说服、赞扬、奖励、需要、控制，以及使用与伦理道德有关的手段和人际关系技巧来获得他人对项目的支持，并且维护这种关系。

5.5.4　决策

在项目管理中常常面临各种选择，需要项目领导者根据项目的实际情况，考虑到项目方方面面的关系，再做出决策。对于谨慎的项目领导者来说，这种情况是他们实行领导职责、展现领导力的重要机会。在进行决策时，需要遵守以下基本原则：

- 定义项目面临的决策问题和机会。
- 为相关数据库的开发提供便利，这些数据信息对于全面评估项目实际情况以及决策时效来说是必不可少的。
- 在项目资源的使用上要考虑备选方案，从而制定出及时、相关的决策。
- 确保已经充分考虑到与决策有关的成本和风险因素。
- 在对决策进行评价时，要选择和评判其他的备选方案。
- 针对决策制订可实施的计划。
- 提供执行决策所需要的资源。

当然，在现实中制定和执行决策要比上述原则所蕴含的情况复杂得多。以上这些基本原则为项目经理和团队成员提供了一种思考方法，使他们能更好地处理他们所面对的无法避免的抉择。

以下对决策的基本原则进行了概括：

- 定义问题或困难。
- 评估风险和成本因素。
- 建立数据库。
- 制定实施策略。
- 评估备选方案。
- 将资源用于解决方案。

5.5.5　关键处理方法

成功的项目领导者在处理问题时会采用哪些方法，这些方法又能体现他们身上的哪些特点呢？下面将就这两个问题提出一些观点：

- 能够将项目最终可能交付的产品概念化，然后制订相应的计划从而使项目目标变为现实。
- 无论是面对坏消息还是受到打击，项目经理都能保持积极的态度。许多项目都曾历经失败和挫折，但最终获得成功，这在很大程度上都归因于项目经理一直保持的积极的态度。
- 任何项目都有可圈可点的地方，因此项目遭到诟病无可避免。项目经理必须有坚强的心态面对各种非议和批评。
- 运用政策、流程、程序、协议以及各种内部文件对项目团队进行授权，并指导团队成员在其职责范围内制定和执行决策。
- 有一定的承担风险能力并且能够处理项目可能遇到的各种不确定情况。为了很好地规避风险，成功的项目领导者善于在项目干系人中间发现有助于降低风险的人员；这些人能帮助项目经理进行风险分析，并对如何降低和剔除风险提出宝贵的建议。
- 项目经理尽管负责项目管理中重大问题的解决，但他们还是尽量把制定和执行决策的权力与职责进行分散，他们把这些权力与职责分配给那些有能力决策的干系人。
- 寻求、探究与项目有关的问题、机会和决策。
- 最后一点，努力辅导、传授、教练和指引那些在项目中负责使用资源的团队成员。

成功项目经理的关键处理方法
- 能够将项目最终交付的产品概念化。
- 勇于承担风险。
- 积极的态度。
- 去中心化管理。
- 坚强的意志。
- 查找问题，寻求机会。
- 政策指引。
- 辅导。

5.5.6　小结

本节是对项目团队领导力的简要论述，对管理者应该做的事与领导者应该做的事进行了比较，并给出了领导者身上所具有的一些特征。在与项目干系人打交道方面，项目经理同时也承担了领导者的角色，对于这一点本节进行了剖析。本节也对项目经理在制定和执行决策方面所承担的职责进行了归纳。最后，本节以总结成功的项目领导者处理问题的关键方法和特征来结束。

5.6 培养项目经理的能力

5.6.1 引言

在展示项目管理技术技能的同时，培养个人的能力对于促进正确的态度和行为模式都是具有挑战性的。项目经理需要在项目管理知识和技能以及情商之间取得平衡，这样才能被认为是有能力领导项目团队的。仅仅拥有项目管理知识和技能来有效地领导他人是不够的。

接下来将对项目经理能力的某些方面进行审查，并提出建议，以提高他们在项目中工作的效率和效果。必须从专业协会和其他机构的工作中获得能力属性的标准或清单，以明确项目经理作为称职管理者所需的特征。

5.6.2 项目经理绩效标准

项目经理没有衡量有效性的标准，因为项目的范围和复杂性差异很大。每个项目都是不同的，每个项目经理都具有成功完成每个项目任务所必需的属性和特征。一些基本属性和特征确保项目经理将尽其所能。

本节列出了选定的项目经理最需要的一些属性和特征，并作为指导，将他们与潜力进行排序，从最无效到最有效。在确定需要改进的领域时，组织可以通过培训和积累工作经验以提高能力水平。

5.6.3 项目经理属性

项目经理必须具备在项目环境中具有胜任规划、组织、激励、指导和控制的能力。所有项目经理都需要这些基本属性才能在各自的项目中取得成功。以下是每个类别中项目经理的一些建议标准：

- 规划。制定一份描述将要完成的工作以及通常如何完成的文件的能力。
  - ➢ 项目经理能否制订一个连贯的计划？
  - ➢ 计划是否提供了实施的相关细节？
  - ➢ 计划是否说明了项目的目标？
  - ➢ 计划是否列出了实施它所需的因素和假设条件？
  - ➢ 计划是否过于复杂？
  - ➢ 计划是否与必要的干系人进行了协调？
  - ➢ 计划是否完整？
  - ➢ 计划是否得到高级管理层的批准？
- 组织。组建项目团队以完成工作的能力。

> ➤ 项目经理是否很好地设计了项目团队组织？
> ➤ 项目经理是否充分利用了可用的人力资源？
> ➤ 项目经理实施和收尾项目的组织是最有效的吗？
> ➤ 是否具有与工作活动相匹配的适当的或最合适的技能？
> ➤ 是否要求适当的人提供额外的或特殊的技能来源？

- 激励。激发项目团队尽其所能去执行任务的能力。
  > ➤ 项目经理是否促使项目团队尽力去执行任务？
  > ➤ 项目经理是否使用合法的激励措施来激发项目团队？
  > ➤ 项目团队是否以最佳绩效水平工作？
  > ➤ 项目经理是否使用幽默来化解问题？
  > ➤ 项目经理是否让项目团队知道他关心他们的福利？
  > ➤ 项目经理在纠正情况时是否避免使用严厉的语言？
  > ➤ 项目经理是否表扬团队的出色工作？

- 指导。能够将工作正确分配给项目团队并说明何时需要完成的能力。
  > ➤ 项目经理是否将工作分派给一个人或一个群组而不是多方？
  > ➤ 高绩效团队的规模和技能是否合适？
  > ➤ 项目经理是否在所需的细节方面给出了明确的指示？
  > ➤ 项目经理是否说明工作何时完成？
  > ➤ 项目经理在任务分配上是否一致——或者他是否经常变更指令？

- 控制。评估工作努力的结果和使用一致的工作活动绩效标准的能力。
  > ➤ 项目经理是否跟进工作分配以根据规格或工艺标准判断工作质量？
  > ➤ 当规范或标准存在差异时，项目经理是否重新调整工作努力方向？
  > ➤ 项目经理是否批准临时修复问题区域的"权变措施"？
  > ➤ 项目经理是否定期审查成本和进度信息以确保与计划没有重大差异？
  > ➤ 项目经理是否定期审查技术绩效进展以确保项目产品的一致性？
  > ➤ 项目经理是否审查并批准或拒绝对项目产品的建议变更？
  > ➤ 项目经理是否保持对项目及其完成进展的整体视角？

5.6.4 项目经理的知识

项目经理必须具备一系列知识，包括项目的业务方面，例如成本和进度，以及项目产品构建的技术绩效方面。此外，项目经理必须愿意并有职权通过该知识库采取行动，以确保项目取得进展。如果没有必要的意愿和职权，知识本身并不能保证项目的成功。

此处列出了项目经理应具备的一些知识领域。这些是一般知识领域，可能需要针对特定行业的工作环境进行扩充。

- 进度制定和管理。随着时间的推移安排工作以确定何时应该完成项目，并在整个项目中维护进度计划。

➢ 项目经理是否有能力制订连贯的进度计划，无论是单独针对小项目制订，还是通过项目团队针对大项目制订？

➢ 项目经理是否确保所有项目工作都包含在进度计划中？

➢ 项目经理是否确保工作活动有适当的持续时间以进行积极控制？

➢ 项目经理是否确保工作进展准确地发布到进度计划中？

➢ 项目经理是否正确解释了进度计划中的工作进展？

➢ 项目经理是否对工作活动中所有 10% 的进度偏差进行调查并采取行动？

➢ 项目经理是否每周对进度计划的进展进行审查？

- 预算制定和管理。随着时间的推移对项目的成本进行安排，并根据预算跟踪支出。

➢ 项目经理是否确保使用最佳流程制定预算以实现成本准确性？

➢ 项目经理是否批准了项目的主要成本？

➢ 项目经理是否确保对项目收费的程序到位？

➢ 项目经理是否监督成本跟踪并质疑异常支出？

➢ 项目经理是否对所有超过 10% 的支出进行调查并采取行动？

- 技术绩效管理。在规范和工作说明书中列出项目产品的技术质量，以及为实现产品性能而不断努力。

➢ 项目经理是否为项目制定了规范和工作说明书？

➢ 规范和工作说明书是否足够详细以构建产品？

➢ 项目经理是否了解技术绩效要求？

➢ 如果需要，项目经理是否制定了产品变更的流程？

➢ 项目经理是否批准对产品的所有变更？

➢ 项目经理是否有产品交付计划，包括任何最终测试或能力演示？

➢ 项目经理是否了解构建产品所需的技术？

- 风险管理。评估和管理项目中可能对项目目标和目标产生不利影响的风险的能力。

➢ 项目经理是否对项目进行了风险评估？

➢ 项目经理是否对风险进行了排序并解决了那些具有最大不利后果的风险？

➢ 项目经理是否避免或减轻了高影响风险？

➢ 项目经理是否有管理风险的计划？

➢ 项目经理是否在预算和进度计划中为潜在的不良事件设置了应急储备？

5.6.5　项目经理的态度和行为

项目经理的态度和行为具有传染性，可以体现在项目团队的态度和行为上。积极的态度和适当的行为会培养出一个积极的团队，这将比消极态度的团队表现得更好。积极的态度会促成最恰当的行为。

作为领导者，项目经理必须表现出对项目团队最好的行为。应展示的一些行为品质如下：

- 项目经理对其他人有信心，并酌情将活动委派给其他项目团队成员，以通过经验发展他们的技能。
- 项目经理将他的项目愿景传达给项目团队，以告知项目并获得团队成员对项目的支持。
- 项目经理是项目团队成员的熟练的教练。
- 项目经理是一位熟练的会议主持人。
- 项目经理是项目团队成员的良好倾听者。
- 项目经理对项目的不足承担全部责任，并与项目团队分享成功的赞誉。
- 项目经理作为项目团队和其他人的榜样。
- 项目经理了解自我并避免不良行为。
- 项目经理被视为项目领导者，拥有使项目取得成果的充分职权。

项目经理为激励项目团队和由此产生的绩效设定了场景。以下是项目经理有助于激励项目团队的一些行为方面：

- 项目经理保持对项目团队可见的热情和积极的态度。
- 项目经理让项目团队参与项目有关的决策。
- 项目经理公开表扬团队成员的良好表现。
- 项目经理让其他人参与讨论他们的工作。
- 项目经理培养团队成员的专业能力。
- 项目经理奖励团队成员的杰出表现。

项目经理必须跳出项目环境进行思考，并在寻找问题解决方案时具有创造性。当问题复杂时，需要对情况进行非凡的思考，标准解决方案并不总能满足需要。其中一些思考如下：

- 项目经理通过应用其他企业、行业或学校的解决方案，为问题带来新的视角和解决方案。
- 项目经理向项目团队征求信息和可能的解决方案。
- 项目经理向职能经理、高层管理者和其他项目经理寻求问题的解决方案。
- 项目经理对所有可能的解决方案保持开放的态度，直到对一个行动方案做出决定。
- 项目经理是不同解决方案的整合者，可以找到最佳的行动组合。

项目经理必须保持对整个项目的关注，同时保持项目产品的结果导向。对项目最终产品的明确定位指导着朝着产品交付的最终目标迈进的决策和行动。

使项目经理行动聚焦的一些行为：

- 项目经理完成工作。
- 项目经理一直在寻找改进实践的方法。
- 项目经理对影响项目的外部活动保持警惕，无论是积极的还是消极的。
- 项目经理寻找更好的做事方式，同时又不会招致额外的风险。
- 项目经理让干系人了解项目计划的变化。
- 项目经理鼓励团队成员提出关于更好实践的想法。

效果和效率是项目经理需要意识到并实践的两个领域。效果意味着行动的结果符合完成工作的标准。效率意味着消耗最少的资源来有效地执行工作。效果是第一考虑，效率是第二考虑。一些项目经理的操作如下：

- 项目经理首先考虑解决方案的效果。
- 项目经理考虑所选解决方案的效率。
- 项目经理在开展项目工作时实践效率。
- 项目经理为项目审查和会议做准备，以最小化时间消耗。
- 项目经理鼓励提高项目团队工作的效率。

5.6.6　项目经理的十二原则

项目经理的工作范围很广，其执行方式和执行的内容各不相同。已经确定了一些普遍适用于大多数项目的一般原则。这十二条原则应该作为项目经理的指南。

（1）永远记住项目的目标和目的。

（2）计划项目工作并坚持计划。

（3）始终努力提高在项目管理方面的能力。

（4）了解项目的内外部环境。

（5）在实施前了解项目的管理和技术复杂性。

（6）请记住，工作是通过员工完成的。

（7）与员工一起使用积极的激励技术，以获得他们的最佳表现。

（8）通过培训和工作经验积累来培养项目人员。

（9）让干系人了解项目计划和进展。

（10）只有在同等有形收益时才冒险。

（11）抓住每一个机会展示领导力特质。

（12）以合乎道德的方式对待他人。

5.6.7　小结

项目经理的能力是通过一系列独特的知识、技能、态度和行为来衡量的。尽管存在决定不同解决方案的属性组合，但项目经理应采用适合项目范围的风格。

　　这里列出的事项代表了项目经理应该考虑使用的属性以优化他的能力。单个领域的能力，例如项目管理知识，并不能赋予项目经理以高水平执行的全部能力。需要将所有领域的能力视为组织的宝贵资产。

　　培养项目经理首先需要有一些测量标准或绩效标准。本节中的事项清单是开发检查清单的基础，通过该清单可以测量改进的优势和机会。

5.7　激励项目团队

5.7.1　引言

　　激励是一种动力和关系的系统，起源于影响行为的个人内部和外部。它导致人们以某种方式行事。激励来自人们的需求——他们想要从组织和项目团队那里得到的东西。它是管理思想和理论的主要研究领域。

　　如果深入挖掘任何组织问题，你很可能会遇到"人"的问题。在项目管理中，激励问题具有特殊的意义，因为项目经理和项目团队必须以某种方式来应对来自激励许多个人——干系人的挑战，他们在法律上拥有有限的权威。在这种情况下，项目团队成员的人际交往能力就显得尤为重要。在接下来的章节中，介绍了一些关于激励的基本思想。

> 项目经理必须始终关注是什么激励了项目团队。

5.7.2　马斯洛

　　马斯洛需求层次假设人们有五层需求，如图 5.8 所示。在这个图中，生理需求和安全需求被称为人的首要需求。第三、第四、第五层次称为次要需求。对这些需求的简要说明如下：

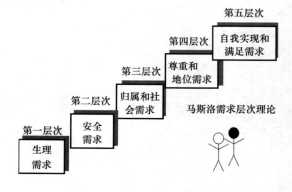

图 5.8　马斯洛需求的优先级

生理需求位于层次结构的底层。满足这些需求、食物、水和足够的住所，对生活至关重要。

安全需求包括保护免受各种因素和有害环境的影响，免受生命和健康的威胁，以及免受任意和反复无常的管理行为的影响。

归属和社会需求意味着大多数人不能仅靠面包生活。对社会归属感、感情、成员资格或隶属关系感到满意。被接受并成为家庭单位的正式成员很重要。项目团队的成员资格和被接受也很重要。

尊重和地位需求激励人们不仅寻求从属关系，而且积极影响他们所属组织的文化。他们喜欢属于一个群体，因为他们感到被接受，以及通过为该群体做出贡献而获得的满足感。

自我实现和满足需求位于需求层次的最高层，它解释了个人对成就、创造力和自我实现的驱动力。这意味着个人已经成为他们想成为的人，并且在一定程度上解释了为什么拥有大量财富和荣誉的人继续在他们的职业中努力工作。

这些次要需求的特征包括：

- 它们受经验的影响很大。
- 它们的类型和强度因人而异。
- 它们在任何个体内都会发生变化。
- 它们常常被有意识地隐藏起来。
- 它们是模糊的感觉，而不是有形的身体需求。
- 它们影响行为。

马斯洛是提出和发展其开创性的需求层次理论的首位创新者。紧随其后的是人类行为领域的另一位关键创新者。

道格拉斯·麦格雷戈（Douglas McGregor）在解释人们为什么会这样做时提出了 X 理论和 Y 理论的概念。他提出，管理者倾向于持有一套关于员工的 X 理论或 Y 理论假设。

X 理论在他们的工作中对人性持悲观态度：

- 普通人天生不喜欢工作，如果可以，他们会避免工作——人们很懒惰。
- 由于这种厌恶工作的人类特征，大多数人必须受到胁迫、控制、指导和受到惩罚的威胁，才能使他们为实现组织目标付出足够的努力——通过对惩罚的恐惧来实现激励。
- 普通人更喜欢被指挥，希望逃避责任，野心相对较小，最想要的是安全——人不够好。

另一方面，Y 理论以更积极的眼光看待工作场所的人性。它假设：

- 在工作中消耗体力和脑力就像玩耍一样自然——工作是一种自然的活动。
- 外部控制和惩罚威胁并不是为实现组织目标而努力的唯一手段。人将运用自我指导和自我控制，为他所承诺的目标服务——人们可以自管理。

- 对目标的承诺是与其成就相关的奖励的函数——通过积极的奖励来激励。
- 在适当的条件下，普通人不仅学会了接受责任，而且学会了寻求责任——人们基本上是负责任的。
- 在解决组织问题时运用相对高度的想象力、独创性和创造力的能力在人群中分布广泛，而不是狭隘——每个人都有创造力和创新能力。
- 在现代工业生活条件下，普通人的智力潜力只得到了部分利用——挑战自我。
- X 理论和 Y 理论的含义：
  - ➤ 人在被对待时会做出反应。
  - ➤ 经理对其员工的行为负责。
  - ➤ 参与合作至关重要。
  - ➤ 管理者必须对人的需求敏感。
  - ➤ 工作可以成为个人满足感的来源。
  - ➤ 人际关系的状况取决于领导力品质和所使用的管理理念。
  - ➤ 人际关系技能对成功管理的重要性。

尽管有大量关于人类行为和激励主题的文献，但管理项目的人员应该认识到并实践一些基本思想。马斯洛的需求层次及麦格雷戈的 X 理论和 Y 理论是其中两个基本思想。两者都涉及工作激励因素的思想。

5.7.3　工作激励因素

在表 5.4 中，显示了一份调查问卷，可用于深入了解是什么激励了团队成员或任何其他干系人。

将这份问卷发给个人可以深入了解他们的态度和最能激励他们的条件。作者已对数千名技术人员进行了问卷调查。这些人的典型反应模式反映在表 5.5 中。

表 5.4　工作中的激励因素

——1. 稳定的职业
——2. 受人尊敬
——3. 充足的假期或工间休息时间
——4. 良好的报酬
——5. 良好的工作条件
——6. 获取高质量工作成果的可能性
——7. 在工作中与他人和睦相处
——8. 有公司内部刊物、员工报纸、新闻简报
——9. 晋升机会

续表

——10. 有机会做感兴趣的工作

——11. 养老金和其他福利保障

——12. 员工服务如办公室活动、娱乐或社会活动

——13. 无须努力地工作

——14. 了解组织的时事动态

——15. 感到自己的工作很重要

——16. 拥有员工理事会

——17. 有针对自己的工作责任的书面描述

——18. 当我做得很好时，能受到老板的表扬

——19. 进行绩效评级，使我知道自己处于什么位置

——20. 参加员工会议

——21. 与机构目标一致

——22. 较大的工作自由度

——23. 自我发展和提高的机会

——24. 无须在指挥或密切监视下工作

——25. 拥有高效率的上级

——26. 公平的假期安排

——27. 独特的贡献

——28. 被同事认可

——29. 自我满足感

表 5.5　关于工作中的激励因素的最常见回答

晋升机会

获取高质量工作成果的可能性

感到自己的工作很重要

在工作中与他人和睦相处

良好的报酬

较大的工作自由度

自我发展和提高的机会

有机会做感兴趣的工作

自我满足感

被同事认可

受人尊敬

通过对本问卷答复的审查表明，良好的报酬尤为重要。

5.7.4　人的主要考虑因素

人在工作场所受到激励的原因有很多。本节提出了这些激励背后的一些主要思想：

- 项目经理和项目团队成员应该了解激励人的基本因素。
- 麦格雷戈提出的关于人的假设反映在你与人共事时所表现出的态度以及你对待他们的方式上。
- 关于人的行为概念适用于项目经理必须与之打交道的所有干系人。
- 我们大多数人在工作中都合乎逻辑，与我们的情绪所允许的一样。
- 我们大多数人都需要"归属感"。一个得到适当领导的项目团队可以为满足我们的归属感做很多事情。

影响工作绩效的因素有很多，包括我们的生理状况、心理态度、政治信仰和道德标准。此外，我们的职业标准、偏见和习惯也会影响工作绩效。

5.7.5　小结

本节提供了一个非常简短的解释，描述了一些激励人做好工作的基本因素。我们认识到，人的激励是人类行为领域的一个很大的研究领域。本节介绍了一些实用工具和技术，有助于从基本上了解项目团队的激励环境。

5.8　项目中的决策

5.8.1　引言

决策是项目经理的日常事务。为了确保根据可用信息选择最佳行动方案，了解决策和决策过程就非常重要。遵循对备选方案进行严格分类的过程为项目成功提供了最佳机会。

5.8.2　决策考虑

决策需要行为方针和过程来选择行动方案，从而达到预期目标和目的。在项目管理中，必须做出决策并实施。项目管理中的决策过程包括：首先，选择关于项目资源承诺的行动方案；其次，通过策略使用资源以实现项目目标。关于项目管理决策背景的一些其他基本概念包括：

- 为实现项目目标，决策消除了关于如何投入和使用资源的不确定性。
- 所有决策都涉及风险和不确定性。
- 对项目做出决策需要足够的信息，但在某些时候，有必要切断信息的收集，并继续做出决策。

- 项目经理必须具备代表项目和项目所属组织做出决策的知识、技能和态度。
- 矩阵式组织中的决策可能需要非凡的耐心，因为需要寻求团队成员的共识以及相关干系人的建议。
- 决策可能具有运营（短期）和战略（长期）影响。
- 项目经理有责任制定和实施涉及项目资源使用的决策，即使"权限"可能会限制他们的决策权。在这些情况下，他们有责任找到决策权所在。
- 决策是在备选方案之间进行选择的判断。
- 在做出决策之前，应征求项目团队成员和其他项目干系人的意见和建议。
- 在发现和评估反对意见之前，不应对项目做出决策。
- 决策者始终可用的备选方法是什么都不做。
- 如果不采取任何措施，项目条件会持续恶化，则必须做出决策。
- 应制定政策和程序以酌情将适当的决策提交给更高级别的管理人员。
- 做出决策后，可能会在整个干系人团体中产生反响。
- 一个有效的项目决策必须伴随着项目团队成员对执行决策的承诺。
- 项目经理参与各种决策。表 5.6 显示了对这些决策进行分类的一种方法，该表将在以下材料中进行讨论。

表 5.6　决策的分类

- 例行 / 程序化决策，指可以根据现有的政策、程序、方法和技术做出的决策。这些决策一般也可归类为短期的运营性决策，比如选择能为某一项目提供支持的卖方的决策
- 战略 / 非程序化决策，这类决策在公司以前的经营中很少出现，因此包含较高的风险、不确定性和模糊性，比如涉及项目的成本、进度和技术绩效的决策，该项目生命周期将延续到未来很多年

5.8.3　决策过程

决策过程的起点在于确定是否需要做出决策。需要考虑的是如果不做出决策会发生什么。有许多模型建议了决策过程中所涉及的步骤。下面是几个例子。

通常，为决策过程建议的理性决策的常见步骤包括：

- 认识需要。认识到做出决策的必要性。
- 收集相关信息。收集所需的背景信息，以深入了解表明需要做出决策的力量和因素。
- 制订备选方案。在决策过程中考虑和制订备选方案。
- 评估备选方案。制定评估决策的标准。
- 选择备选方案。选择最佳备选方案。
- 实施方案。制定和实施有关如何执行决策的策略。

- 反馈。关于决策执行情况的评估和反馈。

决策过程也可以看作一个连续的过程，从发现问题或机会，到做出有关资源使用的决策，再到执行决策和监测评估，以及控制支持决策的资源的使用。图 5.9 描绘了整个过程。

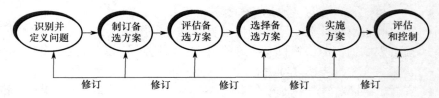

图 5.9　制定决策的过程

决策过程的概念更适用于非程序化决策，而不是程序化决策，其中许多是例行程序和程序性的。

- 识别并定义问题。决策的必要条件是问题或机会。对于问题和机会，正在做的事情——或者在机会的情况下——与应该做的事情之间存在差距。对于非程序化决策，规划与决策过程之间存在直接关系，这应促使具体和可衡量的目标的建立。

- 制订备选方案。在开发解决机会或利用机会的备选方案时，早期步骤是解决如何处理难题或机会的问题。灵活的备选方案是潜在的解决方案，决策者必须考虑每个备选方案的潜在后果。开发备选方案是一项极其困难且重要的行为，因为决策者最终可能会选择其中一个方案。许多决策者经常想知道是否有重要的备选方案被排除在外。

- 评估备选方案。有许多来自运筹学领域的数学模型可以深入了解备选方案与可能结果之间存在的关系。这些包括：

  ➢ 确定性条件——例如充分了解组织、环境和融入决策过程的竞争。

  ➢ 风险条件——为了向企业提供服务，在获取资源、天气、依赖他人或政治权宜之计方面可能或可能存在的风险。推动技术的项目可能会存在有关技术、进度和成本方面的风险。

  ➢ 不确定性条件——例如对各种备选方案相关的概率完全不知情。在这种情况下，决策者的判断力、直觉、经验和个性起着重要作用。在建筑行业，天气的不确定性也是一个考虑因素。

- 选择备选方案。选择备选方案的目的是解决问题或利用机会以达到预定的目的、目标或条件。决策本身并不是目的，而只是达到目的的一种手段。决策者不应忘记导致决策或跟随决策的因素或条件，例如实施和评估。做出决策时，通常会承诺采取行动，通常涉及资源的使用。做出决

策后，所列出的事件顺序通常会影响项目的其他要素。例如，批准项目
工程变更的决定将对项目成本、进度和售后支持产生影响。决策者应该
记住，一个好的决策可能会因执行不力而受到损害，例如人们因拖延、
逃避责任甚至忽视决策而未能支持项目经理的决策。

- 评估和控制。在决策过程的最后阶段，要对决策产生预期结果的效果进
  行评估。第 7.4 节中提出的有关项目的监控、评估和控制作用的想法在
  这里同样适用。

关于如何对项目做出决策，有许多不同的模型。项目经理应选择支持其特
定需求的最佳模型。

5.8.4　团队决策

尽管我们已经检查了决策过程，就如个人做出决策一样，但项目团队的决
策更多的是由团队成员通过交互过程做出的。有证据表明，团队会比个人（甚
至是项目经理）做出更好的项目决策。然而，至少有两种常见的倾向会干扰有
效的团队决策。

- 个人主导——项目团队中的强大成员主导讨论和决策过程。它通常被描
  述为"集体思考"，当遇到一个可能"超越"团队成员的强大个体时，
  团队成员的参与度会下降。"集体思考"包括几个症状：
  - ➢ "集体思考"领导者的优越感。
  - ➢ 基于低估潜在风险后果和使之合理化的感觉来承担不寻常风险的
    意愿。
  - ➢ 对项目条件的陈旧和不切实际的思考。
  - ➢ 强烈压制团体内的异议，因为异议意味着不忠诚。
  - ➢ 相信每个人对问题的看法都相同——沉默意味着同意。
  - ➢ 自封的"护卫者"将项目的坏消息隐藏起来。

项目经理如何抵消项目中的"集体思考"风险？

- 鼓励每个团队成员对提议的解决方案表达怀疑和批评。
- 表现出接受批评的能力。
- 将项目团队分解为子团队以分析决策，然后让子团队相互讨论以检查他
  们的差异。
- 让其他项目干系人参与讨论。
- 深入了解形成"集体思考"的一些信号。
- 让团队讨论他们对如何执行决策过程的看法。
- 当项目团队参与项目相关的决策时，既考虑优点，也考虑缺点。

1. 优点

- 可获得更多的知识。
- 将出现更广泛的备选方案，具体取决于个别团队成员的看法。
- 可获得更广泛的认知和观点。
- 团队可能比个人更愿意接受风险。
- 当团队成员参与时，可能会有更大的支持和动力来支持该决定。
- 更大的创造力可能来自个人。

2. 缺点

- 由于团队无法承担责任，因此存在无人负责的风险，并且会出现大量"推卸责任"的结果。
- 因为时间是一种宝贵的资源，所以团队决策的时间成本很高。
- 如果要迅速做出决策，通过项目团队进行工作可能不切实际。
- 团队决策可能是妥协和/或"集体思考"现象运作的结果。
- 如果高级管理人员在场，团队成员可能不愿意坦诚，或者如果一个成员具有支配性人格，团队决策实际上可能不是团队决策。

5.8.5 小结

本节提出了"项目决策"的主题。提供了一些指导方针，如果遵循这些指导方针，可以加强项目经理做出决策的能力，或将这些决策提交给高层级管理人员的项目决策能力。

决策的领域相当广泛，并得到了大量文献的支持。运筹学研究领域涉及决策过程，以及如何评估决策中的风险和不确定性。

第6章
项目启动和执行

6.1　项目选择的考虑因素

6.1.1　引言

对于一个组织来说，项目选择至关重要，这是由竞争的要求和给组织带来最大价值的需要所决定的。就商业而言，项目选择对于确保组织持续盈利也至关重要。通常情况下，如果随机选择项目，那么组织一般很难利用所选择的项目，同时该项目也不会对组织的成长有所帮助。

内部项目选择通常就是一个由市场部门或管理人员为了增强组织能力而产生的"创意"的随机过程。这些创意通常都不会考虑项目的投资回报能力，或者说对于项目结果的预测都非常乐观。开发这些项目可能需要使用头脑风暴技术，但即使如此，如果采用一个更好的项目选择流程，那么组织有可能获得更多的收益。

外部项目，或者是那些作为组织业务活动部分的项目，也同样需要一个选择流程。仅仅因为这是一项工作并且有可能带来利润就随机地进行投标或者承揽一些项目，这在本质上会给组织的战略地位带来不利的影响。一份为项目选择和判断标准提供指导的商业计划对组织的长期发展更为有利。

> 内部项目选择和外部项目选择都需要一定的标准与流程。

6.1.2　内部项目选择流程

选择内部项目与选择外部项目一样重要。但二者的判断标准是不同的，选择流程在大多数情况下也相差很多。通常，内部项目不会像外部项目那样关注项目的经济收益，它更注重的是组织能力的增强。

通常情况下，内部项目就是在组织内部进行投资。这种投资可以采取多种形式，但对于一个组织来说，选择内部项目的判断标准往往是有其独特性的。下面就列出了一些以前使用过的判断标准，排列顺序不分先后：

- 提升组织形象。例如，为残疾儿童举办一次野餐，以证明该组织对社会事务承担了一定的责任。
- 提高部门生产力。例如，包括存储和检索在内的文件管理，文档恢复，建立一套流水线式的管理流程。
- 优化运营。例如，将某一部门搬到距离客户较近的地方。
- 开发一款新产品或者对现有产品进行革新。例如，对内部使用的绘图软件进行升级。

- 开发一项新的营销战略。例如，将营销重点转移到新的经营方法上。
- 战略前提。例如，需要实施以信息技术，如电子商务，为基础的战略性项目。

对于每一个内部项目来说，其可负担性、偿付期、对组织盈利或现金流量的贡献都需要得到评估。尽管估计每一个项目的成本和收益是比较困难的，但是评估和选择项目的流程仍然应该严格遵守。

6.1.3 外部项目选择流程

对于大多数组织来说，外部项目是收入的来源，组织的经营事务是以投标和执行项目从而产生盈利为基础的。选择合适的项目对于组织的成长壮大至关重要，因为选择合适的项目本身就是项目交付模式的一部分。

组织在建立时有可能规模较小，但它会在几年中随着项目的执行而不断壮大。投标过程是签订合同、最终制胜的关键，但是所建议的合同类型也是相当重要的。如果组织在投标中获胜，赢得了签订合同的机会，但是根据合同，组织不能经营核心业务之外的其他业务或者削弱了其核心业务的能力，那么组织将无法达到它的目标。

组织应当首先决定它意欲参与竞争的行业，并且在这个行业中确定本组织所应拥有的核心竞争力。鉴于对选择技能、类似流程和管理能力的需求，对于一个组织来说，拥有 3～5 项核心能力是最佳的。超过 5 项核心能力可能会削弱中小型组织的工作力度。

对于外部的创收型项目来说，一般的选择标准大致涉及以下几个方面：

- 与组织的能力相匹配。
- 项目的需求在员工或可雇用的新资源的技能和知识范围内。
- 技术需求在组织的能力范围内。
- 管理流程能够保证项目的运作。
- 项目有利于提升组织的公众形象和商业形象。

根据组织的业务动态，其他特定的标准也可用于项目选择。例如，组织有可能因为某个项目或行业没有足够的利润可赚而撤除该项目或撤离该行业。这里，组织只有一项判断标准，即组织不会对这些没有利润的项目进行投标，或者只有在将投标价格定在能产出足够利润的情况下，才会继续这个项目。

6.1.4 项目选择的其他考虑因素

尽管通常情况下项目经理不直接参与项目选择——项目选择是事关实现企业目标的重大决策，但他还是应该对决定启动哪些项目的决策方法有一般性的了解。高层管理者在涉及如下几个方面时需要承担项目选择的责任：

- 新建或改进产品。
- 新建或改进服务。
- 新建或改进用来支持产品和服务战略的组织流程。
- 在那些对组织而言具有潜在利益的领域，开展基础研究和应用研究的项目。

高层管理者的主要任务是，在组织拟选的项目中，探寻并洞悉哪些对组织的意义较大?有什么意义?即其中是否蕴含着应对未来竞争的办法，这些办法是什么，以及这些办法的胜算有多大。高层管理者在对项目进行评估时，需要对表 6.1 中的问题给出答案。

表 6.1 项目选择中的问题

- 由该项目产出的产品或服务会有"客户"吗?
- 项目能在竞争环境中获胜吗?
- 该项目所产生的结果能支持那些在组织战略的设计和执行中所产生的既定需要吗?
- 组织能处理和控制那些有可能与项目相关的风险和不确定性吗?
- 该项目在预算内按时完成并同时实现技术绩效的可能性有多大?
- 该项目的结果会给客户带来收益吗?
- 该项目最终能给组织带来一个令人满意的投资回报吗?
- 最后，根本问题是：该项目所产生的结果对于未来产品和服务的设计与执行来讲，在运营和战略上是否匹配?

当高层管理者考虑组织中已进入决策过程的项目以及新项目时，回答以上这些问题可以帮助高层管理者回顾和考察他的工作，从而有利于做出需要他负责的决策。

此外，当高层管理者回顾并寻找这些问题的答案时，他应在组织中传递一个重要的信息，即这些项目对组织战略的设计和执行来说是很重要的!

6.1.5 战略和运营的匹配

在选择项目时，企业的高层管理者实际上被期望成一个团队，即他们能像一个团队那样做出决策。他们所选择的项目应该是那些最终能提升组织竞争力的项目。高层管理者需要了解为进行项目选择所设计的主要模型和流程的一般性质。

项目选择模型的基本形式有两种——定量的项目选择模型和定性的项目选择模型。定量的项目选择模型就是用数字来显现项目能给组织带来多大价值的方法。而所谓的非定量的，即定性的项目选择模型，则是对项目可能产生的价值增量采用主观判断的方法。

项目选择模型本身不能做出任何决策，做决策的还是人，但这些模型能够帮助人们深入了解那些有可能影响项目给组织带来价值的力量和因素。不过尽管这些模型本身很复杂，但它们的作用也是有限的，它们只是反映了那些有可能给项目选择带来影响的一个部分因素。项目选择模型本身应该易于计算，并且便于人们理解。

6.1.6　其他因素

确定在项目选择中需要考虑的因素对项目选择来讲非常重要，这些因素根据组织的使命、目的和目标的不同而不同。除上面列出的需要对项目提出的问题外，其他因素也能作为讨论的起点，这些因素包括：

- 预计的回收期。
- 投资回报率。
- 对组织战略的潜在贡献。
- 对关键组织管理者的支持。
- 对项目干系人可能的影响。
- 技术发展阶段。
- 现有的组织项目管理能力。
- 由设备、设施和材料所提供的现有支持之间的兼容性。
- 项目结果的潜在市场。

管理者应当运用一些技术来促进对数据库进行开发，从而使决策过程更加便利易行，例如：

头脑风暴——启发组织中的一群人共同产生新思想的过程。

焦点小组——把一些"专家"聚集在一起，对有关潜在项目的判断标准进行评估和讨论，并向决策者提供建议。

使用顾问——这样做的目的是对项目的某些潜在方面提供专家意见，例如，是否能够得到支持项目技术目标所需要的技术，对此要向专家征询意见。

6.1.7　项目选择模型

对项目选择模型的应用取决于所获得的信息、决策管理者理解该信息的能力和理解这个项目选择模型到底能做什么的能力。下面有几个选择模型，能用来指导管理者对项目选择做出决策。

- 定性法——当只拥有可用于模型的一般信息时，常会使用这种方法。
- Q-Sort——一种基于事先选定的标准对项目进行评级排列的技术。
- 决策树模型——在这种模型中，决策树的一系列分支被用来决定哪一个项目最能满足企业的需要。
- 评分法——如果能够获得有关项目对于组织的潜在价值的充分信息，可以采用该模型。
- 回收期——被用来决定项目所需的收回初始投资本金所需的那一部分时间。

- 投资回报率——对潜在项目的评估显示的是一定水平或比率的回报率。

其他可考虑采用的方法，这些方法一般在紧急的情形下被使用。例如：

- 高层管理者的"宠爱"项目。
- 只有通过引入新的设施、设备或材料才能达到运营要求。
- 达到或超过市场上竞争者业绩的竞争性需要。
- 提升交付优良产品或服务的能力。

6.1.8　项目选择的财务考虑

所有项目都必须有助于组织的财务健康，或者有充分理由为追求特定项目而做出管理决策。追求既不会盈利也不会亏损的项目有很多原因。其中一些原因包括：

- 该项目旨在获得该领域的经验。虽然会有一些利润损失，但提升了组织的能力。
- 该项目旨在保留关键技术人员。组织可能有用工缺口，一个没有利润的项目可以用来留住关键技术人员并支付报酬。临时裁员则可能会使组织失去特定的能力。
- 项目被投标是因为组织知道报价或需求会改变。该项目将是一项有利可图的付出，因为不断变化的需求也将导致支出增加。如果需求不变，则该项目最初被视为亏损。组织虽面临原始需求的风险，但押注于需求改变。
- 该项目旨在与主要组织结盟或为后续业务奠定基础。该项目通常会增加组织的能力和有利可图的新工作职位。展示与知名组织的联盟也可能有好处。

财务回报和利润是选择项目成功的典型指标。每个项目都降低了成本，或将带来财务回报。测量一个项目的价值有简单和复杂的方法。建议使用最简单的价值测量方式，仅在需要时才使用复杂的方法。

投资回报率（Return On Investment，ROI）是最常见的收益分析方法。与总投资相关的息税前收益用于计算投资回报率。投资回报率衡量与所有项目费用相关的资金回报，可简单地表述为：项目总收入除以完成项目的所有成本。

例如，（预期）项目收入为 150 万美元，项目总成本为 120 万美元。因此，投资回报率为 150 万美元除以 120 万美元，即 1.25 或 125%。ROI 大于 1 说明项目产生了利润，而小于 1 则是亏损。

投资回报率可用于比较类似的项目，作为测量盈利能力的潜在指标，并成为项目选择过程中的有用工具。它允许在一个共同的规模上比较不同的项目，因为它有助于组织的财务健康。

内部收益率（Internal Rate of Return，IRR）是另一种计算项目收益率的方法。IRR 包含净现值（Net Present Value，NPV）的概念。当有长期的项目且将在未来收款时，IRR 能更准确地反映项目的价值。

NPV 计算未来支付的货币在今天的价值。例如，今天赚取和支付的 100 美元价值为 100 美元。如果今天赚了 100 美元并在一年内支付，那么 3%的通货膨胀率将使支付价值减少 3 美元，即支付 97 美元。

项目的 IRR 方法将查看项目在不同时间段的成本，并计算每个支出期的净现值。然后计算收款以反映 NPV。将期间支出与收款进度计划进行比较可提供计算总 IRR 的信息。

表 6.2 中显示了一个示例，用于比较一个超过 5 年的项目，演示了该概念。非折现版本显示了确定比率的简单方法。折现版本包含 NPV 以获得 IRR。可能需要通过 NPV 方法计算 IRR 的长期项目价值，以便进行实际比较。当通货膨胀率低时，短期项目价值可能没有必要。

表 6.2　项目的净现值　　　　　　　　　　单位：美元

项　　目	第一年	第二年	第三年	第四年	第五年	净现值
项目支出	1000	1000	1000	1000	1500	5500
项目收入	1000	1100	1200	1300	1900	6500
项目价值	0	+100	+200	+300	+400	+1000
在净现值情况下，折现率 5%						
项　　目	第一年	第二年	第三年	第四年	第五年	净现值
项目支出	1000	950	900	850	1200	4900
项目收入	1000	1045	1080	1105	1520	5850
项目价值	0	+95	+180	+255	+320	+850

该表显示了使用简单的费用支付方法与每年折现 5%的 NPV 计算之间的差异。请注意，在此示例中，第一年没有折现，当然有些组织会考虑每年的折现率。

NPV 折现了在未来收到的费用和资金。使用 NPV 和计算 IRR 时，项目的货币价值小于计算的金额。项目 A 在非折现情况下得出的比率为 1∶1.18。NPV 在折现情况下或 IRR 给出的比率为 1∶1.19。更高的折现率、延期收款以及不同的费用或收款方式会严重扭曲该比率。

现金流量分析是确定是否应该选择项目的另一个有用工具。在高利率时期运营资本很少的组织可能需要进行现金流量分析。这将决定费用开支所需的金额和项目的收款进度计划。

现金流量通常按月计算，通过估算项目的费用来确定项目每月的资金流出和估算的付款。例如，一个为期 5 个月的项目可能具有如表 6.3 所示的收入支出情况。

表 6.3　现金流量分析　　　　　　　　　　　　　　单位：美元

现金流量	第一个月	第二个月	第三个月	第四个月	第五个月	其　余	总　计
支出	12000	12000	12000	12000	12000		60000
收入	0	10000	14000	14000	14000	10000	72000
差额	−12000	−2000	+2000	+2000	+2000	+12000	
累计赤字	12000	14000	12000	10000	8000	−4000	

该项目在其生命周期内将需要 8000～14000 美元的融资。在项目的整个生命周期中，这种支出多于收入的情况决定了需要获得资金来填补差额。项目选择必须考虑额外资金的需求以及项目生命周期内这些资金的成本。

6.1.9　小结

项目选择不仅仅是确定一个想法或寻找有利可图的新事业以助力组织财务健康。项目必须符合组织的核心能力，并为组织带来收益。随机的项目选择可能会交付错误的收益，且不能最优化组织的项目能力。

最好使用最简单的方法来选择项目，并确保考虑所有相关因素。具有选择项目的标准为在众多选择中进行分类提供了客观结构。首先，项目要契合组织的战略目标，为组织带来收益。其次，项目必须为组织带来经济利益。应通过一种或多种方法评估财务收益，例如 ROI、IRR 和现金流量分析。

6.2　项目可行性研究

6.2.1　引言

当有理由相信一个想法或提案请求具有价值并且可以提供启动项目的机会时，项目可行性研究就完成了。它可以检查项目的可行性及项目是否能提供大于所消耗的资源的价值。通常，它是一个概念的一般视图，可能被证明对组织可行，也可能被证明是不可行的。

可行性研究可用于许多不同的目的，但本节重点介绍未来项目的业务属性。研究结果建议选择备选方案或不进行该项目。选择最好的三个备选方案可能不会产生预期的结果，因此，该项目将不是一个可行的选择。

可行性研究应始终在项目开始之前进行。一旦对一个项目进行了投资，就难以证明因支出而终止的合理性。然而，一旦项目开始，可能就需要验证情况是否已经改变，以证明继续或终止是合理的。这些后续可行性研究可用于批准继续执行行动方案、推荐替代行动方案或终止项目。

6.2.2 项目可行性研究的共同因素

在项目可行性研究中需要包括几个共同因素，以确保解决所有方面的问题。这就要求以全面的方式评估想法或提案的潜力，以确保研究的有效性。这些因素如下：

- 技术和系统集成——解决由想法或提案引出的问题的技术可行性，以及集成系统各部分的能力。这是对可用技术或组织内解决提案的技术的审查。
- 经济性——从实施项目中获得的成本与收益。通常，这是将项目的成本与已完成产品的价值进行的比较。
- 合法性——在不违反任何法律（例如，侵犯版权或专利）的情况下产生项目最终结果的能力，并且产品在健康和安全等领域的法律范围内运行。其他法律要求可能适用于特殊用途的产品，例如数据处理的个人信息保护。
- 运营——提议的产品解决由想法或提案引发的问题的能力。所考虑的任何产品必须解决问题，否则就不是可行的解决方案。
- 时间——在产品过时之前可以使用可行解决方案的时间范围。开发时间过长的解决方案可能会因事件的发生而被终止，并且在新的维度上出现问题。

6.2.3 准备可行性研究

准备可行性研究的流程应遵循标准做法，以确保涵盖所有领域。建议采用以下步骤作为基本格式：

- 定义想法或提案请求。这一步对于理解想法或提案请求至关重要。重要的是要确保真实的概念并与任务方达成一致。与高层管理者达成协议可确保其朝着正确的方向开展可行性研究。记录商定好的陈述。
- 列出事实和假设条件。根据概念的定义，需要列出所有可用的相关事实。如果事实不可用，请列出完成研究所需的假设条件。事实是真实的要素，而假设条件是预期的未来真实要素。分别列出所有事实和假设条件。
- 制订可能的解决方案。使用可行性研究的共同因素，针对概念是否可行的问题制订解决方案。这种初始的制订工作使问题成为焦点，并使问题更加清晰形象。它还确定了信息不足的领域，必须收集这些信息以充实解决方案。尽管可以使用头脑风暴来制订可能的解决方案，但必须将其记录在案。
- 研究和收集信息。使用上面开发的解决方案，研究并收集与该概念相关的其他信息。填补空白并弥合在制订问题解决方案时发现的差距。请注意，在进行研究后，对于没有足够信息继续解决方案的地方以及信息不足的地方，记录相关信息。

- 分析信息。分析收集到的信息，确保其有效性且与概念相关。无效的信息会导致错误的结论，以及对问题的错误解决方案。记录使用的分析方法以供以后参考。
- 开发备选解决方案。完善已开发的可能解决方案并开发可以解决问题的备选方案。在理想情况下，最好有三个或四个解决方案。太多的解决方案可能表明有些内容是重复的，太少表明研究范围有限。记录新的备选解决方案。
- 评估备选方案并得出结论。比较备选方案以确定是否有重复项。使用相同的信息和事实消除重复的解决方案。将可能的解决方案数量减少到少于五个，且至少有一个解决方案是该项目不可行的。从比较中得出一些结论并记录下来。
- 选择最佳备选方案并推荐解决方案。对解决方案进行排序并选择最具潜力的解决方案，这可能会导致项目在分析中确定的限制条件下不可行。它还可能导致解决方案在可行性研究的一个或多个共同因素中具有高风险。应提出单一建议并说明解决方案的合理性。

良好的可行性研究是解决定义部分中所提出的困难或问题的明确途径。应检查陈述的逻辑或是否存在研究空白部分。在整个过程中，已记录的信息允许人们审查过程的有效性和行动的可追溯性。

6.2.4　可行性研究的常见问题

通过在开发之前、期间和之后提出以下问题，可以确定可行性研究中发现的一些常见问题。这些问题应该引起人们对行动和开发过程的思考。

- 问题是否过于宽泛而无法明确定义？
- 问题是否以书面形式被正确定义和陈述？
- 事实和假设条件是否清晰有效？
- 是否存在与问题或概念无关的不必要的事实或假设条件？
- 是否有足够的事实和假设条件来进行研究？
- 对事实、假设条件和信息的讨论是否太长？
- 是否收集到足够的信息来证明结论的合理性？
- 结论是否遵循分析？
- 是否有有限数量的选择或行动方案——通常是三个到五个？
- 评估标准是否无效或过于有限？
- 结论是否包括讨论？
- 结论和建议是否回答了问题陈述？

6.2.5　可行性研究的格式

以下提供了可行性研究的样本格式，用作指导开发和报告结果。可以修改此格式以适应实际研究。

主题：简要描述研究的内容。

（1）**问题**。以不定式或疑问句形式对问题进行简明陈述，作为任务陈述；例如，如果相关的话，要确定……的可行性。通常包括是谁、是什么、何时和何地。

（2）**背景**。提供研究的引言，简要说明问题存在的原因。

（3）**事实**。陈述影响问题或其解决方案的事实。确保事实陈述和归因正确。数据必须是独立的；它要么是一个明确的事实，要么归因于断言它真实的来源。事实的数量没有限制。提供与问题相关的所有事实（不仅仅是用于支持研究的事实）。陈述指导研究的权威机构给出的任何指导。如有必要，请参阅附录以进行扩展、参考、数学公式或表格数据的应用。

（4）**假设条件**。确定对问题的逻辑讨论和增加事实所必需的任何假设条件。如果删除假设条件对问题没有影响，则不需要假设条件。

（5）**行动方案**。列出所有可能的合适的、可行的、可接受的、可区分的和完整的行动过程。如果行动方案（Courses of Action，COA）不言自明，请简要说明 COA 的构成，以确保读者理解。如果 COA 很复杂，请参阅附件以获得完整的描述（包括相关的 COA 事实）。

a. COA 1. 按名称具体列出，例如完整的项目整合。

b. COA 2. 同上。

c. COA 3. 同上。

（6）**标准**。以下列出用于判断 COA 的标准。标准用作衡量每个 COA 的尺度或基准。定义标准以确保读者理解它们。具体来说，例如，如果使用成本作为标准，则以美元为单位谈论该度量。使用与事实和假设条件相关的标准。应该分别在第 3 段或第 4 段中列出支持每个标准的事实或假设条件。事实和假设条件的总和至少应大于标准的数量。考虑三个相关但不同领域的标准，如下所述。

a. 筛选条件。定义 COA 必须满足相应的筛选标准，才能使其合适、可行、可接受、可区分和完整。仅根据这些标准接受或拒绝 COA。定义每个标准并以术语说明所需的标准。例如，使用成本作为筛选标准，将成本定义为美元并指定可以支付的最大（或最小）成本。在随后的小段中，描述失败的 COA 并说明失败的原因。

b. 评价标准。这是用于在分析和比较段落期间衡量、评估和排序每个 COA 的标准。使用将决定每个 COA 质量的问题，定义如何根据每个标准衡量每个 COA 并指定每个 COA 的首选状态。例如，将成本定义为包括研究、开发、生产和分销在内的总成本，以美元为单位——越少越好；或成本是制造商的建议零售价——越少越好。建立一条划分标准的优点和缺点的分界线。评估标准必须对 COA 进行排序才能有效。一些标准可能既是筛选标准又是评估标准，例如成本。可以使用一种成本定义；但是，筛选和评估标准的要求值或基准值不能相同。如果值相同，则标准将不会区分剩余 COA 的优缺点。

① 定义评价标准。每个评价标准由以段落或叙述形式写成的五个要素定义。

- 短标题（如成本）。
- 定义（购买的金额……）。
- 计量单位（如美元、英里、英亩）。
- 分界线或基准（标准成为优势的点。理想情况下，基准应该会带来切实的好处。能够证明你是如何得出价值的——通过推理、历史数据、当前分配、平均）。
- 公式［以两种不同的方式表述。越多或越少越好（400 美元是优势，>400 美元是劣势，越少越好）。主观上，例如夜间运动优于白天运动］。

② 评价标准#2。在一个连贯的段落中再次定义和写出标准。要缩短长度，请勿使用多个分段。

③ 评价标准#3，依次类推。

c. 标准的权重。确定一项标准相对于其他标准的相对重要性。解释每个标准如何与其他标准进行比较（相等、受欢迎、略微受欢迎），或提供决策矩阵中的值并解释为何如此衡量标准。注：筛选标准不加权。它们是每个 COA 必须满足的绝对标准，否则 COA 将被拒绝。

（7）**分析**。对于每个 COA，列出根据规定的评估标准测试 COA 的优缺点，包括测试的每个 COA 的收益值。不要将一个 COA 与其他 COA 进行比较（这是下一步）。不要引入新的标准。如果有六个标准，则每个 COA 必须有六个优点或缺点（视情况而定）。如果有很多中性回报，检查标准以确保它们是明确的，并检查标准的应用以确保它们是合乎逻辑的和客观的。中性回报应该很少使用。

a. 如果第 6a(2)段中未列出，分析的第一小段应说明应用筛选标准的结果。为清晰和统一起见，将筛选的 COA 列为第 6a 段的一部分。

b. COA 1.按名称列出 COA。

① 优点。在一个清晰、简洁的段落中以叙述形式列出优点。解释为什么这是一个优势，并提供根据标准衡量的 COA 的回报值。不要使用纲要；请记住，文件必须独立存在。

② 缺点。列出每个 COA 的缺点并解释它们为什么是缺点，包括收益值或 COA 的测量方式。

c. COA 2。

① 优点。如果只有一个优点或缺点，将其列出，如下所示。

② 缺点。如果没有优点或劣点，则说明没有。

（8）**COA 的比较**。

a. 根据规定的标准测试每个 COA 后，将 COA 相互比较。确定哪个 COA

最符合标准。以合乎逻辑、有序的方式为读者阐述得出以下第 9 段结论的基本原理。例如，成本：COA1 的成本低于 COA2，这等于 COA4 的成本。COA3 有最大的成本。

b. 你可以使用定量技术（如决策矩阵、选择权重和敏感性分析）来支持你的比较。清楚地总结这些定量技术的结果，以便读者不必参考附件。不要解释定量技术，只需说明结果是什么。请记住，定量技术只是支持分析和比较的工具。它们不是分析和比较。

（9）**结论**。解决通过分析和比较所有相关因素得出的结论（例如，COA2 是最好的 COA，因为……）。结论必须回答问题陈述。如果不是，那么结论或问题陈述是不正确的。

（10）**推荐**。推荐特定的行动方案（是谁、是什么、何时和何地）。建议必须解决的问题。如有必要或有指示，请将实施文件作为附件。

（改编自美国陆军野战手册 101-5）

请注意，此格式用于重大决策。较小的短期项目可能会使用这种格式的缩写部分。然而，所有的条目都应该是摘要的样式。

6.2.6　小结

本节为准备可行性研究提供了一些建议，以确定是否应根据现有事实和信息启动（或继续）项目。列出的考虑因素有助于确定是否进行了有效的可行性研究以及指导研究开发的格式。

6.3　项目管理中的法律因素

6.3.1　引言

项目管理面临与其他种类的管理同样的挑战。许多法律、法规、协议和公约都对项目经理执行项目管理的职权提出了制约。涉及项目的争议会拖延项目进度，增加项目成本，甚至导致项目最终被撤销。项目经理要对美国的法律制度有所了解，因为它通常能为设计、执行项目提供一个全面综合的框架。

6.3.2　法律框架

新项目的项目经理应当了解那些对项目产生影响的潜在的法律关系。其中，有些关于项目的特定协议或法律关系需要特别关注，例如：

● 客户和卖方的合同协议。

- 在一些内部工作授权的初始文件中，有关于授予职权和为履行项目工作而划拨资金的条款。尽管这些文件本身不是"合同"，但如果在组织的内部各团队之间进行谈判时注意到这些文件的作用，它们就有可能为项目提供更为充分的支持。
- 与项目合作者（比如合资企业）的关系。
- 项目对外筹资时的借款协议。因为贷款方或出借资金方承担了相当大的风险，因此他们都想对项目管理进行控制。例如，借出的资金越多，他们就想对项目的资金运作拥有更大的权力。
- 监管部门，无论是当地、州还是联邦一级的，都是项目的关键干系人。应当尽快明确这些干系人的角色和预期，其中要包括对干系人的定义以及有可能与他们达成的有关法律关系的协议。
- 为项目购买保险能降低项目的预期风险。在从项目保险人处寻求保护时，项目经理应当仔细磋商以下几个方面的问题：保险金额、保险期限和义务、参与人的责任和职权以及发生损失时确定损失的方法等。
- 涉及专有技术或者其他专有财产使用权的许可协议。
- 其他干系人，像在第 4.4 节中描述的那些当事人。在对项目资源的分配上，他们拥有或者相信自己拥有某些权利或利害关系。这些权利和利害关系在那一节中已经加以讨论，在此只是把他们再提出来：
  - ➢ 政府。
  - ➢ 项目结果的最终用户。
  - ➢ 竞争者。
  - ➢ 投资者。
  - ➢ 干预者或利益集团。
  - ➢ 雇员。
  - ➢ 工会。

这些干系人中的某些人与项目发起组织有一定的协议，而这些协议受到不同法律的制约。例如，雇员所持有的雇佣合同会受到禁止歧视的法律和与工会的集体谈判协议的限制。所有这些合同都可能限制项目经理给雇员分配项目工作的权利，因为这些协议有可能引起法律诉讼。

在项目管理中有许多复杂的、涉及面广泛的法律纠纷，项目经理可能会卷入其中。

为了防止项目或一些干系人卷入法律诉讼，项目经理和他（她）的团队应该在早期就与组织所聘请的律师事务所建立起联系，并且要保持这种联系。在我们的私人生活中，聘用律师的最佳时机是在我们有麻烦之前，而不是等麻烦出来之后，这一点对项目管理也不例外。

6.3.3　合同结构

既然项目的成败总是围绕着成本、进度、质量和技术考虑因素，那么这些领域的执行标准一定要在项目规划的早期就确定下来。项目经理能用的 4 种基本合同类型：

- 总价合同——在这种合同中，承包商同意以一个特定的价格在一个确定的期间完成一项特定范围的工作。
- 成本补偿合同——这种合同通常在没有很好确定工作范围的情况下使用，买方要承担大部分成本、进度和技术绩效风险。通常，这些合同的所有成本再加上一定比例的费用都能获得补偿。
- 单价合同——在这种合同中，买方承担所有由项目范围、成本和进度的变更而带来的风险。承包商则承担比预计要多付的那部分成本的风险。
- 目标价格合同——在这种合同中，合同双方为产品或服务的卖方确立了成本和进度标准，还有与之相应的报酬和罚金。

在实际情况中，以上这些类型的合同形式和所有的其他特定的合同形式会有所变化。当对要使用哪一种合同类型或者在所有的合同中要包括哪些条款产生疑问时，最保险的办法是咨询法律顾问。项目管理中发生争议的可能性是现实存在的。当出现争议时，应当尽快去当地的律师事务所寻求法律援助。

6.3.4　争议解决方案

- 调解——这是一个非判决式的解决问题的过程。在调解过程中，争议双方当事人将争议提交给一个中立的第三方，并试图以善意的方式尽量解决争议。通常，争议双方并没有义务接受由中立的第三方提出的任何建议。
- 仲裁——在仲裁中，无须诉诸正式的法庭程序，也会做出一个公正的、有约束力的解决争议的裁决。仲裁员的仲裁对所有争议方具有终局性。仲裁员的裁决通常是最终裁决，无须诉诸法庭程序。
- 诉讼——它应当是最后才被使用的一种争议解决方式。如果管理有效率和效果，诉讼反而可能要比仲裁更具有成本效益，因为当事人不需要为法庭的裁决工作支付费用。
- 常设争议解决委员会——常设争议解决委员会是在项目一开始就被指定好的，该委员会对争议进行实时评估并解决争议。这种争议解决方式能确保及时地解决争议。设置这种类型的委员会的成本通常比较高，一般多用在时间跨度长达数年的大型项目上。

6.3.5　文件记录

尽管越简单越好，但一旦以上所说的任何一种或几种争议解决方式有需要时，被保留下来的记录就显示出了它们的作用，它们可以为项目的决策提供证据支持。有关计划和审查会议、组织设计选择、监督、评估和控制会议的正式记录都应当被保存起来。换句话说，要运用理性思考，并对项目的管理行为进行记录，尤其是那些与项目决策的制定和执行有关的管理行为。某些项目信息是专有的，因此应该采取适当的保密措施。

如果可能产生争议，或者已经产生了争议，就要对如何研究这些涉及争议的文件寻求当地法务部门的帮助，并要向法务部门提供这些文件。

6.3.6　项目变更

应详细记录项目成本、进度或技术绩效参数的变更情况，并把这些记录保管好，以备将来出现争议时采用。项目经理应就表 6.4 列示的基本因素建立一个项目变更机制。

表 6.4　项目变更机制

- 对合同变更将如何以及在什么时候对项目产生影响进行评估
- 就项目变更进行授权，但要在和相关干系人协调之后进行
- 向所有涉及的当事人传达这种变更
- 修改现有合同或工作协议

6.3.7　处理那些可能提出的潜在索赔

- 在确定项目取得成功之前，要确保所有现实的和可能的变更都得到了解决。
- 在项目接近尾声时，与项目团队和干系人协同工作，做出明确的分析，以确定是否还有其他索赔会被提出来，或者是否还有任何未决索赔需要处理。
- 在许多情况下，要寻求法律顾问的帮助。记住：法务部门是由职业专家组成的职能性机构，它像其他职能机构一样都是为项目提供服务的。

6.3.8　小结

项目经理必须了解与项目干系人相关的法律责任。项目团队的所有成员必须理解有关合同、争议、争议解决以及项目应当怎样处理与之相关的法律问题的基本原理。最后，本节对项目管理提出了告诫，即当项目涉及任何与之相关的法律事项中时，应当到当地的法务部门寻求法律援助。

6.4　项目启动

6.4.1　引言

项目正确启动，要比试图改正错误预期或者重新设定项目团队的工作方向

简单得多。要想使项目获得成功，最好的解决方法就是使项目一开始就能朝着正确的方向前进，并在同一方向上启动项目团队的所有工作，相对来说这种情况是最好的。一旦项目开始执行了，前进的动力就会使项目要么在正确的方向上不断前行，要么在错误的方向上越走越远。

项目的启动，是指第一次把所有的项目团队成员聚集在一起，并且就项目本身、项目的目标、用户与高级管理层的预期和项目团队之间的关系这些问题达成一致意见。同时，项目启动也是项目领导者设定预期目标，并得到个人和项目团队为达到目标而做出承诺的时候。

> 沿着正确的方向启动项目是成功的第一步。

6.4.2　让项目得以启动

项目团队的第一项任务就是制订项目计划。即使只有有限的计划经验，项目团队也要遵循项目要达到的目标，并且把这些目标转化为一贯坚持的对项目的指导，并贯彻于从项目启动到项目最终完成的全过程。制订计划对于获得项目承诺以及确保团队理解项目将要完成的工作都是至关重要的。

项目计划要求项目团队成员之间紧密合作，从而设计出解决问题的方法，并详细拟定项目要达到的目标。项目团队要做的一系列工作包括：

- 审查并分析项目目标和其他详细的文件记录。
- 确认项目目标以及达到此目标的可行性。
- 识别问题并寻找解决问题的方案。
- 识别风险并寻找降低风险的选项。
- 制定产品描述或规范。
- 制定工作分解结构。
- 制订项目进度计划。
- 制定项目预算。
- 制订支持性计划，包括：
  - ➤ 变更控制。
  - ➤ 范围控制。
  - ➤ 风险。
  - ➤ 采购。
  - ➤ 沟通。
  - ➤ 质量。
  - ➤ 人员。
  - ➤ 其他需要的内容。

- 获得高层管理者对计划的批准。

团队的项目计划是共同努力的结果，每一个成员都完成自己的那一部分工作计划，汇集起来就完成了整体任务。例如，某个团队成员负责写人员计划，而另一个则写风险计划。虽然任务分散，但整个项目团队还是需要在寻求高层管理者批准计划之前，从总体上考察这个最终项目计划的正确性和完整性。

项目计划也可以得到一些同行的审查和评价性的意见。通常，那些在类型相似的项目中工作的人能提出一些对项目有益的批评建议，并且能找出那些需要进一步澄清或进行特别考虑的方面。

6.4.3　项目日志

项目日志要从项目的第一天就开始记录。项目日志虽然记录的是非正式的行为和活动，但它对项目本身而言是有一定意义的。它可以被看作记录影响项目规划、执行和控制的一系列行为的手册。

项目日志要对那些可能需要回顾的和对项目会产生影响的信息进行记录。图 6.1 就是项目日志记录的一个例子。

编号 日期 地点	行为/事项	备注
1. 10/1/03 会议室	举行项目启动会议。所有团队成员和公司董事长都参加了会议	如果需要，董事长承诺将派其他人对该项目提供支持
2. 10/1/03 项目现场	供货商通知项目领导者，设备将延迟 3 天启运	对项目进度没有影响
3. 10/1/03 项目现场	明确了问题在于：产品所具有的功能不足以满足用户的需要，新的功能还没有确定	在产品的功能被确定以前，还不能修改产品说明书。向项目发起人寻求一些建议，并要求他提供帮助
4. 10/2/03 项目现场	第 3 项所记录的问题已经由项目发起人解决了	发行版本为 1.1 的说明书，它将继续包括前述的功能和重新设计的新功能
5. 10/5/03 项目现场	由于生病，首席技术人员被替换	人力资源部通知，并要求于 10/10/03 替换非首席技术人员

图 6.1　项目日志示例

保留项目日志对于未来有非常重要的参考价值。尽管项目日志是一个非正式文件，但它会对接下来将要采取什么行动提供一些参考。而且，有些问题往往会反复出现，最好用项目日志来记录它们发生的次数。

6.4.4　项目启动会议的目标

设计项目启动会议的活动应该受到项目所要达到的目标驱动。这种启动会议并不是互相开开玩笑、友好地拍拍背就完事的社交行为。它是项目得以启动的一个重要的关键节点。

启动会议的目标应该是：

- 确定唯一一位和项目直接接触并作为项目团队领头人的项目领导者人选。包括宣告项目领导者对项目的规划、执行、控制和收尾的有关职权和责任。
- 以获得个人或集体承诺的方式，确定项目团队的角色和责任。
- 提供项目背景信息和计划指导。包括项目团队为启动下一项工作所需的全部信息。

6.4.5　项目启动会议

当项目团队组建好之后，要把项目结构和目的传达给团队的每一个成员，这一点很重要。项目团队的第一次会议有可能在计划开始之前举行，也有可能在执行的开始阶段举行。如果在规划的开始阶段项目团队的规模还较小，而在执行的开始阶段团队的规模扩大了，那么就有必要举行两次会议。

规划项目启动会议以确保它涵盖所有的重要事项，需要写一份议程。这个议程应该包括以下所说的所有或大部分内容：

- 确定项目团队的风格和大致预期——项目领导者应当经常用图表来描述该项目，并且还应叙述此项目对于组织的重要性。高层管理者也应该强调这个项目的重要性和它会给组织经营带来的贡献。
- 项目团队成员互相进行介绍——团队成员进行自我介绍，并说明其所拥有的有助于项目成功的专业技能。
- 确定对工作关系的一些期望——项目领导者要讨论他对团队和团队成员的期望以及团队和团队成员对他的期望。每一个团队成员都要陈述一下其他人能从自己这里获得的期望。
- 审查项目的目标——项目领导者要和团队成员一起审查项目的目标。这些目标可能会得到扩充，这要看这些项目目标是固定的还是可能会因为某种原因而发生变化。
- 审查高层管理者对项目的预期——项目领导者要审查高层管理者对项目的要求，还要根据高层管理者对项目的支持或者对项目的了解程度审查项目团队对他的期望是否理解。
- 审查项目计划和项目的状况——项目领导者要审查项目的状况，并且讨论项目已经取得的任何进展。这是识别项目团队开始介入项目生命周期时间点的一个机会。
- 识别项目所要面对的一些挑战（问题、困难、风险）——项目领导者要识别项目面临的这些挑战，并且讨论应对这些挑战的可行对策。
- 提出问题和回答问题阶段——对于项目团队来说，这是一个对项目提出问题的好机会。同时也是澄清错误观念，消除有关项目谣传的时候。

- 获得项目团队对其工作的承诺——项目领导者会提出这样的问题：项目团队的成员要为项目做出承诺，并要从其他参与人处获得承诺，以使项目取得成功，对这一点团队成员有无保留?项目领导者自己也必须分别对项目团队和项目本身做出承诺。

在项目启动会议上，要让高层管理者、项目发起人和职能经理了解项目的重要性。要确保整个项目团队以及所有的项目成员都对项目做出了承诺，这对项目的正确启动是非常重要的。

6.4.6　项目启动之后的任务

在项目启动会议召开之后，必须解决那些会对项目成功产生影响的问题或意见。如果没有及时解决这些问题或回避了这些问题，那么项目团队就会产生疑问，通常会更加阻碍团队对其承诺义务的履行。

当项目团队没有全体出席初始的项目启动会议，或者当团队成员因为矩阵式管理结构或者其他原因而发生重大变革时，就需要再召开一次会议。如果与项目有关的信息没有进行充分披露，也需要召开第二次会议。

随着项目启动会议的召开，项目团队随后取得的任何进展都应该予以公布。例如，当项目启动会议先于规划阶段召开时，就应该公布计划已经完成或计划已经获得通过。这里所说的公布同时也是宣告项目团队开始工作，并将履行对项目做出的承诺。

6.4.7　小结

项目的启动，对于项目目标的达成以及将项目收益交付给客户都是非常重要的。高层管理者、职能经理、项目领导者和项目团队都在项目的正确启动过程中扮演着重要角色。一般做法是，在召开项目启动会议时，所有的干系人都会聚集在一起，沟通信息，并表明他们为项目成功所做出的承诺。

通过审查并确认项目的目标，来设计项目启动会议，是项目领导者的职责。准备一份议事日程，并把要陈述的信息排列好，这有利于召开一次有效的项目启动会议。在适当的时候，可以让高层管理者参加会议，以强调该项目对组织的重要性和他们为项目成功而做出的承诺。

在项目启动会议之后，接下来进行的会议和对项目所取得的任何成果的公布，对于向项目团队再次强调他们各自应该发挥的作用和他们为项目成功所做的承诺都是十分重要的。如果项目或项目团队发生变更，就需要再召开一次会议。

项目日志是项目启动的一部分，也是对一些非正式行为和行动的记录。它所记录的是那些可能会对项目成功产生影响的日常事项。同时，当某一事项需要进行一些额外讨论或者需要再完成一些工作时，也应将这部分信息来源记录至项目日志。

6.5 制定成功的建议书

6.5.1 引言

建议书是启动项目的基础。成功的建议书要经过很好的设计，要写得好，要有凝聚力，还要在报价上有竞争力。建议书可能是面向内部组织的，也可能是面向外部用户的。面向外部用户的建议书要更加正式和全面。

进行任何项目建议，都要有一位提案经理和一个建议书团队。通常，这个团队是为某一项特定任务而建立的一个特别的建议书团队。该团队具有临时性，这要求提案经理能快速地把建议书团队建立起来并进行动员。成立和动员项目建议团队的最好的方法就是，在项目启动会议上沟通项目建议书的必要性和它对组织的重要性。

> 建议书向潜在客户表明，你们将如何满足他们的需求。

6.5.2 设计项目建议书

通过项目建议书赢取一份合同，需要在将建议书交付给潜在用户之前付出巨大的努力。这种开发过程需要规范的方法来撰写和组织建议书，如图 6.2 所示。建议书成功与否是由它是否传递了正确的信息以及是否传达了各方履行工作的承诺决定的。

图 6.2 赢取合同的战略

首先，要通过建议书确定赢取合同的战略。战略是什么？为什么它会起作用？制定战略需要进行以下几个步骤：

- 深入分析用户所陈述的需求或需要。
- 分析竞争者的出价内容。
- 评估项目潜在的执行组织能提供什么。
- 就怎样设计建议书以最大可能地赢取合同做出决策。

一旦在精确评价用户需求、竞争因素和组织能力之后制定出获胜的战略，那么也就确立了项目的主题，这个主题是建议书的中心思想，它使建议书具有凝聚力。

由谁撰写建议书，是根据任务列表和可使用的专业人员的状况进行分配的。通常，需要设定专人确保所有的书面文件都包括了有凝聚力的主题，并解决了客户需求的技术性问题。提案经理必须确保所有任务都分配给了有能力完成相关任务的人。

需要为建议书的工作制订一个进度计划，这个进度计划要保证任务在各自期限内都得以完成。大部分进度计划都会包括会议召开时间和持续时间、在拟定建议书时重大事项发生的时间和建议书的交付时间。当用户规定了一个"不应迟于"的建议书交付时间时，超过此时间的建议书就会被拒收。对此，时间就成为一个非常重要的因素。

表 6.5 是一个准备通用任务建议书的进度计划。这个任务矩阵包括了每一项任务的起始时间、结束时间以及负责该项任务的人员。

表6.5　建议书的进度计划

任　务	起始时间	结束时间	负责人
背景调查研究	1	2	提案经理
制定项目战略和主题	2	2	提案经理
根据任务列表制订工作计划			提案经理
集合和召开团队启动会议	3	3	提案经理
简述主题和要求			提案经理
向团队成员分派任务			提案经理
简述任务进度			提案经理
设置会议进度			提案经理
撰写建议书框架内容	6	15	提案经理
描述所指派的任务	6	15	技术专家
审查任务完成情况	16	17	提案经理/技术编辑
审查完整的建议书	18	19	提案经理
编辑建议书	20	23	技术编辑
拟定最终文本	23	25	技术编辑
建议书获得高层管理者的批准	26	26	提案经理
修改建议书以反映高层管理者提出的意见	27	27	技术编辑
拟定并制作最终副本	28	28	技术编辑
交付给用户	30	30	提案经理

进度计划对于确保建议书按时交付给用户是很重要的。以上例子显示的是任务的分配时间和交付时间彼此分离、互不交叉的情况。但实际上可以提前分配任务，这样，对建议书进行编辑和整合的工作就可以提前开始了。技术专家有可能只用了分配给他的一半时间就写好了他那一部分建议书，并且把成果交给了技术编辑；这样便于技术编辑的工作，而技术专家也可以从有关工作中解

放出来转而从事其他工作。

　　总体来说，对于复杂的建议书，有必要把编写过程分成若干小步骤来完成。撰稿人经验水平的高低也会对拟定建议书的难易程度产生影响。拟定一份大型项目的建议书可能要包括以下几个步骤：

- 制定建议书的策略和主题。这个策略和主题是基于客户的需求和竞争者的出价来确定的，设计战略和主题的出发点是保证建议书对于合同的签订有更大的帮助。
- 在建议书中制定一套详细的用户需求和需要解答问题的清单。必须将这些详细的需求和问题在建议书中清楚地记录下来，并易于查找。
- 制定一份详细的、类似于课本内容目录的建议书大纲。在制定大纲时，确保建议书按照客户要求的格式展开。大纲还必须涵盖步骤 2 中提出的需求和问题的解决办法。
- 针对建议书全部内容制定一份任务表。这份任务表应当明确负责撰写建议书的各部分人员所需的技能和知识。
- 把这些经过分割的各部分任务尽可能快地分配给各个撰稿人，并在时间要求上进一步细化。要让每一个撰稿人在依据大纲完成自己的写作任务时，确保前后的一致性并围绕着建议书的主题。
- 对于撰稿工作要经常进行审核，并确保客户提出的需求和问题得到解答。
- 采用详细的大纲来拟定框架，并满足建议书的一般性需求。
- 尽早开始对来自不同撰写人的材料的整合工作，并确保所得到的各部分材料都能对客户提出的需求有所回应。
- 团队要经常进行工作回顾，以展示已经取得的进展，并确定建议书的哪些部分需要加以修改或需要增加额外的工作，从而进一步完善建议书中的内容。
- 把写好的部分集中起来，和高级管理人员一起对其进行综合审查。建议书要获得高管人员的批准才能对外交付，因为建议书描述的是组织所要承担的义务。

6.5.3　建议书的内容

　　建议书要向用户阐述三方面的内容。这三个方面的内容是：你要做什么？你要怎样去做？花费是多少？详细地说，这几个主要组件分别是：

- 技术——建议书提出的建议是什么，这一建议怎样得以落实。这一部分有可能被看作对要完成的工作和履行该工作所使用的程序进行描述。另一种说法是"对要解决的问题和解决问题的方法"的描述。
- 管理——对该项目使用什么管理方法所提出的建议，以及为了建立可信度还需要使用哪些信息。客户想得到这样的保证，即项目工作能够很好地开展，并得以圆满完成。

- 报价——建议的出价及付款条件。客户一般会要求建议书以某种特定的格式提供价格信息，包括对项目的某部分进行详细报价。

把这三个组件整合起来并以建议书的形式交付给客户的做法千差万别。根据实际需要的不同，交付的建议书有可能是一份单一的有约束力的文件，也有可能是三份单独的文件。客户通常在征询信中对所交付的建议书的格式以及将上述三个组件整合起来的方式有所反映。

6.5.4　建议书的技术组件

该组件涉及的是所提出建议的实质内容。通常包括的标题有：

- 前言——对于技术组件的一个非技术性概述。
- 问题陈述——对于基本问题的详细描述，这一部分将对本建议书所提及的服务、产品、研究或者其他需要解决的基本问题进行完整的定义。
- 技术讨论——对于所建议的服务、产品、研究或者能提供的其他工作的详细讨论。
- 项目计划——为达到建议书中所提出的项目目标，对所进行的计划进行描述。
- 任务陈述——为完成项目计划所需的重要任务列表。
- 总结——关于要点的一个简要的、非技术性的陈述。
- 附注——收录的是那些有助于理解技术性建议的详尽的或长篇幅的技术信息。

6.5.5　建议书的管理组件

该组件详细描述了关于项目管理所提出的建议。通常包括的标题有：

- 前言——对于技术和管理组件的一个非技术性概述。
- 项目管理——对于应当怎样进行项目管理的详细描述。
- 组织历史——对于组织发展概况的一个简要讨论。
- 管理信息——与项目工作执行能力相关的组织结构、管理人员和所有政策与程序的描述。
- 相关经验——对有利于项目履行的类似经历的概述。
- 设施——对于建议书中提及的服务或生产相关产品的设施条件的描述。
- 总结——对于建议书管理组件各要点的简要重述。

6.5.6　建议书的报价组件

该组件涉及的是项目成本和建议使用的合同条款的有关细节。通常包括的标题有：

- 简介——对于技术和管理组件各要点的一个非技术性概述。
- 报价概述——对建议工作的成本的概述。
- 支持性细节——对于报价小结中出现的各项有可能产生的突发成本的描述。
- 合同条款——为提供产品或服务的合同中所建议使用的条款提供明确的建议。
- 使用的成本估算技术——对于建议书中报价方法的描述。
- 总结——对所建议工作的成本和主要事项的定价的一个简要陈述。

6.5.7　要解决的问题

任何建议书最重要的方面，就是确定和了解客户所要求解决的问题。提出你对问题的理解和建议的解决问题的方法，会使客户确信你的建议书是最好的，这一点至关重要。通常对问题的描述会涉及：

- 问题的性质。
- 问题产生的历史。
- 最优解决方案的特征。
- 可考虑的备选方案。
- 选择的解决方案或方法。

对于问题和解决问题方法的描述，是使客户确信你了解其处境的过程。对于这部分，一定要进行实事求是的和令人信服的陈述，这样才能确保客户选择你的建议书。没有准确找到问题的症结或只是提供主观意见，都不会让客户相信你的建议书能提供最好的解决办法。

6.5.8　小结

撰写建议书对于向潜在客户传达你对存在的问题和最优解决方案的理解是相当重要的。建议书陈述了你解决问题的技术手段、项目管理手段和对相关工作的定义。

制定一份令人信服的建议书必须遵守一定的规则。这一规则一般包括三个组件：技术组件、管理组件和报价组件。根据这一框架，建议书描述了你提供的产品或服务满足客户需求的能力。怎样充实这个框架，准确地显示你的能力并传达你对履行该项工作的愿望，这些事项都要在项目建议书的细节中体现出来。

成功的建议书是由包含技术部门在内的、有明确目的的团队制定的。提案经理要确定建议书的风格，并将详细任务落实到人。建议书的负责人通常会进行具体细致的工作，从而将建议书的各部分内容整合起来，并与技术编辑一起制定出一份前后连贯、一脉相承的建议书。

6.6 项目工作说明书

6.6.1 引言

工作说明书（Statement of Work，SOW）是一份正式的合同文件，用于说明和定义与项目合同相关的工作活动。SOW 可能与作为项目原因的合同有关，也可能是针对项目分包商的 SOW。无论哪种情况下，文件的格式和要求都取决于正在执行的工作的性质，SOW 的目的也都是相同的：指定工作的完成方式、时间和地点。

SOW 有多种格式，具体取决于所要求的商品或服务的类型。此外，用于获取货物的合同类型可能会影响 SOW 的内容。本节包含一些建议的格式以供参考。

6.6.2 常规 SOW 中的主题

SOW 中通常包含的主题如下所列。这些主题可能会详细阐述或以概括的方式阐述，这取决于请求组织想要对执行组织实施的控制程度。

- 工作范围——详细描述要完成的工作并指明要完成的工作的确切性质。
- 工作地点——描述工作将在哪里进行。它是进行所有工作的地方。
- 履约期间——规定了工作进行的时间框架，通常是一个具体的开始和结束时间。
- 交付进度——通过描述商品和服务的交付时间来规定商品和服务的交付。
- 适用标准——指定在履行合同时必须遵守哪些标准。
- 验收标准——规定了在交付时衡量商品或服务的验收标准。
- 特殊要求——规定了所需的特殊硬件或软件、任何特殊的劳动力要求（如学位、证书或安全许可），以及合同条款和条件中未涵盖的任何其他内容。
- 合同类型和付款进度——规定合同类型和合同执行期间付款的进度计划。

上述 SOW 假设了一个严格控制的环境，执行承包商在决定如何完成活动方面几乎没有自由度。每个区域都是指定的，执行承包商提供专业知识和工艺来完成任务。

6.6.3 SOW 示例

此示例提供了用于准备特定 SOW 的大纲。本大纲中的某些部分可能不需要包含在所有项目的 SOW 中。但是，应在 SOW 中考虑的因素包括：将发布此

SOW 的项目的介绍和简要背景；工作的范围和要实现的具体目标；与项目相关的最重要参考项目清单；精确定义在要执行的任务和要生产的可交付物方面的需求，以及项目的详细报告要求的进度和合规性。可能包括的其他领域是：传输/交付/可访问性规定、安全要求或其他特定于你的项目的要求。如果有附件的话，也可以将其包括在内。

- 介绍和概述。本工作说明书将根据合同（合同名称和合同编号）发布。简要描述该项目及其与你的使命的关系。
  - ➢ 背景。写一篇简短的叙述，描述这个项目是如何"产生"的。
  - ➢ 工作范围。从描述本 SOW 涵盖的工作范围的叙述性段落开始。适用时，包括正在执行的工作的整体层次结构；它可以采用工作分解结构的形式。
  - ➢ 目标。以项目符号的形式列出此 SOW 的具体目标。确保它们与 WBS 的范围和适合性一致（如果提供）。
  - ➢ 履约期间。本节确定了在此行动下必须承担的资金的履约期。如果此行动是为了增加资金，则还应包括预计的履约到项目完成的总履约时间。
  - ➢ 预计成本。如果此操作代表增量或部分资金，请列出此任务订单的总估算成本，从此操作到完成。
- 参考。下面列出了本 SOW 中引用的所有适用文件。在适当的情况下，应提供简短的注释以表明文件的相关性。在执行本 SOW 下的工作时，参考有关使用这些文件的任何特定要求。
- 需求。本节定义了要执行的任务、要实现的最终结果/可交付物以及关键日期的进度计划方面的需求。重要的合规要求应包含在任务描述和可交付物中。
  - ➢ 任务。根据本合同要执行的任务应在离散的功能区域或子任务中进行描述，每个工作区域都应清晰完整地得到描述。任务描述必须提供足够的细节，以便任何承包商都能理解任务下的需求、方法论、成果和可交付物。
  - ➢ 承包商应执行以下任务。按阶段（如果适用）按顺序列出任务（编号和名称）。提供足够详细的信息，使潜在承包商能够以最高效率计划人员利用和其他需求。
    —所需的方法论。
    —图形/绘图/图表（如有）。
    —规格。
    —数据/财产/设施。

　　　　—人力投入量。

　　　　—地点/差旅。

> 最终结果/可交付物。本节描述了上一节中包含的每项任务预期的产品和有形的最终结果、每个可交付物的到期日期以及买方的验收标准。

> 按任务列出的可交付物。对于大量工作，可交付物可能会按子任务进行划分。下表按任务提供了所需交付物的完整列表。该表包括任务编号和名称、最终结果/可交付物、创建它的工具、验收标准和预期用途（如适用）。

任务编号和名称	最终结果/可交付物	进度计划/里程碑

- 进度计划/里程碑。承包商应维护一份详细的项目进度计划，从中可以生成各种项目报告。应提供以下报告：
  > "谁在什么时候做什么"报告。该报告应由承包商在初次提交时提供，并在协商后再次提供。买方将使用该报告来评估承包商为完成 SOW 提出的资源是否充足。
  > 其他考虑。此处包括任何其他地方不适用的与 SOW 绩效相关的信息。
- 进度/合规。买方要求承包商提供以下信息，以监控进度并确保合规：
  > 每周状态报告。
  > 每周会议。
  > 每月进度报告。
  > 项目管理团队会议。
  > 项目审查。
  > 大纲和草案。
- 发布/交付/可访问性。承包商应为每份纸质交付物提供两份硬拷贝和一份电子版本。
- 注释。如果出于清晰或简洁的原因，前面的内容需要进一步扩充，请将此部分用于此目的（或者用于在逻辑上不适合前面部分的所有其他信息）。旨在帮助确定规范的适用性和选择产品或服务的适当类型或等级的信息。

注意：此 SOW 示例改编自美国联邦航空管理局的报告格式。

6.6.4　其他 SOW 考虑事项

SOW 通常伴随着规范，详细描述了项目正在构建产品的具体措施。规范是对

SOW 的补充，因为它们详细说明了产品的参数。有时，规范事项包含在 SOW 中。

在制定 SOW 时，应考虑以下事项：

- 买方希望履约承包商做什么？
- 如何明确规定要求？
- 要求是否完整且所有人都能理解？
- 就买方和履约承包商而言，双方都要做什么？
- SOW 是否实施了足够的控制以提供对工作的可见性？
- 指定的报告是否足以实施控制？
- 指定的审查是否足以实施控制？
- 交付时使用什么标准来测量产品的"好坏"？

6.6.5　小结

工作说明书只是买方对履行合同的指示，以确保双方就买方的期望达成共识。为了实现预期的结果，SOW 应该是明确的，并且双方对其各部分的含义达成一致。此外，SOW 应全面说明内容、地点、时间和方式。

SOW 格式是为满足买方的需求而量身定制的，样本 SOW 可以作为一个起点，通过对其添加或减少事项来确保需求得到清晰明确的说明。

SOW 还可以包括通常在产品规范中的特定参数信息。

6.7　选择项目管理软件

6.7.1　引言

随着对项目信息管理需求的不断增长，项目管理应用项目管理"软件"也在不断发展中。第一个用条形图来安排和控制生产的文档系统是 20 世纪早期由亨利·甘特（Henry L. Gantt）发明的。1950 年，美国海军和杜邦公司各自开发出了计划评审技术（Program Evaluation and Review Technique，PERT）和关键路径法（Critical Path Method，CPM）。相应地，这两个系统成了现代进度网络的基础。

自从 20 世纪 80 年代以来，电脑的出现和不断发展，为项目管理带来了更多更好的满足项目团队需要的软件程序。今天，电脑连同项目管理软件一起为项目团队成员提供了规划和控制项目所需的强大能力。而项目管理软件的性能又是由该程序的高级程度和复杂程度决定的。

项目管理软件程序有各种各样的特性可供项目使用。软件程序所花费的成本，从最低的价值 25 美元的基础进度安排工具软件到价值几千美元的高端大型主机系统应用软件不等。而那些最受欢迎的，也就是销量最好的，是安装到台式计算机上的需要花费 300～600 美元的应用程序。

在管理多个项目或肩负许多任务和拥有上百项资源的大型项目时，对项目管理软件提出了更高的要求，即软件要能处理大型项目或多个项目，同时其成本负担还不能太大，在 2000～10000 美元。选择合适的软件能大幅度提高组织的项目管理能力。

6.7.2　项目管理软件的通用功能

最初，项目管理软件只是进行进度安排，或者根据时间布置任务并记录工作的进程。后来，项目管理软件引入了项目工作的成本管理功能，之后又引入了资源管理功能。

当前，用于中小型项目的管理软件能够处理进度安排、资源管理和资源的计算成本。这里所说的只是这些软件的一些通用功能，而没有对那些较为复杂的功能加以论述，比如对那些随时间而变化的资源成本进行处理。

> **项目管理软件为项目时间、成本、**
> **人力资源和物质资源的决策提供了重要信息。**

以下描述的是项目管理软件所具有的最常见的通用功能，同时它也是所有应用软件的基础。下面对每一项功能进行简短的描述：

- 时间管理——制订一份描述工作任务和概要活动的开发项目进度计划的能力。这里首先要规划需求，然后转化为跟踪功能。时间管理需要事先设定一个基准，再将实际的完成情况引入进度计划，以测量项目执行和收尾阶段的进展情况。

- 成本管理——制订一份附有每一项任务详细成本情况的项目预算的功能。单项成本要加总起来以获得项目的预期总成本。由于成本是和每一项任务联系在一起的，而每一项任务又都被列入了执行的时间框架，预算可以作为一个分时间段的支出计划。在执行过程中，随着资源不断被消耗，软件系统应当能够将支出累加起来，并在细节上和总体水平上与基准预算进行比较。

- 人力资源管理——这项功能是为了使那些具有特定工作能力的人能够被分配到相关的工作上去。经过任务分配，进度计划中的内容因附有相关的人力资源而变得丰富起来，进度计划明确记录了那些完成项目所需要的所有人员。由于资源被分配给了各项任务，所以项目对资源需求的时间也就确定下来了。软件系统应当能够根据情况的需要追加或者改变在项目执行和收尾阶段的人力资源。

- 资源（除人力资源以外）——为了完成项目所需的材料、设备、卖方服务、合同、差旅、租金以及其他成本。这些资源被分配到各项任务中，每个资源的成本价格也被记入进度计划。这使项目所需资源的及时就位成为可能。软件系统应当能够根据情况的需要追加或者改变在项目执行和收尾阶段的其他资源。

以上四种功能是对项目管理软件通用功能的最低要求，除那些只具有计划和跟踪进度的特别小的软件以外，项目管理软件都具有对短期的小项目或长期的大项目进行管理的能力。

6.7.3　软件选择的考虑因素

组织必须从对项目不同要素进行管理的角度来看待自身对项目管理软件的需求，并明确组织对项目规划、执行和控制等方面的需要。考虑是否购买一个新软件的主要驱动力是用户的数量。如果组织把规划、执行和控制的功能进行分割，而软件只需要提供给几个人，那么这种软件的功能就仅仅在于进行小规模的时间、成本和资源管理。

而需要规划、执行和控制功能更强大的组织，就需要选择一个功能更强的软件。它应当有某些附加的功能和能力，如挣值管理，即具有成本—进度整合功能，以测量项目进展。在管理多个项目或者通过一个主进度计划管理项目时，也有可能要考虑使用功能更强的软件。

培训对于组织来说也是一项费钱费事的工程。尽管许多时候在进行软件选择时，这种情况并不是那么明显，但培训还是对组织在用户中普及、运用新软件有相当大的影响。

新软件与组织现有软件的兼容性是另一个考虑因素。例如，在项目管理软件和公司会计系统之间转换数据有可能比较困难。此外，如果项目使用了一个以上的管理软件时，那么有时候也需要在不同的项目管理系统中转换数据。

对于评价和决定某一新软件是否能够制作满足所有管理层级所需的报告而言，对项目相关信息进行汇报是一个很重要的方面。在理想状况下，项目管理系统所提供的信息可以满足项目领导者跟踪项目进展和报告项目状态的需要，同时还可以满足项目发起人对于汇总数据以及高级领导者对于决策数据的需要。项目管理软件还应当能为所有客户提供的报告信息加以格式化处理。

计算机必须有运行项目管理软件的性能和能力。台式计算机通常安装的是中型项目管理软件。计算机需要有充足的硬盘空间和足够的内存容量，以确保软件达到最佳的性能。

在制作纸质报告或图表以满足客户需求时，需要备有打印机和绘图仪。大部分项目管理软件在有可供使用的打印机和绘图仪时，都能打印的报告。而如果软件本身具有图形制作功能时，就不需要用打印机和绘图仪来支持软件的报告功能了。

项目管理软件的成本是最后一项考虑因素。购买价格只是成本的一部分。培训有可能涉及范围较广、花费较大。增设或改变托管计算机系统和打印机／绘图仪也是一笔不小的支出，而软件的现场技术支持或者添加附加硬件的特定成本也应当包括在总价格中。

6.7.4　对软件的详细需求

购买软件的组织必须考虑所要管理的项目情况和项目的详细要求。图 6.3 给出了需要考虑的几个方面。

图 6.3　选择项目管理软件的基本考虑因素

对软件选择的基本考虑因素的详细讨论如下：

- 项目的规模。项目的规模大小是通过软件要处理的任务数量来衡量的。大部分小型项目，其任务一般少于 250 个。大项目、多个项目或者主控项目的任务数量有可能超过 50000 个。

- 资源的数量。对完成各项任务所需资源进行分配并记录使用资源的情况，这一需要有可能会受到项目管理软件的制约。如果组织采用的是将众多资源分配给一个任务的方法，那么软件就要有处理这个问题的能力。此外，放置在资源库中的资源数量同样也很重要。

- 成本的种类。预算要求组织将成本进行分类细化并分项记录。软件应当能够兼容所有的成本类型。

- 任务的依赖性。要明确相互依赖、相互联系的任务的数量。组织的规划和项目管理的方法论决定了相互依赖、相互联系的任务的数量。

- 单个项目与主进度计划之间的协调。把几个项目合并成一个主项目，这种能力在有些情况下是必需的。由此软件就可以仅根据一个单一的资源库进行进度安排。但要达到这一步，则需要所有的任务都能被纳入软件。

- 资源平衡。通过资源使用量的上下波动可以获得资源使用上的时间差，或者通过改变项目截止日期来对资源进行调整以实现资源分配均衡。资源平衡能降低或者消除当某一个资源同时需要完成两项任务时产生的冲突。

在选择新的项目管理软件时，还要考虑使用者的情况，确保用户能接受新软件。为了让所有相关人员都满意，必须考虑以下几方面因素：

- 易于使用。该软件应易于使用，并与正在使用的其他软件保持一致性。例如，在使用软件时不应该有不同的约定，也不应该有数据填充的困难。

- 软件的可靠性。软件应当具有持续的可靠性，不能有重大缺陷或故障。从该软件得到的结果应该是前后一致的。
- 报告功能。应当便于报告的设计和制作。报告中的标题和图例中的数据应该能根据项目需要而保存。
- 培训时间。学习一个新的软件的时间长度应当是合理的，并且学习中要包括该软件的大部分常规特性。如果需要使用软件的某些先进特性，就需要付出额外的努力和培训时间。
- 数据转移。其他来源的数据应当很容易地被传输并导入进度计划。只要对数据进行一些简单操作就能将其转换为特定格式。
- 报告格式。标准或者定制的报告应当在不需进一步操作的情况下满足所有客户的要求。报告的范围和类型要在不需进行过多复杂操作的情况下服务于团队成员、项目领导者、项目发起人和高级领导者。

6.7.5　选择项目管理软件

进行项目管理软件的选择将涉及一些人员，建立一个团队，对所有需求进行考察，并考虑软件所具有的功能与特性，这是最好的办法。项目管理软件的选择过程以及获得相应信息需要考虑下列人员的参与：

- 高级领导者和项目发起人——他们有从软件中获得信息的需求。
- 项目领导者、项目规划人员和项目控制人员——需要项目管理软件具有的计划和控制项目选择过程的能力，可处理大量相互依赖的关系、资源、任务以及项目合并的能力。
- 项目团队成员——便于他们使用报告向其他部门的人员发布和更新项目的进展情况，确保他们在制作报告过程中所采纳的信息的准确性。
- 软件使用者——易于软件使用者学习和使用，并易于输入或输出数据；易于生成并制作报告；软件具有做出变更和记录进展的能力。

软件选择团队应该基于使用者的需求制定一个软件选择标准，确保计算机能够运行该软件，确保软件与报告制作方法是兼容的，并能解决与其他系统如会计系统的数据转移问题。

6.7.6　小结

对项目管理软件的选择是一项复杂的任务，必须考虑到组织中以下几个方面的问题。首先，需要根据项目管理的能力估计组织的需求，需要满足项目的需求，满足各级领导的需要，并要让用户接受该软件。

软件选择还必须考虑现有系统部署该软件的能力和制作报告的相关辅助设施。电子数据所具有的传输性，无论是输入数据还是输出数据，对于软件系统与组织中其他系统的协同以及平稳运行至关重要。还要从使用的简便程度、用户的数量和培训成本等几个方面考虑新软件的培训要求。

软件的成本是最后一个需要考虑的因素。成本必须包括软件的购买成本，再加上其他支持所需要的成本、替换或更新现有硬件的成本和培训用户的成本。当所有的成本都确定以后，要进行成本–收益分析，来决定是否选择其他相似的具有竞争力的软件系统。

6.8　项目合同谈判与管理

6.8.1　引言

对于项目经理而言，理解谈判和管理项目所涉及的合同中的一些基础知识是很有意义的。在某些情况下，项目经理所接管的是一个合同条款已经谈判好的项目，这时项目经理主要考虑的就是对合同的管理。本节将对有关项目经理在合同管理中的作用的一些基本观点进行解释。在此提醒读者要注意的是，专业合同的谈判与管理是一个支持项目运行的高度专业化的活动，因此，本节建议项目经理在需要的时候要向合适的专家寻求帮助。

6.8.2　一些实用的指导原则

大部分项目经理都不是律师，但是他们仍然会涉足合同的谈判与管理，其中所涉及的一些基本的指导原则包括：

- 向组织内的法律事务部门寻求指导，以熟悉合同谈判与管理中的一些需要注意的问题的基本情况。
- 记住：在项目管理过程中，项目经理通常就是实际上的合同管理人。
- 认识到项目经理在项目中所承担的法律后果和责任。
- 项目经理必须理解以下几个方面的内容：①合同的基本谈判过程；②合同中存在的对责任进行限制和风险划分的条款；③以勤勉的方式管理合同。
- 项目经理必须清楚自己对合同的有关知识存在一定的局限性，他应该知道什么时候要向合同专家或法律顾问寻求专业的帮助。

6.8.3　合同谈判

谈判是一个拥有不同利益的当事人双方通过沟通和妥协达成协议的过程。在任何谈判过程中，都必须做到以下几点：

- 将个人情绪与合同中所涉及的争议区分开来。
- 记住：谈判的每一方当事人都像自己一样，当他们关于项目的个人观点不能压倒对方时，他们就可能会生气、失望、怀有敌意和被激怒。

- 记住：任何个人问题都要在合同的争议之外予以解决。
- 换位思考，这是很有帮助的。
- 要知道谈判双方必须努力保持积极的联系和有效的沟通。
- 参与谈判的双方所关注的应当是谈判过程中双方的共同利益，而不是谈判当事方所处的相互对立的地位。
- 记住：在冲突问题的背后，总能找到双方共同的利益和动机。
- 要确保那个引起大量问题的基本冲突能被解决，并达到多赢的局面。
- 在特殊情况下做出承诺要特别小心，否则当对方要求你承担相应的义务时，你就没有任何谋求妥协的希望或借口了。
- 在谈判过程中，要承认其他当事方的利益——这将有助于完成一次成功的谈判。
- 在谈判过程中要坚持自己的立场，而在为人处事上则要表现出开放的和支持的态度。
- 针对实际问题进行辩论，而不针对个人。
- 在谈判过程开始之前，要仔细琢磨各个潜在的解决措施，这一点很重要。
- 坚持使谈判过程始终建立在一些客观标准之上。

6.8.4　合同

在磋商过程中要确保双方当事人对合同以及那些将被合并到最终合同文本的条款有基本的理解。其他需要考虑的因素有：

- 要力求把项目经理和组织的法律责任限定在一定的范围内。
- 要尝试理解那些关于担保、赔偿、违约金条款以及其他对责任进行限制的条款。

6.8.5　担保

担保的概念就是：卖方口头或书面的承诺，表示项目所交付的标的将符合特定的标准。有关担保的主要规定包括：

- 担保使卖方承担了一种义务，当卖方违反了其承诺时，买方就可以要求卖方承担责任。
- 买方可以提起诉讼以获得对其损失的赔付或者撤销合同。

有两种基本的担保类型：

- 口头或书面担保，即卖方对履行合同给予的特别承诺。
- 默示担保，即依据成文法和法院判决确定的卖方应承担的保证或承诺，而不是写在合同中的特定的条款。默示担保产生于特定的成文法或者根据判例对交付给买方的产品或服务所产生的特定预期。有关产品或服务的默示担保规定，所交付的标的必须合理满足它们通常的目的。

6.8.6　与项目经理有关的担保行为

- 对有关项目的产品或服务的履行或设计做出声明时要特别小心。
- 当某些具有担保性质的信息加入合同文本时要谨慎行事。
- 记得要声明担保所涉及的范围以及不涉及的范围。
- 要记住若在合同中加入有关履行服务的担保式的语言，它会具有提高履行标准和客户预期的效果。

6.8.7　赔偿

赔偿是为了防止法律诉讼或对个人的人身伤害，或者对个人或组织遭受损害的一种保护行为。有两种类型的赔偿：

- 基于普通法的赔偿。
- 基于合同的赔偿。

关于赔偿条款，根据合同中所规定的转移的法律义务的程度的不同，不同合同之间的差别很大。这些条款一般有 3 种形式：

- 广义形式，也是最严厉的一种形式，赔偿方有义务赔偿并使被赔偿方免受因履行合同而产生的所有损失。
- 中间形式，它规定赔偿方对所有产生于合同的索赔或诉讼负责任，但那些由于被赔偿方自身过失所引起的损失除外。
- 狭义形式，其中一方同意仅赔偿另一方因赔偿方疏忽而产生的索赔。

6.8.8　项目合同管理

对合同的管理包括：①依据合同的有关条款，监督相关工作的完成；②为可能发生的变更进行准备并加以处理；③对合同所用语言和格式提供解释；④履行付款时批准发票。在履行这些职责时，项目经理需要认识到的是：对上述行为如果没有合理地履行职责，项目经理、组织或者项目团队成员都可以被指控存在过失。不合理的行为也可能导致违约指控。公司管理者必须制定政策和程序来规范组织中有关合同管理的落实情况。合同管理所涉及的主要行为准则包括：

- 在合同签署之前，所有需要的签名、批示和批准都必须被存档。
- 在最终合同文本签署之前，或者合同尚未最终定稿以及没有取得正式的授权之前，不要开展任何工作。
- 与合同管理有关的优秀合同文本和文档资料要包括项目经理对那些与合

同有关的事件做出的记录，以及对合同的管理质量做出的记录。

- 要确保组织所提供的累计服务量和花费的成本不超过合同所规定的范围和预算。
- 制定合同变更控制流程，并要对合同变更控制流程进行记录，要明确说明合同为什么会变更，什么时候进行变更，以及合同变更是怎样进行审查并获得通过的。
- 在合同的谈判或管理过程中，要在麻烦出现之前就寻求法律或者合同顾问的帮助。

6.8.9　小结

本节介绍了一些涉及项目合同谈判与管理的基本概念。在介绍的同时，还提到了需要小心谨慎的建议：项目合同谈判与管理是一个庞大和复杂的领域，此领域是由诸多法律因素所支配的。相应地，项目经理应该在合同产生麻烦之前就寻求法律和合同顾问的帮助。

6.9　项目质量

6.9.1　引言

项目质量的实质是满足客户需求，其中包括满足客户对于技术方面的需求，并保证客户对结果表示满意。把质量因素融入项目产品是一个严格的过程，需要首先理解客户的需求，而且要一直朝着最终结果不断努力。

项目质量既不是偶然的，也不是靠运气得到的，而是项目的所有干系人不懈努力的结果。他们关注客户需求，并满足这些需求。项目的团队领导者是确定客户需求的关键人物，他要保证所有参与者都朝一个方向努力。

高级管理层对产品质量的影响具有正反两方面的作用。他们通过提出对项目进度等的要求，在项目运行中采取捷径，或者通过减少产品功能以及降低技术要求的方式对产品质量带来不利影响。而高级管理层如果想要起到提升产品品质的作用，就要理解客户的需求，以及实现这些需求的方式。这一点要在项目规划中进行详细描述。

项目团队必须理解他们在开展工作和遵循规范时所发挥的作用。在进行产品生产时，偏离产品规格和采取捷径都难以达到令人满意的质量标准。要按照规范生产，项目团队必须具备技术能力，而且在工作中游刃有余。

6.9.2　质量原则

质量计划必须遵循一系列的原则，以确保通过严格的过程实现最优的结果。偏离这些原则常常导致客户不满，因为项目并没有达到客户的要求。而且，偏离原则还会导致返工，造成时间、材料、金钱上的浪费，并降低利润。

在各行各业中一贯遵循的质量原则包括以下内容：

- 第一次就做好工作将节省时间和金钱。
- 质量是预防的过程。
- 质量要符合要求或者规范。
- 质量通过对客户需求的关注而内建在产品中。
- 测试是对产品功能的确认，而不是识别缺陷的过程。
- 测试不能识别产品中的所有缺陷。
- 质量是每一个人的责任，而不仅仅是质量保证人员或质量控制人员的责任。
- 质量是个持续改进的过程。

1. 持之以恒地改进产品和服务
2. 采用新的观念
3. 停止依靠大规模检查来获得质量
4. 结束只以价格为基础的采购习惯
5. 持之以恒地改进生产和服务系统
6. 实行岗位培训
7. 建立领导力
8. 消除恐惧
9. 打破部门之间的壁垒
10. 取消对员工的训词和告诫
11. 取消定额管理
12. 让员工对工作有荣誉感
13. 鼓励学习和自我提高
14. 采取行动实现转变

图 6.4　14 条原则

人们最熟知的项目质量原则是由爱德华兹·戴明博士提出并发表的。在日本和美国，戴明都是一位享有盛誉的质量专家。戴明博士提出的 14 条原则适用于任何质量计划。图 6.4 展示了这 14 条原则。

6.9.3　质量管理的组成部分

项目质量由 3 个部分组成：①质量规划；②质量保证；③质量控制。这 3 个组成部分确定了一个项目质量规划的方法，并确定了在多大程度上该项目需要何种程度的质量说明。

质量规划包括确认项目相关的标准，以及这些标准适用于工艺、产品和过程的程度。例如，某一行业的与工艺有关的质量标准对一个具体的项目来说是适合的，因此可以直接采用这一标准。这就确定了希望达到的工作质量水平，而且为项目后续的质量控制提供了检查或检测的基础。

质量保证确定了项目的执行标准，以确保所制定的项目过程得到执行，并确保该项目达到质量规划中所制定的标准。这一职能要求采用全面的项目质量方法和测量手段，以确保产品质量。质量改进工作包含在这一职能之内。

质量控制用来测量工作成果与标准之间的差异，以确保工作成果符合标准所确定的产品性能、特征和功能。对产品进行检测工作成果常常是认可产品质量的过程，产品存在的缺陷将被质量控制人员检测出来。在检测中发现的产品缺陷为进一步加强质量管理提供了改进的机会。

6.9.4　质量成本

质量成本取决于 5 个方面的功能：

- 预防成本——努力防止产品生产过程和产品本身出现缺陷所花费的成本。为达到预防目的，要对参与项目的人员进行培训，建立并验证过程的适用性以及在持续改进上下功夫。
- 评价成本——所有与检验、测试、检查并展示是否符合要求有关的成本。质量控制通常是这一职能中的主要成本。
- 内部成本——在产品交付客户之前的产品修理成本。这些成本通常是由于质量控制测试和检查所引起的。
- 外部成本——在产品已经交付客户后的产品修理成本。这些成本包括修理成本以及与退换、交货、服务和处理客户投诉相关的成本。
- 测量和测试成本——购置对产品进行测量和测试过程所需要的工具和设备而产生的成本。这种成本也包括精密测量工具的成本。

所有这些事项成本在项目中占有很大比重，曾经有一个项目，其返工、材料和人工成本使项目的成本增加了 46%。典型的情况是，质量成本是所销售商品成本的 12%～20%。而且这类成本并不能使产品的附加值增加。但通常质量成本一般被估算为所销售商品成本的 3%～5%。

表 6.6 表明，有必要采用一种新的质量管理方式，减少材料、人工和时间的浪费。实际成本和预计成本的变化表明盈利能力和生产高质量产品的组织形象的提升。

表 6.6　产品质量的成本区域

成本区域	实际占所销售 商品成本的 12%～20%	预计占所销售 商品成本的 3%～5%
预防成本	10	70
评价成本	35	15
内部成本	48	10
外部成本	7	5
测量和测试成本	<0.1	<0.1

这表明，应当将更多的注意力关注于预防而不是评价。质量成本如果能从实际的水平降低到原来预计的水平（由 12%～20%降低到 3%～5%），将对盈利能力和客户满意度都有很大的影响。此表同时也说明了，质量成本可以降低 75%（下限从 12%降到 3%），从而使产品价格降低（具有竞争力）并提高边际利润。

6.9.5　持续改进

在大项目和系列项目中，可以实现项目的持续改进。高级管理层对大项目非常关心，他们强调以有效率且有效果的方式规划和执行项目。规划阶段为项目团队选择最有效的执行项目过程提供了时间。而小项目可以从重复性的工作以及那些不该再犯的错误中吸取经验。

持续改进需要以项目期间所必须实施的和加以改善的基本概念为基础。这些概念包括：

- 明确的需求。工作说明书、规范、产品描述和解释清晰简洁地描述出了客户的需求。
- 被明确定义的项目过程。明确定义在项目规划、执行和控制中所采用的过程，从而使项目实现最优结果。过程应当经过验证，表明该过程是正确而严密的。
- 项目过程是能够执行的。项目中的过程必须经过检验和认可而被认定为是可执行的。当过程发生变更或采用新的过程时，企业应当提供相应的培训。
- 过程是可控制的。过程的控制和检查点应当在过程开始之前就加以明确。在项目执行过程中，控制必须是有效的，必须能够表明过程是在控制之下还是已经失去了控制。
- 明确的政策。质量政策必须明确，并且落实这些政策有助于实现质量目标。质量政策的重点是预防缺陷。

6.9.6　解决问题的流程

质量计划应当包括一套解决问题和纠正补救的程序，以应对出现的问题或缺陷。这需要采用一套始终如一的方法和严密的过程，以确保以有效的方式解决问题和纠正缺陷。以下 6 个步骤组成了一种解决问题的有效方法。

- 定义问题——找出问题以及分析它所产生的影响。
- 纠正问题——纠正在第一步中发现的问题或缺陷。
- 确定根本原因——确定问题或缺陷产生的原因，而不仅仅是问题或缺陷造成的表面现象。
- 纠正过程缺陷——确认过程中的弱点，改变过程，以消除产生问题的根源。
- 评价纠正措施——检验过程，以确保纠正措施是有效的，而且能够消除问题或产生缺陷的根源。
- 后续工作——审查纠正措施，确保不会由于改变过程而产生新的问题或缺陷。

6.9.7　质量团队

质量团队由确保产品或项目满足客户需求的相关人员和生产产品的所有人员组成。质量团队的成员在一起工作，提供技术解决方案。他们很容易对最终产品和项目设计、规划、生产和评价客户所需的产品产生影响。

项目的质量团队由 7 种不同的人员组成：

- 高级管理层——通过质量政策和对项目团队的指导确定项目质量的基调。
- 项目领导者——实施质量政策，提出项目的质量计划，在项目中加强质量意识。
- 职能经理——实施项目中的质量政策，实施完成项目所需的所有质量计划。
- 供应商/卖者——为项目提供项目所需的特定规格的零件、部件和组件。
- 承包商——达到合同所规定的质量标准并满足客户需求。
- 项目团队——达到质量标准的工艺和规格需求。
- 客户——确定质量需求，稳定需求并允许按需求生产。

6.9.8 小结

项目质量是所有干系人的责任。不能理解客户需求、缺乏执行职能的适当技能或者缺乏第一次就把工作做好的动力，都会对产品质量造成负面影响。

使用已被证明有效的过程并按照客户需求进行设计和生产，就可以生产出符合质量需求的产品。质量保证是通过质量规划以及为了使客户对组织的交付能力建立信任而采取的行动来提供的。质量控制是用来确保项目符合要求，并验证产品性能、特征和功能的有效性的手段。

事实证明，过程管理提供的是持续有效的工作方法。项目过程可能会因为产品出现问题或缺陷而进行调整。这种过程调整也可能是为了更有效地执行项目而进行的改进。过程在项目执行之前必须被证明是行之有效的，这样才能对项目质量有所帮助。

6.10 项目终止

6.10.1 引言

一般来讲，项目终止有两种原因：项目成功或者项目失败。项目成功意味着项目实现了预期的计划、成本和技术绩效目标，而且匹配了组织的运营或战略目标。项目失败意味着项目没有实现预期的成本、进度和技术绩效目标，或者该项目不适应组织未来的发展。成功和失败都是相对的因素。

要尽快终止那些所谓失败的项目，从而节约组织的资源。在许多情况下，那些成功概率已经很小的项目仍然在继续运行。

终止那些成功概率已经很小的项目。

6.10.2　项目终止的原因

- 项目的结果已经交付给客户并且符合客户的需求。
- 项目的运行超出了预期的成本和进度，或者未能令人满意地实现技术绩效目标。
- 项目与业主组织未来的业务运营或战略目标不匹配。
- 项目业主的战略发生转变，从而降低或消除了继续在该项目上耗费资源的必要性。
- 项目失去了领军人，对项目优先级和成果的预期大为降低。
- 对于最终成果未知的项目，存在降低资源成本的愿望。
- 超过了项目上市时间窗口期，或者你的竞争对手已经抢先一步。

6.10.3　评价项目价值

在项目开始和运行期间，通过寻求以下问题完整而直接的答案，可以获得关于项目价值的有价值的洞察。

- 该项目是否承诺在组织未来的产品、服务或组织流程战略中与运营或战略相匹配？
- 该项目能否增强组织的能力？
- 该项目是否能减少对组织劣势的依赖？
- 项目是否有助于组织实现其宗旨和目标？
- 该项目是否能使组织具有竞争优势？
- 该项目与组织中的其他项目和项目集的目标是否具有一致性？
- 企业能否承担与该项目相关的风险？
- 组织是否具有足够的资源支持该项目顺利进行？
- 如何实现项目和组织运营或战略之间的结合？
- 如果该项目被迫取消，将对组织造成什么影响？

通过寻求并探讨以上问题的答案，组织中的管理人员能够决定是否该终止一个项目。

6.10.4　是否继续执行那些价值存疑的项目

对于那些继续执行已经没什么意义或所产生的结果已经没什么意义的项目，人们倾向于继续追加投资，其理由通常包括以下几种：

- 人们倾向于把严重的项目问题看作一般问题，而且认为只要有足够的时间和资源，这些问题是可以解决的。
- 预计项目终止的成本很高。

- 即使遇到将对项目产生严重影响的问题，项目经理仍然会在激励下不愿放弃。
- 项目经理和项目团队成员异想天开，认为项目能够产生预想的价值并且能够获得成功。
- 即使项目面临严重困境，项目经理和项目团队成员也不肯放弃。因为他们害怕失去权力，丢掉工作，或者放弃项目会对他们的形象造成负面影响。
- 组织的"畏首畏尾"和惰性阻碍了对失败项目的放弃。
- 反对项目终止的组织政治。
- 不能接受"沉没"成本——"不能终止这个项目，我们已经投入太多了"。
- 认为项目会成功，不会失败。

以上理由可能都存在一定的感情因素，但这些因素实际上限制了有关人员对项目结果是否具有价值做出客观的评价。

6.10.5　考虑项目终止的可能性

对于组织中的项目组合，应当始终考虑其中的项目是否有被终止的可能性。图 6.5 提供了考虑项目终止的主要因素。

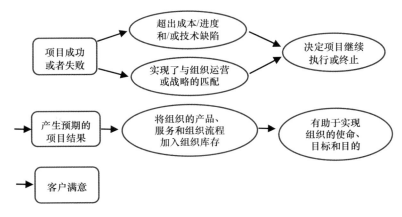

图 6.5　项目终止策略的考虑因素

在这个模型中，项目的成功或失败依赖于项目达到成本、进度或者技术绩效目标的程度，以及项目与组织运营或战略目标之间匹配的程度。决定项目终止或继续执行将对期望的项目结果产生影响，因为如果项目继续执行并直至项目完成，就会涉及将产品、服务和组织流程加入组织库存的问题。一个成功的项目的最终成果有助于实现组织的使命、目标和目的，并让客户满意。以下提供了终止或继续执行项目时需要考虑的因素，这些因素能够提供有价值的洞察。

- 定期评价项目及其潜在的运营或战略环境。

- 意识到有超出任何理性基础的心理和社会力量，使得项目经理和项目团队成员坚持将项目执行到底。
- 意识到人们有一种普遍的想法，即再追加一些投入将会立即使项目获得成功。
- 制定政策指导，要明确项目"成功"和"失败"对组织意味着什么。
- 听取项目干系人对项目的顾虑。
- 人们是否认识到，项目终止对组织中关键人士的职业生涯会造成负面影响?
- 考虑让独立的项目审计人员对项目价值做出客观评价。
- 发展并保持一种既接受好消息也接受坏消息的组织文化。
- 记住：项目是组织战略设计和执行的基石，而作为基石，就要不断地对项目进行评价，以保证项目对于组织未来的发展具有意义。

6.10.6　小结

本节提出了项目终止的概念和过程，其观点是：所有的项目都要终止，要么是因为项目按时在预算内交付了技术绩效目标，并满足了组织的某种运营或战略需要，要么是继续为该项目追加投资已经没有意义。组织的高级管理层应当创造一种组织文化，从而有助于持续地对项目进度进行评价，他们对项目应当继续执行还是终止要做出明确表示。

第 7 章
项目规划与控制

7.1 项目规划

7.1.1 引言

项目规划是一个对项目全貌进行勾画的过程，在这一过程中，项目计划的制订者要仔细思考为了达到预期目标需要采取哪些执行战略。一个完整的项目计划将对项目最终要完成什么、如何完成以及有哪些事情不能做等进行描述。

项目规划可能是项目中最重要的部分，通过项目计划的制订，可确定项目目标和战略，从而选择出最佳路线图来执行项目。一旦明确项目目标是为了获得客户满意，那么在制订项目计划时就要通过描述项目执行的路径以及资源在各项任务及工作包中的使用情况，从而集中所有力量以最终获得客户的满意。

项目规划是一种自上而下的方法，对项目细节不断渐进明细，以明确记录完成项目所需的目标、目的和策略。一份成功的项目计划将指引项目团队达成项目的成本、进度和技术绩效目标。

7.1.2 项目规划的需要

项目规划对项目成功所产生的影响超过了任何一个单一因素。有很多例子表明，糟糕的项目规划将给项目带来严重影响，人们不得不在项目执行过程中一些关键的时段上花大力气重新制订项目计划。目标不明确、重新定义可交付物、客户不明白项目过程、项目团队不知道下一步工作应该干什么，这些都是糟糕的规划所产生的问题。劣质项目规划几乎总会带来不良的结果。

> **成功的规划导致成功的项目。**

项目规划不力的原因有很多，以下是其中几个较为常见的：

- 高级管理层和客户为了能尽快看到产品生产的进展，往往急于启动工作。
- 美国高等院校教育课程中没有讲授项目规划相关的概念和原则。
- 项目团队成员很少具有项目规划的经验或接受过相关培训。
- 项目规划与项目执行所需要的技能集合是不同的。

7.1.3 项目规划的组织背景

项目规划是在一定的组织背景下进行的，并且特别依赖于组织战略和业务目标。任何项目规划都必须源于最高层次的组织计划，以确保项目规划和组织的与下列因素有关的背景相适应。

- 组织的使命或意图。

- 战略和商业的目标和目的。
- 项目管理能力。

项目必须在战略上和运营上与组织相匹配，这样项目才能获得成功。如果项目是随机启动或选择的，而不考虑业务、行业或技术，那么它们很可能无法充分发挥组织的潜力。

7.1.4　项目计划的内容

一份大型项目的项目计划需要对项目管理所需要的各个要素和各项功能进行详尽的描述。一份项目计划大致包括以下事项：

- 范围说明书——这是对项目、项目目的以及项目在技术、时间和成本方面的限定所做的大致描述。
- 工作分解结构——将项目分解成各个不同的、可管理的部分，以便于工作的分配和控制。工作分解结构同时也可以运用于项目的沟通、成本估算、进度安排以及工作授权。
- 进度计划——项目工作在时间上的分配，通常体现为两种形式：细节上的安排和阶段性的总结。项目进度中包括对项目进展的控制，以及验证工作完成情况的里程碑。
- 项目预算——将成本估算转化为分时间阶段的支出计划，给出完成项目所需资金的预期比率。
- 风险评估——对项目工作以及相关风险的详细分析，该评估将为整个项目的风险管理提供可视性。
- 接口计划——对项目产品所涉及的外部接口的描述，如物理、电气、液压、数据以及其他与项目产品的连接。
- 工作授权计划——授权发布和完成工作包的过程和实践。它是监控机制的一部分，用于调节和验证工作完成情况。
- 后勤支持计划——描述项目完成后对项目产品的支持方式的文件。这一文件可能对与项目产品的修理和维护有关的事项进行描述。
- 沟通计划——与项目内和项目外的参与者沟通项目信息的过程及实践。沟通计划通常包括关于由谁、以什么频率、收到什么信息的清单。团队会议管理也会在该计划中加以描述。
- 采购计划——对于项目中需要从外部获取的产品及服务的描述，包括何时提出对这些产品及服务的请求，以及项目何时真正需要这些产品与服务。
- 质量保证计划——对于为了建立项目产品能够达到客户需求的信心，而将要采取的行动的描述。
- 人力资源清单或计划——针对项目所需以及何时所需的人力资源清单或

描述。典型的做法是组织要确定相应的人选，但通常情况下针对下一个阶段只是明确所需的技能。

- 干系人管理计划——对干系人的描述以及如何通过积极的方式对他们进行管理以确保项目按计划取得进展。
- 项目终止计划——项目完成后，用于结束所有活动和重新分配资源的流程和实践。这可能包括必须继续进行的职能或活动移交的过渡规划，例如项目团队使用的建筑物的移交。
- 产品调试计划——关于产品调试的过程与实践，如为客户进行发电机测试，并令其运行一段时间。

根据项目规模的大小以及项目规划程度的不同，项目计划包括数量不同的章节。项目计划制订者对以下列出的章节进行删减，以适应项目的大小以及对细节的要求。所有的项目，无论大小，多多少少都会有以下的内容。其中一些内容以正式的方式阐述，另一些则可能以非正式的方式阐述。

- 项目工作说明书——对将要完成的项目工作以及如何完成工作所做的清晰描述，这部分内容可能包括蓝图、图形以及其他描述项目工作的图示。
- 技术规范——由项目生成的关于某个产品的技术参数。通常，这一文件从细节上对将要构建的产品进行了描述。应该认识到，组成项目的一个重要部分可能就是为客户撰写技术规范。
- 项目的技术目标——为了获得项目成功所必须达到的关于特性、属性以及功能的清单。这部分也有可能包含在 SOW 以及技术规范中。
- 项目的进度目标——关于必须完成的相关工作的日期的清单。可能包括不同项目阶段的日期、达到某些关键日期的里程碑，以及项目审查日期。通常，项目计划制订者会将重点放在项目截止日期以及项目交付日期上。
- 项目的成本目标——一份单一的或者多阶段的关于项目花费的清单。短期项目通常只有一个单一的货币价值描述；而长期项目则有可能分阶段进行费用的安排。

7.1.5 规划行动的顺序

规划是为项目打基础的过程——顺序非常重要。

项目规划应该按照一定的顺序来执行，这一顺序是建立在前期规划以及文件开发的基础之上的。对任务和行为的细化是更高层级文件的逻辑分解。这种层次关系必然要求一个文件完成后另一个文件才能开始。因此，规划中的顺序就非常重要。

- 项目章程——通常来说，这是项目的第一份文件，紧随项目选择之后。

这一文件大致描述了项目目的和诸如时间和成本等一般性参数，指定了项目经理和项目团队参与成员的角色和职责，识别了客户，以及其他对项目经理的授权或限制。

- 需求定义——把对项目产品或服务的一般性说明转变为可测量的参数。必须将有关的技术性参数和描述形成文件，从而完成对项目最终产品也是项目目标的描述。
- 项目规划顺序——创建项目计划中的顺序，就像进度计划一样，是对计划如何被完成所进行的排列。规划的第一步是定义项目的最终产品，并对其进行全面描述，以促进对产品范围的理解，这通常是技术规范和工作说明书。接下来，可以安排工作进度计划，然后是工作定价。一旦完成以上这些功能，就可以进一步开发其他计划组件。

7.1.6　项目工作包

确定项目工作包的过程对项目能否成功有重要影响。项目工作包是管理项目工作的最基础层级。尽管对项目工作进行详细描述的项目工作包确定了项目工作的最低层级，但在现实的工作中，自然形成的工作包有可能是这些项目工作包的组合。对项目工作包进行组合有利于为一个工作单元分配工作并掌握工作进展，无论这个工作单元是一个人、一个小团队还是供货商。

项目工作包的作用很多，其中比较重要的有如下几点：

- 确定哪些工作可以在内部完成。
- 确定将要被分包的项目工作包。
- 获得来自职能部门经理的工作支持。
- 通过组织中的工作授权系统，对资金的分配进行计划。
- 进一步对采购活动进行说明，其中包括与产品和服务交付有关的合同条款。
- 制订主工作包进度计划。
- 确认项目有可能要面对的那些战略问题。
- 估算项目成本。
- 制订项目预算、资金计划和其他资源计划。

7.1.7　项目规划的能力

规划者一定要了解计划传递给实际工作者的内容是什么。在计划中，采用简单的概念和直接的工作方法要比那些复杂的方法更容易操作。规划者不应该把项目计划制订得太复杂，只要足以描述项目需求的状况就够了。

规划者需要从整体上审视项目需求，并且要对如何完成任务进行详细的描述。规划是一个从一般到具体的过程。规划者一定要明确项目的一般需求，还要不断分析每份工作的详细情况，直到所获得的细节信息已经足够使另一个人理解为止。

规划者还必须了解规划的基本原理。规划本身就是一项任务，需要制定目标，收集事实，用假设条件来补充事实和描述完成任务所必需的过程。如果轻视某一领域或者遗漏一些事实和假设条件，就会使制订出的计划存在缺陷。

7.1.8 规划职责

项目规划的首要责任通常是由项目领导者承担的。项目领导者通过使用项目团队和其他可获得的资源，为项目计划的制订做准备，并将最终的项目计划提交给高级管理层。整个计划一定要完整，并且要对履行项目工作和向客户交付产品的所有过程进行描述。

项目团队成员也要参与制订项目计划，并且确保项目计划中所描述的工作可以通过利用所列的资源来完成。团队成员贡献的是他们所拥有的与项目产品和制造该产品的流程有关的技术知识。在协同工作的情况下，项目团队要确保项目计划对于执行部门来说是实事求是和切合实际的。

高级管理层有责任批准那些能够将项目推向成功的完整的项目计划。高级管理层也有责任拒绝那些制订得不好或者不符合项目工作要求的项目计划。出现较差的项目计划的原因通常在于规划项目的水平较低以及审批部门未进行充分的审查。

当职能经理参与项目计划的制订时，他们也要对项目计划的要素负责。例如，负责工程部门的人员有可能要用画图的方法来描述产品。这时，图示中的任何差错都会转移到计划，并最终转移到项目本身。

7.1.9 对项目规划的不利影响

有许多事项，既能给项目规划带来积极的影响，也能带来消极的影响。对于这些事项，要从是否有利于项目的执行以及其潜在消极影响这两个方面进行考虑。要记住，项目的成败有可能就是由一个或几个事项决定的。

下面列出了可能对制订项目计划以及项目计划的质量产生积极或消极影响的一些事项，虽然没有涵盖所有对项目计划产生影响的因素，但至少指出了那些需要人们予以考虑的一般领域。

- 要搞清楚客户的需求，并能获得客户的理解。
- 要对质量/技术、进度/时间和成本/价格目标进行明确定义。
- 需要明确与项目有关的事实和假设条件。
- 需要明确那些与项目有关的问题，并在项目执行前提出解决办法。

- 要在项目执行前引入跟踪记录和控制系统。
- 在项目执行前需要进行风险分析，并且制订风险减轻计划或应急计划。
- 在规划过程中要确定所需的适当技能和资源，并且要确保能通过正常的程序获得这些技能和资源（或者从组织内部获得，或者根据合同从外部获得）。
- 要确定项目与外界的接口与依赖关系，并协调由此产生的各种关系。
- 要明确项目规划所面临的主要问题。
- 确保工作按计划分阶段完成，在转入下一个阶段的时候，需要通过批准程序。
- 对项目的结束也要进行计划，此外，还要对产品的转移或交付加以明确定义。

以上顶层事项非常重要，它们对于具体规划是否得以执行至关重要。项目的详细规划要遵循项目管理的方法，并且要明确每个项目的个别需求。这个详细的计划为项目团队成员执行项目提供了指导。

7.1.10　项目规划的常见错误和借口

对于拙劣的规划，人们总有开脱的借口。当人们感觉到规划对于项目没有什么价值的时候，这种为其进行辩解、解释的行为是一种很自然的反应。以下是在不同项目中常见到的一些借口：

- 没有清晰地定义需求。"我使用滚动式规划的方法。我边规划边工作，然后再规划再工作。"这种辩解试图说明，项目计划可以按阶段进行，或者不需要很好地仔细考虑各种项目需求而"滚动式"进行。这种在项目规划阶段产生的、制订得不完整的计划是不会涉及有关项目的技术解决方案的，而任何没有涵盖所有项目阶段和说明产品交付情况的计划都是有缺陷的。计划中若提到产品交付情况，就证明组织在规划阶段对项目的技术解决方法是有所了解的。
- 不恰当地运用假设条件。"对项目这部分我有一个假设。"这是试图将注意力从项目的关键部分转移开来，并且试图避免开展必要的研究工作，或者不考虑在这一领域各部分是否相互协调。当出现问题并要解决问题时，带着这样的一个假设条件继续运作项目，则无异于使用一个有缺陷的计划。
- 缺少有记录的事实。"我没有将那些事实记下来，因为它们一直就那样。"然而，事实都是必须列出来的，因为它们构成了项目的基础。而在没有相关事实的情况下，它们是与假设条件互为补充的，并共同构成项目的基础。列出事实确保了有权对计划进行批准的机构拥有所有项目的相关信息，并且认可这些事实。

- 将事实和假设条件混淆。"我没有把事实和假设条件区分开来。它们对我来说都是一样的。"而实际上，事实与假设条件在一点上是绝对有区别的，即所谓的事实只有在对其存在误解的情况下才会有所改变，而假设是一种预想的、未来可能出现的积极的情况。所陈述的假设条件一定要在未来成为事实，否则整个项目就会受到影响。需要对假设条件进行追踪和管理，以确保项目的成功。

- 不充分的规划。"计划不管怎样都是不会实现的。我只是即兴发挥，用一些表面看上去很好的情况来取悦老板。"虽然项目计划的实际执行情况很少与计划本身完全一致，但是在许多情况下，实际情况与计划是非常接近的。计划为人们指明了方向，确保项目成员对项目的大部分领域进行了仔细的思考，并且对各种选择进行了权衡。好的计划必须保证能涵盖项目有可能遇到的大多数的情况，这样今后就不需要做大的改动。

- 复杂的计划。"我的计划这么复杂，以至于大多数人都不能理解这份计划。制订计划可是我的强项！"任何一份复杂的计划或是过于难懂的计划都有可能令人产生误解或者曲解。计划应当是简单的和完整的。计划的作用就是要使事情看上去更加清楚和避免产生混乱。

- 从技术角度规划项目。"要让一些懂技术的人来做规划。"在制订项目计划时，对于某些领域，有可能需要了解有关的技术知识。然而，大部分的计划都是围绕着项目的业务方面来进行的，并且规划者需要明白组织是怎样运行的、进度计划是怎样运作的、资源将被分配到哪里、项目成本是多少以及怎样与项目干系人进行沟通等。

关于项目规划，有许多在错误发生后再对其进行解释的例子。这种情况通常出现在规划者不确定计划到底需要包含什么的时候，或是规划者自认为某一领域非常简单的时候。当计划审批部门依据一份不完整的计划进行决策时，该部门的行为本身也构成了规划缺陷的一部分。

7.1.11　完善项目规划的收益

认真制订项目计划会带来很多收益，不过由于对项目之间的有效性进行比较的测量措施不充分，因此很少会记录下这些收益。项目所处的行业、项目规模以及相关的技术决定了在制订项目计划时所采用的参数。一些多年形成的关于项目规划和执行的经验法则可以对此提供一定的指导。

> 良好的项目规划将令人受益匪浅。

这些经验法则的运用取决于项目团队所拥有的有关项目规划的知识和技能，以及高级管理者执行正确规划的意愿。显然，作为未来开展项目工作的基础，规划在时间和预算上所占的比例应该在 3%～7%。那些更复杂的项目则有可能需要占用更多的时间和资金，表 7.1 是项目规划的经验法则示例。

表 7.1　项目规划的经验法则示例

项目特性	每一小时规划时间能节省的执行劳动小时数
持续时间短、简单的项目	3～5
持续时间短、复杂的项目	5～7
持续时间中等、简单的项目	6～9
持续时间中等、复杂的项目	9～11
持续时间长、简单的项目	10～12
持续时间长、复杂的项目	12～15

正确规划的收益表明，好的计划可以使项目更容易以一致的方式执行，从而获得更好的最终结果。将项目执行引导到适当的技术解决方案的计划对组织的生产力和盈利能力具有重大意义。

在 20 多年的项目管理发展进程中，形成了一些经验，这些经验显示：正确的规划能够大幅度地节约时间。在节约时间这一点上，项目持续时间的长短和项目复杂程度都会对项目规划的作用产生重要影响。越是复杂的、持续时间长的项目，项目规划能为其节约的时间就越多。

在高科技工业领域，对于中小规模、复杂程度适中的项目而言，能节约的执行时间与规划时间的比率根据经验是 10∶1。也就是说，在规划上每花费 1 小时，就能在执行时间上节约 10 小时。得出这一近似数字的假设前提是项目团队拥有最基本的规划技能。然而，规划过程必须经过验证，并足以形成完整的项目计划。

7.1.12　小结

项目规划是一份艰巨的工作，为了确保其完整性和正确性，需要在组织内部获得来自不同层级的承诺。规划者必须尽量以最适宜的详细程度来描述项目计划，从而为项目执行提供指导。项目领导者必须在总体上掌握项目计划的制订，要保证项目计划能够根据客户需求的变化而不断调整，并能对客户的需求进行详细描述。最重要的是，高级管理层必须只批准那些为项目提供最大的成功可能性的计划，并使其得以执行。

有些事项会减弱好的项目规划所带来的影响。通常，客户和组织高级管理层都将重点放在规划完成之前就要开始项目（执行）工作。这种对项目工作的看法是：只有在项目团队履行项目工作时，项目才会有更多的进展，这种观念忽视了规划的重要性。

完善的项目规划对于保证项目获取成功和减轻项目团队的执行压力都是很有帮助的。完善的项目规划能使客户和高级管理层对项目成果进行准确的预测。完善的项目规划还能压缩项目时间，并且减少返工所带来的浪费。

7.2 创建项目优先级

7.2.1 引言

在如今多变的工作环境中，我们常常要对工作进行优先级排序，需要根据工作的紧迫性确定哪些工作需要优先完成。如果帕金森法则，即"不管有多少时间，工作都会填满"正确的话，那么我们需要明确哪些工作是重要的工作，并完成相应的职责。在很多情况下，我们都会发现自己被过多的任务所淹没而不堪重荷，并且没有制订出进行优先级排序的工作计划。

首先做最重要的事情，这点对业务至关重要。

有人曾在各项工作出现冲突时很形象地描述了上述情景："我被这么多工作搞得晕头转向，以至于我只能把全部时间用来编出为什么每项工作都没完成的理由。"在这种情况下，其实他应该做的首先是停止焦虑，然后按照自己或者老板对任务紧迫性的要求制定出工作的优先顺序。

另一个人则有这样的感受："我的老板总是不停地给我布置任务，以至于我没有工夫做他前面交代的事情。"当别人建议他按照工作需要对各项任务进行优先级排序以确定对各项工作的投入时，他说，那么他的老板只会对他说："把所有的事情统统做完。"由此可见，这个人既没办法使他的老板在布置任务时给出工作的优先级排序，自己也没有能力按照工作的紧急程度做出任务计划。因此，他根本没有时间和精力完成所有的任务。

项目工作的安排与个人安排手头工作的道理是一样的——任何事都需要根据其重要性和急迫性进行排序。如果没有对众多项目进行排序，将会使负责这些项目的人面临非常头疼的、充满冲突的情形。而在许多时候，对于高层来讲，每一件事都是最重要的。

7.2.2 项目工作的重要性

大多数人都认为项目是非常重要的，因为项目是被组织挑选出来的有价值的新拓展。而单个项目的重要程度则依赖于每个人如何看待该项目对组织的贡献大小。下面列出一些关于项目重要性的认识。

- 首席执行官——最重要的项目是对组织的收入贡献最大的项目。

- 项目副总裁——最重要的项目是以后能成为项目运行示范的项目。
- 财务总监——最重要的项目是投资额低、能为组织产生良好现金流量的项目。
- 项目经理——最重要的项目是能够在可获得的资源条件下得以完成，并能够给项目团队带来很大满足感的项目。
- 工程总监——最重要的项目是最终产品的设计富有挑战性，并能够拓展工程师的能力的项目。
- 营销总监——最重要的项目是能满足客户的期望，并能带来巨大销量的项目。

从这些例子中我们可以看出，在组织中处于不同位置的人对于项目的重要性的认识是不同的。对于重要项目的判断，不是依赖于项目对完成组织目标的作用，而是由判断者在组织中的位置来决定的。因此，这点非常重要，即项目的重要性是由组织目标决定的，无论是战略目标，还是运营目标，这是确保组织不断增长的保证。从组织目标的角度来看，项目的重要性由以上已经列出的那些因素构成。

最重要的项目应该在资源获取上具有优先权。

项目的"紧迫性"与时间有关，特别是与何时需要项目产品有关。对项目的优先级排序实际上显示的是需求的先后顺序以及哪些项目是为了开展工作而进行资源分配的重点。如果在资源分配上出现冲突，那么排在第一位的项目要先于排在第二位的项自得到所需要的资源，依次类推。一个进行项目优先级排序的系统，对于项目经理来讲是一套关于如何分配资源以及怎样按照项目进度及时交付产品的指导。

"需求的迫切性"对于管理多个项目以达成组织目标而言至关重要。如果项目的优先级排序系统存有缺陷，或者根本就没有这样的系统，那么对于哪些是在工作中需要不断强调的项目以及哪些是需要优先配给资源的项目，决策者往往会失去方向。对情况缺乏全面了解的决策将给组织经营带来严重的不良影响，而且还会由于延迟交付而使客户的满意度大打折扣。

7.2.3 项目优先级排序系统

通常，对于一项产品或服务来说，项目的优先级排序取决于项目的规模。大型项目被看作具有最高优先级的项目，因此，在资源分配上获得优先权。这种项目的优先级排序系统是存在缺陷的，因为在很多情况下，很多小项目或组织迫切需要的项目，对组织的意义非常大。资源应该首先分配给那些需要最先交付项目成果的项目。

> **项目的优先级是由项目对组织目标的贡献决定的。**

一个项目的优先级取决于该项目对组织经营贡献的大小。当确立项目的优先级排序时，要将个人标准放到一边，因为这些标准有可能与实现组织的整体目标存在冲突。组织需要有一套严谨的项目优先级排序系统，以支持组织经营目标的实现。

7.2.4 项目优先级排序的理由

组织在将某一项目列为高优先级的项目时，需要罗列出这样做的原因。这些原因源自组织的经营和战略目标，并要对组织的市场营销起到支持作用。以下提出将某一项目列为高优先级项目的几点原因，供读者参考。

- 向客户许诺了在特定时间交付项目可交付物。
- 尽早交付项目产品将会使收入增加。
- 项目产品被另一个重要项目所需要。
- 项目产品有利于公司形象的改善。
- 早日完成项目对后续工作有很大的意义。

> **高层管理者必须做出哪些项目更为重要的决定，**
> **或者由项目经理或团队成员做出这一决定。**

如果没有对项目进行优先级排序，那么就意味着所有项目都同等重要。负责项目优先级排序的高级管理人员要把决定传达给下级。如果没有进行项目优先级排列，那么在通常情况下，每个项目经理都会认为他所负责的项目是组织中最重要的项目，并会在这一认识的基础上寻求项目所需的资源。

在矩阵组织中工作的项目团队成员通常会对他将参与的项目持有自己的态度，包括哪一个项目将能完成特定的任务。当项目没有进行优先级排序，或者看起来所有项目都一样重要时，项目团队成员必须做出决定，决定先要着手进行哪一项工作。有经验显示，在项目之间看起来彼此没有任何区别的情况下，团队成员往往会有以下表现：

- 做他们最感兴趣或他们认为最具有挑战性的那个项目。
- 跟他们喜欢的那个项目经理一起工作。
- 做那些容易出成果的项目。
- 与好朋友一起工作。

7.2.5 项目优先级排序系统模型

> **模型是对更好解决方案的指导。**

一个标准的项目优先级排序系统应当具有 3～5 个关于项目优先级的指标。太多的指标会干扰系统，而小于三个指标又会使排序系统在对项目进行选择时缺乏个性。下面将展示如何构建一个项目优先级排序系统（见表 7.2）。

表 7.2　项目优先级排序系统示例

优先级	标准示例
1	<ul><li>需要尽早完成某个项目，以纠正某种影响组织绩效的情况</li><li>项目需要尽快完成，以满足某个主要客户的需要</li><li>项目需要尽快完成，以解决某个客户的问题</li><li>从市场营销的角度来看，需要某个项目产品尽早完成</li><li>为了构建起一个完整的产品或服务系列，需要某个项目产品尽早完成</li></ul>
2	<ul><li>项目需要迅速完成，以满足某个客户的需要</li><li>项目需要迅速完成以保证现金流量</li><li>为了及时抓住组织所处环境中出现的机遇，需要迅速完成某项任务</li><li>项目能够开发出一个有利于近期销售收入的新产品</li><li>为了能够优化资源使用而对组织进行变革的项目</li></ul>
3	<ul><li>为了组织日常工作的开展而进行的项目</li><li>在日常情况下向某一客户交付产品、服务或对组织进行变革的项目</li><li>为了开发长线产品所需要完成的项目</li><li>在常规情况下对客户做出的承诺</li></ul>

上述一般性的项目优先级排序系统只是对项目重要性进行排列的开始，要首先明确组织的战略和经营目标，以确保对项目的优先级排列与相关目标一致。实践中出现过很多这样的事，即进行项目优先级排序时，排序标准是个人喜好而不是组织的目标。因此，项目优先级排序系统中的排序标准至关重要。

不基于组织目标而进行优先级排序的项目选择与执行存在很多不足，以下就是一些常见的问题。

- 项目被特殊对待，占用了应该用在其他地方的资源。
- 项目有可能占用了员工大量的时间而对组织没什么好处。
- 项目不是组织取得成功的基石。
- 项目有损于组织的"实际工作"。

7.2.6　优先级排序系统的实施

一旦形成了项目的优先级排序系统，并将其确立为组织进行项目选择时所采用的方针，就要严格实施这一系统，并确保其能够尽快为组织带来好处。前面列出的三个层次的优先级排序系统提供了如何运用该系统的例子，这个例子对于决定优先级的因素以及这些因素在项目中的变化进行了详细的描述。

没有项目优先级排序系统的组织则需要建立一支工作团队，这一团队要对所有运行中的以及备选的项目进行审核，审核这些项目能否对组织有所贡献。如果有一定的指导方针，并对组织战略、业务以及营销目标有清楚认识，这一团队将对所有项目进行分组。以下是关于项目分组的一个示例。

- 继续进行但改变为更高优先级的项目。
- 继续进行但改变为更低优先级的项目。
- 继续进行且保持项目优先级不变。
- 由于与组织战略目标和运营目标不一致而被终止的项目。将所有的产品组件收回或销毁。
- 为了使项目与组织战略目标和运营目标相一致而修改项目。然后根据项目对组织的贡献重新进行优先级排序。
- 被暂停（直到对其重新评审），以确定其对组织价值的项目。

在执行过程中，项目的优先级可能会发生改变，也许变成了更高一级的项目，也许变成了更低一级的项目。如果组织目标发生改变，也需要对项目进行重新审定，以明确该项目在新的目标指引下仍然可以执行。组织战略目标发生改变也许会使项目被终止，如出现组织不再经营某一产品系列的情况。其他的导致项目优先级发生变化的情况还有产品市场或客户需求发生变化。

7.2.7　优先级排序系统的优点

如果准确地使用项目优先级排序系统，会将整个决策过程建立在事实和组织需要的基础上，从而使决策过程变得更为严谨。对项目的优先级进行随意排列将导致项目资源的无效分配和使用。

以下是运用一套有着严格规定的决策过程所应采纳的原则：

- 对资源的最佳使用就是把资源放在能对组织产生最大贡献的地方。
- 通过对项目的重要性进行排列将会减少项目之间因为资源分配而产生的冲突。
- 可以终止那些产出较低、优先级较低的项目。
- 对于那些重要项目有可能加速其进程从而及早获得收益。

项目优先级排序系统成为项目选择以及展示每个项目对于组织的重要性的基础。如果能够持续不断地运用该系统，自然就会将组织中各方面的力量调集起来共同朝着组织设定的目标而努力。而如果这一系统缺失，资源的分配就会变成一个随机的过程。

7.2.8　小结

项目的优先级为资源在项目之间进行分配奠定了基础，当高层管理者坚持认为所有项目都为最高优先级时，对项目进行优先级划分的任务就落在了低层级的职员的肩上，而这些人员往往由于对组织经营缺乏必要的信息或认识，而不能有效地判断哪些工作是"重要的工作"。

被随机选中的或被随机确定优先级的项目，通常不会以一种支持组织目标的有效方式适时交付产品。随机地进行项目选择会增大实现组织目标的风险，因为这一选择过程有可能与项目管理过程相一致，也有可能与项目管理过程不一致。

为组织特有的项目开发和实施优先级排序系统应围绕战略和业务目标进行裁剪。对这些目标的任何改变都应触发对优先级分配制度的审查和调整。此外，如果环境或客户需求发生变化，也应对该系统进行审查。

7.3 项目进度计划

7.3.1 引言

项目进度计划被认为是项目计划的基本要素之一。在过去的 60 年内，项目进度计划的制订技术已经十分成熟，与此相关的工具也有很大的改进。进度计划的制订工具几乎可以应用于所有具有时间期限的工程。

通过使用自动化的工具，几乎任何项目团队成员都可以独立完成进度计划的制订。这些进度计划因制订者对进度计划所涉及业务的理解不同而在进度计划功能和内容的精细程度及复杂程度上有所不同。有这样一种倾向，即进度计划要么过于累赘，要么过于简单。对此，制订进度计划的人员经常不知道如何才能保持适当的平衡。

制订适当的进度计划所面临的另一个挑战是，不同的生产商为了使其生产的产品与其他厂商有所不同而对各种术语使用不同的定义。有些人认为项目进度就是项目计划，还有一些人将进度计划中最低层级的工作如任务、活动或工作包混为一谈。为保证进度计划各组成部分表达一致，就需要对各种术语进行标准化。

7.3.2 进度计划的关键定义

制订进度计划中所使用的主要术语包括：

- 任务——在项目进度中最低层级的工作。
- 里程碑——进度计划中标志着关键控制点的非资源消耗型任务。里程碑的完成既不用花费时间，也不用花费资源。
- 关键路径法——决定贯穿整个项目所需的最长时间路径的一种制订网络进度计划的方法。那条最长的时间路径被称为关键路径，可能会有一条以上的关键路径。在关键路径法最初的表现形式上，箭头所表示的是任务，交点表示的是逻辑上的连接。

- 计划评审技术——通过 3 次估算最长时间路径的一种方法，与关键路径法相似。计划评审技术与关键路径法常被互换使用。
- 逻辑顺序法（Precedence Diagram Method，PDM）——由关键路径法演变的一种进度计划方法，它使用节点表示任务，箭头表示逻辑上的关联。
- 工作分解结构——一个规范的对项目产品进行定义的过程。这一方法根据项目需求把工作分解成可见的层级，并定义这些工作（见第 7.11 节）。
- 任务之间的进度计划关系——两项任务之间的逻辑联系。这里提出 3 种逻辑关系：①"完成—开始"关系，一个任务完成，下一个任务开始的关系；②"开始—开始"关系，两个任务同时开始的关系；③"结束—结束"关系，两个任务同时完成的关系。这些关系经常由于时间提前或滞后而发生变化。

7.3.3　项目进度计划的目的

进度计划的第一个目的是对一段时间内完成的工作进行描述，通过这种在一条时间线上展开工作的方法，可以做出有关工作顺序及何时开始何时结束任务的计划。按顺序排列工作保证了工作始终处于项目的时间框架内，并确保项目得以按时完成。

进度计划的第二个目的是向所有干系人传达这样的信息，即所有的工作已被项目计划所涵盖，各项任务都将在特定的时间内完成。这种信息的沟通传递了项目顺利执行所需要的信心。工作上的协调有助于所有干系人一起朝着同一方向努力，从而确保项目得以顺利完成。

进度计划的第三个目的是建立基准测试，以便将实际绩效与计划进行比较。进度计划所描绘的是预期的情形，实际绩效的情况则表明了工作结果与计划相匹配的紧密程度。如果不存在明显的、无法解释的偏差，进度计划就是有效的。

7.3.4　准备进度计划

准备进度计划需要使用定义了项目工作的工作分解结构。进度计划将项目工作转化为各种任务及任务概述，以具体描述要完成的工作。工作分解结构明确了项目完成时所要求形成的产品或功能，并提供项目执行过程中适用的规则。

有些组织使用任务列表的方式来制订进度计划事项。这一方法适用于研究性项目以及那些没有正式结构的项目，如按照工作分解结构的规范过程而形成项目结构的项目。在这些项目中，项目的结果或产品是未知的。使用任务列表对任务细节描述的要求也很随意，而且任何时候都有出现某些未知任务的可能。

一旦任务明确，就要将它们标注于甘特图或横道图中。制订进度计划的工具软件支持这一做法，并可以通过对操作信息的应用持续进行进度计划的制订。使用标准的任务持续时间作为初始解决方案，然后按工作执行中的逻辑顺序将其植入进度计划。

要对每一任务进行评估，确定它们是否是"固定持续时间型"任务，即不管资源的消耗量而必须有一个固定的时间量；或者是"投入驱动型"任务，即完成任务所需要的时间是受投入的资源决定的。前者要根据持续时间来制订计划或订立合同，后者则要根据完工所需的资源配置制订计划或订立合同。将资源按任务进行分配，并制定出关键路径。

图 7.1 是一个简易甘特图，它包含了具有不同持续时间和相互间具有不同关系的任务，其中各种线段表示任务之间的关系。这个图没有表明任务是固定持续时间型任务还是投入驱动型任务；也没有表明这些任务是有固定的开始时间，还是受启动开始链条控制的任务，以及完成这些任务是否需要储备资源。

将里程碑插入进度计划以作为关键点，从而标志一个阶段的完成或将工作移交给另一个工作组。上述例子中使用了一个里程碑标志，这一标志意味着项目的完成。为了对项目中的各项组成要素进行控制并完成项目报告，也可以使用其他更多的里程碑。

一个任务结束，下一个任务就开始，这种任务之间的关系叫"结束—开始"关系，这种简单的关系最适合进行规划工作。有时出现两个任务同时开始（"开始—开始"）及两个任务同时结束（"结束—结束"）的任务关系，这种关系可能导致其中一个任务或其他任务的延迟或提前，从而使关系变得较为复杂。

作为一条经验法则，任务间的"结束—开始"关系占所有关系的 90％～95％；"开始—开始"占所有关系的 3％～7％；"结束—结束"占所有关系的 2％～3％。

图 7.2 所示的是任务间的各种关系。左上表明的是"结束—开始"关系，左下是"开始—开始"，它的右边就是"结束—结束"关系。

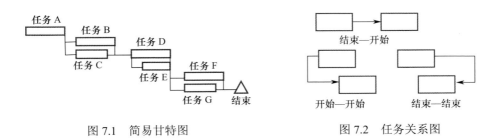

图 7.1 简易甘特图　　　　　　　　图 7.2 任务关系图

固定持续时间型任务位于图 7.3 的上部，对于这一类型的任务来讲，不管其所分配的资源的数量是多少，这一任务不能缩短持续时间。如召开一个 4 小时的有 10 人参加的会议，对于这一任务而言，无论有 8 人参加还是有 12 人参加，会议的持续时间仍然是 4 小时。

固定持续时间型任务

投入驱动型任务

图 7.3　任务的类型

图 7.3 的下方区域显示的是投入驱动型任务。阴影部分描述的是任务持续时间的变化。向右侧延长的那一部分阴影显示的情况是分配给该任务的资源没有一项是完整的。举例来说，某一任务只能占用某个人 50%的时间。若所分配的资源不足，那么，任务的持续时间就会更长。任务框之上的那部分阴影表明，若分配给任务的资源较多，那么任务就会在较短的时间内完成。例如，如果给某项任务分配两个人，那么就能将任务的持续时间缩短一半。

7.3.5　进度计划中的资源分配

将资源分配情况引入进度计划，是通过把适合的技能与任务的需求进行匹配来完成的。要把资源分配给最基础的任务，而不应分配给里程碑。每一项任务都至少需要一项资源，而一些大型任务有可能需要几项具有类似或不同技能的资源。

所分配资源的数量决定了投入驱动型任务的持续时间。每多增加一项资源，就会缩短任务的一部分持续时间。然而，关于在某一项任务上有效运作的资源数量是有一定限制的。大型任务可能需要将其进行进一步的分解，以更好地达到对任务的控制和对资源的利用。

将资源分配给各项任务的原则如下：

- 最少给每项任务分配一项资源，并将该资源全部用于该任务。
- 在相同的时间内为各项任务分配相似的资源，以确保达到最好的效果。
- 确保资源依名称进行分配，而不是依其技能进行分配，以明确谁在负责这项任务。
- 至少每 30 天就要根据现行的资源情况来更新进度计划（因为某些资源将脱离组织，并不再为项目所用）。

7.3.6　进度跟踪和控制

已完成资源分配的进度计划要在项目领导者和高层管理者通过后才能执行。执行进度计划也就是把各项要开始的任务进行分配，并确保所有资源都已就位。这些最初的努力启动了项目开始运作的时钟，项目时钟将一直运转，直到项目终止的那一天。

要对项目的现状和进展情况进行定期的收集，通常要每周进行一次。项目执行人要汇报已完成的任务、现有任务的完成情况，以及已开始任务的剩余工作量。实际的进展情况会在进度计划中公布出来，任何变动也会在进度计划中有所反映。这些变动表示的是有关进度提前或滞后的情况。

进度计划发生变动有可能出于以下几个原因：对任务所需工作量的估计不充分；对任务已完成工作的控制管理不善；任务的低生产率或者任务本身启动滞后。对于这些变动，一定要进行分析，并判断它们对项目进度和成本的影响。那些大的变动有可能要求进度计划做出重大调整，而细微的变动有可能只是描述一下现状，以对其进行更精确的监控。

如果关键路径发生改变，将对项目的最终完成时间带来一些潜在的负面影响。这些变动有可能要求分配一些额外的资源给那些处于关键路径上的任务，或者要求改变位于关键路径上的各任务之间的逻辑关系。除非有更好的信息来预测未来，否则对进度计划的任何变动都有可能使其效率降低。

7.3.7 小结

制订进度计划是一项成熟的技术，并在实践工作中不断得以深化。制订进度计划的工具与技术日益完善，使进度计划得到迅速发展，实际工作安排中对进度计划的改动也日益减少。然而，这些工具与技术采用的数据多由主观判断形成，例如任务持续时间的估算及对劳动者技能的估计，这些估计极大地影响着项目能否按时交付。项目团队的很多成员都应熟悉制订进度计划的技能，每一位都应该能绘制或管理时间曲线。

为了有利于项目进度计划的不断完善，使所有干系人都能够理解，进度计划应尽量简单。依据进度计划的基本程序与实践经验所产生的解决方案要比那些基于复杂的任务关系及资源配置所产生的解决方案要优越得多。进度计划越复杂，对进度计划的管理也就越复杂。

对进度计划的状态与进展进行跟踪与控制，以此作为衡量项目进度计划有效性的手段。如果出现重大偏差以及进度计划中没有列出的工作，则表明这是一份较差的进度计划。少量的能够说明原因的偏差则表明相关的进度计划是具有可操作性的，是完成项目的最佳方案。

7.4 项目监督、评估与控制

7.4.1 引言

本章将涉及如何监督、评估与控制项目执行方面的内容。控制是对项目资源的使用保持监督的过程，这一过程决定了项目完成后所产生的实际结果与计划的项目成本、进度与技术绩效目标相符的程度。在图 7.4 中，控制系统有 4 个关键要素。

为正确评估项目进展，需要理解以下几个先决条件：

- 团队成员必须理解项目监督、评估与控制过程的重要性，并对此负责。
- 从 WBS 中得到的信息将用于测量项目进度。
- 工作包是基本的项目单位，项目进度的测量与评估围绕工作包进行。用于项目工作包管理的信息必须是相关的、及时的，从而勾画出项目资源使用的趋势。
- 要测量项目结果，必须首先对项目的所有工作包进行估算。
- 那些收集到的并经过整理的有关项目状态的信息必须通过项目团队成员及执行层的判断并加以修正，才能用于项目的监督、评估与控制过程。

7.4.2　控制系统的要素

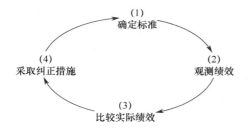

图 7.4　项目控制系统四要素

（1）确定标准在项目计划中包括：

- 工作范围。
- 产品规格。
- 工作分解结构。
- 工作包。
- 成本估算。
- 总进度计划和支持性进度计划。
- 技术绩效目标。
- 财务预算与资金计划。

- 质量/可靠性标准。
- 业主满意度。
- 干系人满意度。
- 总经理/高层管理者的满意度。
- 项目团队的满意度。
- 供货商/分包商绩效度量指标。
- 项目团队工作的有效性。
- 来自项目计划的其他绩效标准。

（2）观测绩效，包括收集与项目相关的、充分的、及时的信息。这些信息来自多种渠道：

- 正式报告。
- 摘要。
- 非正式谈话。

- 审查会议。
- 其他各种文件，如消费者的感知、信件、电子邮件、备忘录、审计报告、项目巡检报告、观测记录、与干系人的交谈记录、倾听记录等。

在项目审查会议中，提出下列问题并找出答案可以对项目的执行情况有更好的洞察。这些问题包括：

- 项目的进度、成本和技术绩效的目标和目的分别是什么？
- 项目工作包的进度、成本和技术绩效的目标和目的分别是什么？
- 项目在哪些方面开展得不错？
- 项目在哪些方面出现了差错？
- 出现了什么问题？
- 出现了什么机会？
- 项目的运营或战略与组织的使命仍然匹配吗？
- 存在应当做而未做的事情吗？有没有不应当做却做了的事情？
- 项目的干系人对项目结果感到满意吗？
- 项目客户对项目的预期是什么样的，他们对项目的开展方式满意吗？
- 做过独立的项目评估吗？
- 项目是在 "项目管理系统" 的基础上进行管理的吗？
- 项目团队是有效率的组织吗？
- 项目有没有采取措施充分利用组织的优势？
- 项目有没有采取措施减少对组织劣势的依赖？
- 项目为组织赚钱了吗？

对项目绩效进行持续监控应在下列层级进行：

- 工作包层级。
- 职能经理层级。
- 项目团队层级。
- 总经理层级。
- 项目业主层级。

（3）比较计划与实际绩效所使用的资源，确定实际中资源的使用对项目目标的实现起到多大作用。对项目绩效的评估必须建立在实际与计划偏差的基础上。

控制过程的一个重要部分是采取预防性措施解决实际或预期发生的问题。主要的预防措施包括如下策略：

- 全面的变更控制，包括协调整个项目过程中发生的项目变更。
- 范围控制。
- 进度控制。
- 成本控制。
- 技术（产品）控制。

- 风险控制。

在比较项目计划与实际绩效的差异时，有效的项目控制系统所发挥的作用在于，有可能找到以下几个与项目有关的问题的答案：

- 项目是如何执行的?
- 如果出现与项目计划的偏差，那么产生这些偏差的原因是什么?
- 如何纠正这些偏差?
- 如何防止将来再出现这些偏差?
- 相比于我们以前做过的同等规模、同一时点的项目，还有多少未解决的问题?

（4）采取纠正措施是指，可以采取多种策略使资源的计划和实际使用恢复协调。这些策略包括：

- 重新规划。
- 资金的重新分配。
- 资源的重新配置。
- 职权/职责的重新分配。
- 重新制订进度计划。
- 修订成本估算。
- 修改技术绩效目标。
- 变更项目范围。
- 变更产品说明书。
- 终止项目。
- 停止项目工作，重新规划/重新定向整个项目。

7.4.3　项目审计

项目审计提供了一个听取专家对项目做出的独立评估意见的机会。审计的基本目标包括：

- 确定什么事做得不错及其原因。
- 确定什么事做得不对及其原因。
- 找出阻碍或可能阻碍实现项目成本、进度与技术绩效目标的力量和因素。
- 评估当前使用的项目管理策略的有效性，包括组织的支持、政策、程序、实践、技术、指南、行动计划、资金使用模式及人力与非人力资源的效用。
- 为团队成员提供相互交换想法、信息、问题、解决方案和策略的机会。

项目审计应涉及所有由项目性质决定的关键活动。表 7.3 所展示的是一个项目审计关键活动示例。

表 7.3 项目审计关键活动示例

1. 设计
2. 制造
3. 财务与会计
4. 合同
5. 采购
6. 市场销售
7. 人力资源
8. 组织与管理
9. 质量
10. 测试与部署
11. 后勤
12. 建造/生产

7.4.4 项目后审查

项目后审查的作用在于明确特定项目管理的效率和效果，并将审查结果传达给其他项目团队。这种审查有助于理解单个项目"成功"或"失败"的程度，同时，通过对组织的项目组合中所有项目的审查，也可以得到一整套具有规律性的经验教训。审查结果有助于对以下事项的洞察：

- 项目成本估算的准确度。
- 预计风险并将风险最小化的更好方式。
- 对项目承包商的评估。
- 改进未来的项目管理。

7.4.5 小结

本节涉及了基于项目监督、评估与控制的理念和流程的基本控制系统，解释了控制系统的关键要素，以及如何通过适当的措施使项目执行与计划保持一致。最后，简单论述了项目审计与项目后审查，它们是评估特定项目以及将获得的教训传达给其他项目团队的方式。

7.5 风险管理

7.5.1 引言

项目风险是指某些不利事件对实现项目目标产生负面影响的概率。项目目标是测量项目风险的基准，而这些风险通常与成本、时间和技术目标相关。其他目标可能也在考虑之列，如客户满意度等。

所有项目都存在风险，否则就不存在项目了。项目一旦开始运作，就会出现风险要素，同时，管理层需要把注意力高度集中在项目计划上，然后组建一支团队来完成项目计划。有时，在对可能导致项目失败的要素缺乏必要了解的情况下，会假设存在太多风险。而风险太小则意味着项目还没有达到成本、时间和技术绩效的风险临界值。

7.5.2　项目的不确定性

不确定性是产生项目风险的主要原因。完全不确定性是指对信息一无所知，而确定性是指对信息无所不知。通常，对单个项目而言，一般不会在洞悉所有信息的情况下开展工作。有时，项目领导者有可能对必要信息的把握非常少，如只有40%。但由于已对客户做出承诺或迫于市场环境，还是不得不执行项目。据估计，在大多数项目的规划阶段，项目领导者对必要信息的把握在40%～80%。

图 7.5 显示了所需信息的完整范围，并给出了从完全不确定性到完全确定的频谱视图。

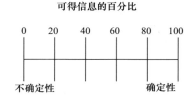

可得信息的百分比

图 7.5　不确定性到确定性频谱

在项目假设条件中，经常要考虑到不确定性的因素。在信息不充分的情况下做决策或项目规划时，假设条件就是在二者之间的桥梁，以弥补信息的不足。即使假设条件是合理的，也不排除由于它们最终没有变为现实而导致项目失败的可能性。

项目在不同领域的不确定性已经被各类组织机构所认识。最显而易见的几个方面如下：

- 所用技术的先进程度。
- 本组织实施可重复项目管理过程的能力。
- 是否可以获得技术和项目管理技能。
- 项目设备的可获得性。
- 外部项目接口。
- 外部项目供应商。
- 技术僵局。
- 项目产品的测试结果。

7.5.3　内部和外部项目风险

风险可以分为两类：内部项目风险和外部项目风险。图 7.6 对这两类风险做了一个大概的描述。内部项目风险是指项目固有的风险，即项目领导者可以直接对其采取措施，如制订应急计划控制并降低的风险。而外部项目风险是指在项目领导者控制能力之外的那些风险。例如，存在某些未知的项目接口，而这些接口的定义是由其他方来完成的。

图 7.6　内部和外部项目风险

内部项目风险通过设定项目目标成为项目制约因素中的一部分。例如，产品的交付日定得过于乐观，但项目计划仍然要按这一交付日期进行制订，规划时就要聚焦在交付日期上，从而使这一时间目标的实现成为可能。成本通常是另一个项目制约因素，即使预算与所需要的资金相比严重不足，项目规划时也要力求使项目所用资源的种类和数量统筹到位。当交付时间过于乐观而资金有限时，则技术方案可能已经处于危险之中。

外部项目风险有可能也会受到项目领导者的影响并被预测到，但对这类风险的预防以及妥善处理的难度很大，因为这类风险不能进行直接控制。对这类风险施加影响是通过与其他方所签订的协议及合同实现的。项目领导者对外部风险的影响程度是由他们对外部风险的认识以及与其他方的合作情况所决定的。这里所说的其他方，举例来说可能包括其他的项目领导者、职能经理、卖方以及承包商。

7.5.4　风险识别

风险事件会对项目产生潜在的不利影响。不论是在项目启动阶段，还是在项目规划阶段，都应对这些事件进行识别。在项目启动阶段，项目领导者应识别项目所面临的各种接口，并了解成功实现与这些项目接口交互的困难程度。通过预测新技术和新员工等情况所产生的影响，还有可能早日识别内部项目风险。

在规划阶段识别内部项目风险，通常是从目标着手对风险进行分析，以判断这个计划是否会带来满意的结果。对内部项目风险进行识别也可从项目的技术方面开始，如提出这一方案在现有技术水平下是否可行之类的问题，将所有可能导致失败的事件及其概率记录下来。表 7.4 列出了一些风险识别的方法。

表 7.4　风险识别的方法

- 项目风险领域的核对单
- 以前项目中吸取的经验教训
- 资源可用性清单
- 员工适用技能的培训记录
- 项目计划的同行评审
- 高层管理者对项目计划的审查
- 组织级项目管理能力的审计

在规划完成前一定要尽可能地把进度计划中的错误之处查找出来。这个进度计划必须保证项目今后的顺利运行，保证有足够的、有效的人力资源开展工作，否则，项目就有可能会因为缺少合格的工作人员执行计划而失败。此外，是否能够交付产品取决于对完成工作的可行性的评估，另外，也许会设定一些里程碑，而这些里程碑也需要进行可行性评估。

成本是用来完成技术方案的物质资料和用来执行工作的人力资源的总和。其他的成本，如差旅、运输、税费等，也会包含在项目成本中，但这些成本可能是也可能不是项目的主要成本因素。总的成本预算表示项目在各时间段的各类支出之和。风险可能来自总成本，当存在现金流量限制时，也可能由支付的时间引起。

7.5.5 风险量化

风险量化是衡量风险事件的一种方法，通过风险量化可以将各种风险进行排序以降低风险。图 7.7 表示了风险事件从 0～1 的发生概率及其发生的后果。由成本风险造成的后果用美元来表示，而进度方面的风险则由所需要的额外时间来表示。技术风险是指未能取得满意的功能或性能。技术风险通常表现为成本的增加或进度发生变化。

另一种风险量化的方法是利用二维矩阵，纵轴表示发生的概率，横轴表示发生的后果。这种方法的精确性比上一种要低。图 7.8 是一个简单的矩阵，可采用颜色方案以方便管理。

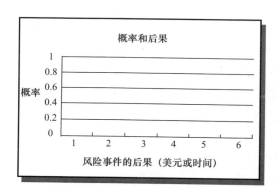

图 7.7 风险量化矩阵

概率	风险排序+权重				
很高	5	6	7	8	9
高	4	5	6	7	8
中	3	4	5	6	7
低	2	3	4	5	6
很低	1	2	3	4	5
	后果或结果				

图例：绿色—1，2，3
　　　黄色—4，5，6
　　　红色—7，8，9

图 7.8 利用矩阵进行风险排序

进行风险管理要通过各种风险对项目影响程度的排序来完成。例如，对绿色所代表的风险只要对其进行监督，以确保其不会增加即可。对黄色所代表的风险则需要进行积极的监督，并尽可能降低这种风险，这种风险稍有增加就会引起相应的反应。而对于红色所代表的风险则意味着必须采取措施降低风险，或者采用另一种方法来完成项目。

7.5.6　风险减轻

减轻或降低风险通常是通过改变计划、增加人力资源、使用不同的方法或者采取其他措施来完成的。正如在风险量化矩阵中所示的那样，在项目继续运行之前，所有的红色风险都将被弱化为黄色或绿色风险。这种降低风险的做法——无论是使风险事件发生的概率减小还是减轻事件后果的严重程度，都会改善项目的风险情况。

并非所有的风险事件都能得到减轻，因此可能会要求高层管理人员做出抉择，高层管理人员可能会受到质询，他们对问题的看法将决定那些风险高的项目是否可以继续进行，或这个项目是否应该取消。高风险项目也许需要采取其他措施来降低风险或者将其搁置一段时间，直到找到好的解决方案为止。如何处理那些对项目产生重大后果的风险事件通常都是由高级管理层来决定的。

7.5.7　应急规划

应急规划是指确定和记录一旦风险事件发生时有可能采取的各种解决方案以降低风险的行为。对于某一运行中的项目，项目领导者发现，尽管有可能出现严重后果，但该项目仍然要继续进行，此时项目团队就应该准备好应急计划。应急计划可能是应付技术问题的备选方案，也可能是与另一个更合格的组织签订外包合同、缩小工作范围或采用不同的技术。

针对成本或进度方面发生的错误而制订的应急计划包括以下几种方案：缩小技术范围从而减少工作量、去除项目中的一部分内容、改变可使用的人力资源，或者其他缩减成本和减缓工作的做法。确定技术范围并了解在相关领域是否有所变化是非常重要的。当技术范围发生变化时，成本和进度通常也要发生变化。

7.5.8　应急储备

当存在多个风险事件的情况下，某些风险事件的发生会对项目成本和项目进度两方面产生影响。任何技术风险事件的发生都会增加项目成本和项目时间。因此，最好在成本和进度方面有相应的应急储备。应急储备可能以资金的形式体现，如按成本的一定百分比提取；也可能表现为在项目进度中留有一定的缓冲时间。

某一风险事件的成本应急储备可以通过以下方法计算得出，即将发生的概率（0~1）和风险事件发生成本（以美元计）相乘，这种方法具有一定的精确度。这样，若一个风险事件的发生概率是 0.6，其发生后果所需的成本是 10000 美元，则其价值就是−6000 美元。在这里，往往还有可能需要一段额外的时间，这与项目进度可能会有一定的冲突。

进度应急储备的计算方法与成本应急储备类似，即将发生概率（0～1）与事件发生所耗费的时间（后果）相乘。这将得出所需的额外时间。当进度方面的风险较高时，进度应急储备是必须准备的一项工作。

在整个项目期间，不需要为成本和进度准备应急储备。风险一旦得到规避，项目继续运行，则任何应急准备（成本或者时间）都可能因负价值的出现而减少。举例来说，如果成本风险得到规避，那么项目团队就可以"释放"为此而设的应急储备金中的相关部分，留到将来使用的应急储备金的数额也因此下降。

7.5.9　风险控制职责

项目领导者负责对项目风险进行管理，每一项风险都应该列示在项目进度计划中，即在它可能发生的时间点上标注出来。通过这种方法，项目领导者可以随时监督风险的控制情况，直到风险发生或者风险发生期间已经过去。没有发生的风险可以从项目的动态跟踪中去除，同时也可以将与其相关的应急储备从项目中去掉。

通过将风险列在项目进度计划中，人们可以看到风险事件之间存在的时间关系。新的或突然出现的风险可以插到进度计划中，而已过去的事件则可以被彻底注销。一种方法是以每个风险事件作为项目的里程碑，并通过特定的标注加以识别。

风险还没发生时更易于管理。若风险已发生，则要求领导者将注意力集中在维持项目的继续运行上。应该对风险事件进行预测，并预先设定好一旦风险事件发生所应采取的补救措施，只有这样才能使破坏的限度降到最低。

7.5.10　小结

风险管理是一个识别、量化、减轻并管理风险的严密过程。首先，应该降低高风险事项，要将高风险事项减弱到高级管理层可以接受的程度。中等或较低程度的风险如果对整个项目的负面影响非常小，也可以在风险没有被减轻的情况下接受。

为了使风险最小化，首先要强调技术方面的风险管理。技术领域的任何风险都有可能对成本和进度造成影响。一旦技术风险事件得到解决，进度和成本风险可能也会随之解决。

进度方面的风险事件最有可能影响成本。任何进度上的失误都将影响项目的人力资源成本以及固定成本。对进度风险事件进行预测是除技术功能领域之外第二个需加以重视的领域。

成本是最后一个需要重视的领域，成本受技术和进度因素的影响，也总会受到因技术问题而造成的返工和进度拖延的影响。作为风险事件发生的后果，返工和进行一些原本不在进度之中的工作都需要注入新的资源，这将使项目成本增加。

7.6　项目审计

7.6.1　引言

进行项目审计的目的在于判断这个项目是否可以按计划实行。每个项目都是以成功为目标的，项目的成功是指这一目的得到实现，但是真正达到这种成功则要视项目计划的制订情况而定，项目计划引导项目团队走向成功的能力也是项目获得成功的决定因素。审计就是将项目已完成的工作与计划中项目应该完成的工作进行对比。

项目审计不是对项目进行随便的评定，而是在项目执行过程中的某个时间进行的有计划的行为，或者是由于某个特定原因引发了对项目审计的需求。在项目执行的不同阶段，都有可能进行有计划的审计。引发项目审计的因素很多，审计什么时候开始并不固定，举例来说，审计的发生可能是由于项目没有达成某一阶段性的成果。

> **审计可验证项目是否按计划进行。**

7.6.2　项目审计的类型

项目审计因计划和实际执行之间进行对比的需要的不同而不同。在制订计划及执行审计时，要将注意力集中在项目所要达到的目的及预期结果上。典型的项目审计有如下几种类型：

- 进度审计——这是对项目进度情况的检查，通常与三大主要目标有关，即进度进展、预算支出以及技术进展。这种审查类型的结果是将这三大领域中的每一个领域的计划情况与实际取得的成就之间进行对比。这将为高级管理层提供关于项目执行是否有效的报告。
- 过程审计——这是项目团队对项目实施情况的检查，以确保项目根据预先制定的过程行事，并确定此过程在确保成功、实现项目目标方面是有效的。举一个过程审计的例子，如检查一个新设备以确定其性能的审查过程。该检验过程为检验结果的正确性提供了保证，而审计结果又为此检验过程是否有能力产生令人满意的结果提供保证。
- 系统审计——这是针对技术或管理系统进行的检查，以确保相关系统按照组织制定的指南运作。系统通常能起到项目支持作用或功能，如问题管理、变更管理以及沟通计划。这些领域通常对整个项目都能起到支持作用，并且是保证项目取得成功的关键领域。审计结果是关于这些系统对项目工作所起到的支持作用是否适宜的报告。

- 产品审计——这是对进行产品生产的技术方面所进行的检验，是关于依计划应完成的技术成果（例如产品描述、工作说明书、规格）与实际情况的对比。产品审计是为了考核技术参数与工作情况的吻合程度。审计结果是关于产品生产中的技术应用情况与技术方案吻合程度的报告。

- 合同审计——通过对比，对项目工作是否与合同要求相符所进行的检验。合同审计是为了考察项目团队是否依据合同要求进行工作以及是否达到所有的具体要求，如工艺、步骤等。审计的结果是一份关于实际情况与合同要求吻合度的报告。

- 总体审计——这是关于项目所有方面以及实际成果与计划之间进行对比的检验。这种审计涵盖了项目的所有方面，并用来识别项目实际情况与计划、实践、流程、步骤以及客户要求之间不吻合的地方。这种审计可能会由于对每一个领域所进行检查的深度和检验时间的不同而不同。这种类型的审计结果是一份关于项目是否与项目要求吻合的报告。

- 特定审计——这是对项目某一特定参数进行检验以确定项目进展和状态的审计。进行这种类型的审计通常是因为在某一特定领域难以确定项目是否能取得预期成就，上层管理人员想确定这一领域的实际进展和状况。特定审计的结果是一份主要集中在项目某一特定方面的进展和状况从而对情况进行改善的建议。

7.6.3 审计团队

审计团队将进行各种各样的审计，从而对项目进行考察并提交审计报告结果。审计团队成员的组成通常是根据审计类型及其他特殊目的而设定的。审计团队是否能够成功地开展工作有赖于团队成员的技能、知识、个人的能力以及项目需要。对项目进行审计的人员不一定在技术上对项目有全面的了解。

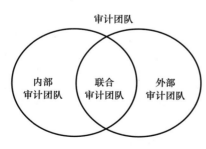

图 7.9　审计团队的类型

图 7.9 显示了审计团队的 3 种类型，其内部和外部组成有交叉部分。

主要有 3 种类型的审计团队：内部审计团队、外部审计团队，以及由内部和外部审计团队成员组成的联合审计团队。每种类型的功能可能是相似的，但每种审计团队的独立程度是不同的，这是它们的主要不同之处。

- 内部审计团队——这是由从内部项目团队成员中挑选出来的人员组成的审计团队。这支团队将对项目职能进行自我审计，并识别项目的合规问题。该团队的成员，一般来讲，在整个项目团队中必须有较好的口碑，并且要求他们对工作都很熟悉。利用项目团队的成员进行内部项目审计，其开始和结束一般都很快，但是使用内部项目审计团队开展工作也会使得正在进行的项目工作有所分散，而且这种审计也不能针对所审计的领域提供绝对客观的评价。

- 外部审计团队——这是一支由具有特别技能、知识以及能力的人员组成的团队，其成员中没有人来自原项目团队。这种审计团队具有很高的独立性，并且被大家认为在评估方面具有客观性。然而，这种团队往往需要花费较多的时间和精力才能对项目比较熟悉，同时他们还需要其他的时间和精力去收集其他的信息。但这种审计团队的好处也是显而易见的，一支专注于某一特定项目的外部审计团队在客观判断审核结果的同时，还可以使对项目进度的影响减至最小限度。

- 联合审计团队——这是一支由具有特殊技能、知识，以及能力的人员组成的团队，其成员是内部和外部人员的混合。这种联合的人员安排可以从项目团队里和其他方面抽调关键人员来实现，这样就可以在关于项目工作的了解程度以及评估结果的客观性之间取得平衡。这种联合团队的优势是，它在项目工作的各个方面和本次审计的功能与目的方面有充分的认识，同时又能对审计结果的客观性影响较小。

审计团队多种多样，组成人员也各有不同，但在实践中，领导者必须有所取舍。对技术合格人员的数量限制以及审计紧迫程度的要求往往会造成解决方案只有一种的局面。我们必须对不同的审计团队的优点和缺点以及不同的团队对审计结果可能产生的负面影响有充分的认识。

7.6.4　规划项目审计

项目审计必须按计划进行，以确保相关领域都被检测到，而且要对其中各个领域与项目计划、项目标准、流程、步骤或者实践经验方面是否一致进行对比。制订项目审计计划为如何进行审计以及审计什么提供了指导。采取矫正措施通常不属于审计工作的范围，但项目审计团队提出的建议可以作为开始采取必要补救措施的前提。

一个项目审计计划应考虑到以下几项内容：

- 审计目的。这是进行审计的原因以及审计所要实现的目的。可以举一个对审计目的进行陈述的例子："审计 Omega 项目的成本和进度以确定其与项目计划的吻合程度。"

- 审计范围。这将确定花在审计上的时间以及要检查的范围。可以举一个关于审计陈述的例子："审计团队将花 5 天时间对 Omega 项目在牛津工厂方面的进度和所耗费的成本进行审计。本团队将检查记录，与该项目团队进行信息讨论，并将这些信息与基准进行对比。报告将于审计完成后 5 个工作日内提交给琼·史密斯女士。"

- 人力资源及其分派。这是关于审计团队人员组成及其技能的具体列表。这也将给参与审计的每个人分派一定的任务，包括撰写审计结果报告。

- 方法论。这是关于进行审计的一般方法的介绍。它也许对审计步骤进行描述。举例来说，它或许包括对被检查文件的具体说明，或许对审计功能进行描述。审计方法还包括对在进行审计之前所应做的所有准备的设定，例如开会讨论进行任务分配以及审计服务的深度等。

- 报告。对在审计结束时要提交的报告进行说明。最后提交的报告可能是一份简单的陈述性报告，也可能是一份为面向特定群体而举办的发布会上的报告。这份报告是项目审计团队所交付的成果，代表着进行这次审计所付出的汗水。

随意的或是匆匆忙忙进行的快速审计，其效果无法与依计划进行的审计相比。项目审计应按正常方式进行，而这种方式要获得项目团队以及高层管理人员的理解。随机和快速审计传递给他人的信息是审计团队旨在寻找错误。所有的审计都应当明确地列出那些需要改善的领域，同时确认在其他方面项目进行得很顺利。

7.6.5　执行项目审计

项目审计团队，不论是外部审计团队还是内部审计团队，都必须按照整套的指导方针行事，这样才有专业性。审计团队负有对项目团队以及高层管理人员按照专业方式履行审计职责的义务。

下列指导方针对实施审计有所帮助：

- 在进行审计之前做好充分准备，尽量少占用项目团队的工作时间。
- 告知项目团队你们的任务以及此次审计所安排的大致的时间框架。
- 要确保项目团队成员总是了解你们所扮演的角色以及审计团队的任务。
- 以正规的方法收集和记录信息，防止通过误导项目团队成员而取得信息。
- 允许项目团队成员采取行动纠正错误，但永远不要发号施令。
- 不对任何项目团队成员做出承诺。将关于审计的问题提交审计团队领导者。
- 在记录信息时一定要准确，同时通过项目团队成员所获得的反馈要确保信息的准确性。

- 及时向项目审计团队领导者报告任何不安全或不合法的行为。
- 若时机恰当，在完成审计前，给项目团队开一个非正式的信息发布会。

一支信息充分并准备充足的项目审计团队能快速并专业地收集到所需要的信息，从而做出项目要求与实际结果之间的对比。这种专业方法保证了审计任务的胜利完成，即准确识别了项目在哪些方面进度顺利而在什么地方还需要注意。审计报告所建立的基础是审计团队是否很好地执行了审计功能并达到专业要求。

7.6.6 小结

项目审计的作用体现在很多不同的方面。各种类型的审计主要是将注意力集中在特定方感兴趣的特定领域，每种审计都需要特定的技能才能确保审计工作的完成。然而，各种审计在一点上是相同的，即它们都要确定要求与实际工作之间的吻合程度，并找出实际与要求之间不同的地方。

审计的目的在于发现实际工作与项目计划、进度计划、预算、工作标准或者其他基准记录之间的一致与不同。识别哪些活动与基准记录是一致的以及哪些活动与标准存在差异对于项目来讲同样重要。

所有成功的审计必须首先要拥有一支依照专业方法行事的审计团队，而这些专业方法保证了审计团队能专心致力于审计任务上。审计团队应该进行充分的准备，并对项目的要求了如指掌，这样才能在最短的时间内完成审计，同时对项目团队的正常工作打扰限制到最轻。审计报告是建立在专业地收集并准确记录事实的基础上的。

7.7 进度规划标准

7.7.1 引言

进度规划标准是指在项目进度计划的制订和执行方面应遵循的规则。进度规划就是将任务按照时间进行分配，这样可以更好地完成项目工作。

列出任务并为完成任务提供配套的资源，这些对项目计划的制订来说至关重要，而这项工作通常是在匆忙之间完成的，因此很难保证所有的任务都被包括在进度表中。随意制订的项目计划在很大程度上有赖于计划制订者从前拥有的制订综合进度计划的经验。

所有与项目计划有关的活动都需要一些标准，这样，计划的所有组成部分才能在执行过程中保持一致，共同促进项目的开展。标准使得工作实践保持一致性，而在出现错误时，项目的操作上的一致性又使得对标准进行调整成为可能。随意规划则不能保证实践的一致性，而这种一致性有利于项目执行过程的改善。

本处所列出的标准与大多数自动制定进度的软件工具所采用的标准是一致的，并且与这些软件工具在制定进度时所采用的标准的顺序相一致，其中每一个标准的应用都建立在前一个标准的基础之上。

7.7.2　进度规划标准及指南

每个组织机构都要制定自己的进度规划标准，这些进度规划标准要与业务所需要的规划的详细程度相配合，而为了加强管理控制，则会按照项目的大小执行不同的标准。大型项目需要对工作进行详细的定义，以确保项目工作与技术方案保持一致。小型项目则可以笼统一点，因为小型项目不需要很多细节就可以知道其工作是否保持了技术上的一致性。

图 7.10 中所列的 18 个事项都是来自实际的进度规划标准及指南。这些事项重点突出了应被考虑的领域以及相应的惯例。

图 7.10　进度规划标准及指南

对标准及指南的说明如下：

（1）项目集 / 项目概述。每份项目进度计划都从对项目进行概述开始。这是项目进度计划的第一部分，是关于各阶段所持续的时间、任务、活动、标志性事件发生的时间以及任务的概述。有了这个独立的概述部分，就可以把整个项目压缩成几句话，实际上就是包含开始和结束日期的一个简短的项目概述。

（2）阶段概述。项目集/项目的主要组成部分是项目的各个阶段。在项目集/项目阶段之下，出现的是概念阶段、定义阶段、开发阶段、引入阶段以及部署阶段。可以将这些经过划分的各个阶段作为关于项目进度的一级承诺（在此需要注意的是，由于项目方法可能因组织和项目的不同而不同，因此各个阶段的名称也会有所不同）。

（3）任务类型。在制定进度中主要有两种任务：投入驱动型任务和固定工期型任务。投入驱动型任务随所应用的劳动力数量的变化而变化，而固定工期型任务则不随劳动力小时（人员）的变动而变动。举例来说：某一投入驱动型任务，如软件译码任务期间是 1 个人 10 天（80 小时）。1 个人完成这项任务需要 10 天而两个人则可在五天内完成（时间与这一任务所用的劳动力数量呈线性关系），而固定工期型任务的天数则是固定不变的，原定 3 个人参加为期一天的会议，不论是两个人出席还是 10 个人出席都会持续 1 天。

（4）任务持续时间。为了更积极地对项目进行控制，任务持续时间不应该超过 80 小时。如果超过了，应该将其进行分解。有时会出现这样的情形，即项目管理者为了控制项目以及测量进展，会将任务期间压缩至 8 小时。最短的任务期间应是半天。（从 80 小时到 4 小时的时间范围似乎适合各种完成的工作类型和对任务的控制程度。当然也有例外情况，应根据具体情况进行处理。）

（5）进度报告。进度报告应当附在进度计划之后，篇幅一般是进度计划的 10%。除非可以确定项目在按进度进行，否则应当避免利用一些计算机程序中的自动更新状态的变化功能自动生成进度报告。大多数时候，进度与标有"现在"的文字并不完全吻合。

（6）任务终止。一旦任务终止，即任务被 100%地完成，就不需要再投入额外的工作来执行任务，而任何需要检查的任务直到检查完成并通过后才算真正完成，这就要求编写任务终止报告的人员确保任务被真正完成。新发现的工作应该放在新任务中，以显示工作范围有所增加。

（7）连接任务。任务之间的逻辑关系有以下几种，对它们应该有不同的处理方式：

- 要详细说明任务之间的联系，这是指在最基础的层面上通过细节所表现出来的联系，如果只是大致描述任务之间的联系，那么就会使项目在运行中丧失对细节的把握。
- 将任务相互联系在一起时要尽量利用它们之间"结束—开始"的关系，只有在必须时，才用"开始—开始"和"结束—结束"的关系。尽量不要用"开始—结束"关系。
- 永远不要把任务完成的"负滞后"用在关联关系中，所谓"负滞后"，是指前一个任务被提前完成使得后一个任务的原定开始时间被打乱。应该在某一未知日期的基础上，给出新任务的"开始日期"。
- 必要时使用"正滞后"，以暗示两个或多个任务之间的延误。

（8）进度规划简化。制订进度计划应该越简洁越好。复杂的叙述不仅难于理解，而且制定进度的软件工具在进行进度制定时也会由于难以很好地应付复杂的关系而使相关计算难以运行。

（9）甘特图风格。利用甘特图来显示项目进度。对整个项目进行全貌概述的描述方式，把甘特图单独显示在一页上并打印出来。如果在全景模式下，整个项目的甘特图超过一页，就要看看还有没有更好的表达信息的方式。有两种方法可供选择：一种是"只查看概述部分"，另一种是"只查看当前工作期"。

（10）进度基准。在项目管理者批准并公布进度表之前，不要把进度计划存为基准模式（注意：如果不能确定，你可以在存为基准模式前先另存一个文件。不能轻易地将其存为基准模式，一旦将其存为基准模式，就很难对进度计划进行变更，即使发现有些计算是错误的，也很难变更）。

（11）里程碑。用里程碑来表示具有重大意义的事件或进度计划中的关键点，如对阶段成果的批准，这些阶段性成果包括报告、规范、设计等。在这里举的例子是过渡性的重大事件，它使进度继续向前发展，从一个阶段进入下一个阶段。其他标志性事件的确立可能出于控制目的，有可能是高层管理人员"专有"的。通常，这些重大事件要求项目管理者报告取得的成就、项目延误的情况或者潜在的项目延误的可能。高层管理者或许会将重大事件的发生时间"固定"下来，仅仅允许项目的运作在重大事件之间的时间框架下有所变化。

（12）项目任务／里程碑的依赖关系。除项目的第一个和最后一个任务之外，每个任务在其开始和结束时都应与其他任务相互依赖。独立的开端，如某一任务固定的开始日期，就和其他的固定日期一样，如外部所有权转移日期，会使进度计划的机动性丧失。项目的最后一个任务或里程碑应当是向客户提交产品或服务。

（13）资源加载任务。任务是由人来完成的，每项任务都应至少分派一个人来执行。不论何时，只要有可能，工作人员都应将他们的全部时间投入执行任务上，这样可以利用"连续"工作的优势。如果两个或多个具有相同技能的人都被分配在同一项任务上，那么他们在整个任务期间都应该有活干。这就排除了让一个人完成交付任务，而其他人只做了"人力投入量"工作的情况。

（14）进度流传与更新。每周都应为客户维护并更新进度计划。决定更新周期及数据的截止期（信息的时效性）是项目经理的特权。更新的信息应在每周的某一天或某一时间提交给客户。项目经理将决定由谁来得到更新的进度计划。（注意：如果可能最好用电子邮件进行交付。）一定要对更新的进度计划进行检查，以确保在打印和提交以前修改的部分已经经过了深思熟虑。

（15）自动和手动计算。当制订大型进度计划时，将计算方式设定为手动方式工作起来可能反而更快一些，这是因为这样就不必单独进行每一个操作。不要忘记在进度展开以后，要将系统调回到自动计算方式。

（16）进度报告的标题、脚注与标签。给进度报告做标记对于识别报告以及寻找日期是非常重要的。例如，在标题行的中间写上项目集/项目的名称；所有的进度报告都应用 Ariel 字体、14 号、粗体；在脚注中间插入页码，形式为"××页的第××页"；在左边，注上项目集/项目经理的姓名及电话号码；脚注中的所有条目都要用默认模式。

（17）进度报告图例。图例是对甘特图中所用标记的解释。打印报告时不要将图例打出。只有在使用者有要求时，才打印图例。

（18）项目与项目的接口。有两种类型的项目接口需要进行识别并被包含在进度计划中，它们是：对组织中其他产品的依赖关系（对组织来说，这是内部的）；对外部资源的依赖关系（例如，卖方的产品以及所需安装设备的可获得性）。通常认为在项目内部工作的分包商和卖方不在接口范围内。这些人受契约关系的制约，他们的产品/服务包含在进度表计划内，其角色与组织雇员相同。

7.7.3　依赖关系与接口

在制订项目计划时，规划者通常会忽略项目依赖关系与接口所起的作用，而这一点在制订完整的计划以及确立每个管理领域的责任方面很关键。责任定义可以是另一方面，但依赖关系与接口的协调能够确保各方达成一致的联系。

- 内部依赖关系。必须明确项目之间的依赖关系与接口，如图 7.11 所示，要保证在两个项目的进度计划都包括这种依赖关系。这就保证了双方及时顺利地进行产品或服务的交接，这一产品或服务的交换应该是双方的项目管理者都同意的，并且能满足用户提出的交付要求。在制订项目计划时，应该要求经常考察交付是否能按时完成并就此达成一致意见，以确保这对接受方没有任何影响。（注意：内部接口最后需要在双方项目经理都同意的协议下进行管理。当出现有关何时交付方面的分歧时，需要把问题提交给更高层级的决策机构。）

- 外部依赖关系。对外部资源的依赖关系与接口，如供货商所交付的产品就是这种关系的体现，必须明确该产品是什么并对它们进行跟踪，以确保可以及早报告潜在的风险以及风险造成的项目滑坡，这时就出现了同外部资源有关的接口，这一接口应在进度计划中有所体现，并应在产品或服务到达时间点时对其加以标识，但对此类接口的管理必须是连续的，而不是只体现在某一个点上。（注意：图 7.12 所示的外部接口通常是在项目管理的范围之外，该接口是否良好主要依赖于能否将有关的外部影响转化为项目优势。）

图 7.11　项目之间的接口职责　　　　图 7.12　外部接口的依赖关系

- 进度计划的接口符号。可利用持续时间为零的里程碑作为接口符号。在对接口进行标记时可使用如下注释，如交付产品时可用">>>项目 XYZ

的交付发票引擎"做标记，而收到产品时可用"<<<从项目 ABC 接受的发票引擎"做标记。（注意：当进度计划合并到主进度计划时，这些接口将以电子方式链接。）

- 接口管理。必须对接口进行积极管理，以确保产生可行的最佳执行方案，或及早发现与时间需求不符的地方。一旦交付方与接受方达成协议，接口点所代表的标志性事件就可以固定在进度计划中。应当建立一份可以随时更新并确认有关日期是否有效的便于双方沟通的时间计划。任何关于此次交付可能对接受方产生负面影响的征兆都应该立刻向干系人汇报。此外，还需准备应急计划。

以上这些进度规划标准可以作为其他组织制定标准时所参考的范例。这些标准中所包含的具体细节对进行软件开发的大型项目来说比较适宜。但是，我们必须认识到，这一标准是与自动进度规划的工具软件相联系的，所以如果要将这些标准改成任何其他的标准，则需要加以裁剪。

进度规划标准在改善规划质量的同时，也减少了规划所花费的时间。标准的存在对于指导计划制订者、确保进度涵盖所有事项以及在保持进度计划制订的一致性方面是很有帮助的。依据标准来制订进度计划，可以在向项目团队以及高级管理层进行信息汇报和进行内部数据更新时，使项目的各个组成部分保持一致。

7.7.4　小结

所有的组织机构都需要进度规划标准，以确保制订进度计划的一致性。标准的优点在于，在项目实施过程中，整个组织行为能达成一致。同时，向高层管理人员提交报告也能保持前后一致。标准还可以使人们认识到项目之间以及设施之间的接口管理对于项目顺利运行的必要性。

标准可以使规划过程中制订的进度计划得到改进，同时，也使项目计划在项目的执行过程中更易执行。项目之间的统一的进度计划为制定更好的项目接口规划以及更好的项目协调提供了可能。为了更有效地对几个项目进行管理，必然要求进度规划与实施保持一致。

标准考虑了进度规划时所遇到的所有方面，包括相互依赖的组织内部项目之间的接口，以及与外部参与方能够对项目是否成功产生影响所形成的接口。建立接口并依据有案可查的协议进行项目管理是提高组织的项目管理能力的关键。

7.8　外包项目的管理

7.8.1　引言

外包，有的公司称为外派服务，是一个正在发展的领域。最初，一些服务性行业在提供外包服务的业务中占据主导地位，例如托管服务、餐饮服务、景观美化服务等。在最近接受调查的公司中，有 50％都曾涉足外包业务。此外，汽车、飞机维修领域也是外包的很好例子。

外包业务是指一家公司与另一家公司签订合约，要求对方提供服务，其前提条件是这家公司有能力并且愿意提供这些服务。外包这一业务方式有很多优点，一般来说，企业外购产品或服务比自己生产产品或提供服务的成本要低，而且不用在人力、设备、维护等方面进行投资。

但是，专家们并不建议一个组织将体现其核心能力的业务外包出去，因为这样一来公司就会丧失有效地参与竞争的能力。公司必须培养和发展自己的核心能力，而不应把它们外派给另一家公司。若公司的产品或服务是由外包获得的，外包服务的提供方通常是不会有太大的动力去改进买方公司的核心能力的。

> **外包支持功能是项好业务。**

7.8.2　作为外包服务的项目管理

在很多情况下，项目管理服务也被外包给了其他公司，并且将来这一领域还会有更广阔的发展空间。外包项目管理带来的好处是可以改进企业的运作方式，并且使项目成本下降。

为了改进项目管理服务，可以把这项任务交给专业的项目管理公司去完成。这些专业化的公司掌握着专门的行业技能，并能采用最优的解决方案，因为项目管理是它们的核心竞争能力。它们拥有相应的资源以及精深的专业技能，从而能以较高的水平提供项目管理服务。

外包业务可以减轻委托公司进行项目管理的负担。通过这种合同关系，委托公司将其需求加以明确，然后对合同的执行进行跟踪，最终享受外包的项目管理服务。与公司亲自进行项目管理工作相比，把这项工作进行外包以获取项目产品或服务可以使委托公司节约大量的精力。

但是委托外包的公司，即将项目管理外派出去的公司会对自身项目管理职能是否流失比较关注，因为它们无法全面详细地了解工作中的细节。但是如果最终的产品达到要求，也就无须了解其项目管理上的细节了。委托外包公司只需关注它们最后获得的产品本身，至于产品如何生成的详细情况则是次要的。

7.8.3　外包趋势

当今存在对以下工作进行外包的趋势——那些选择业务外包的公司不想自己完成的工作，或是某一领域的专业化公司能更好地完成的工作，或者外包那些比自己生产产品或提供服务成本要低的工作。这种趋势可以带来一种更好的生产产品或提供服务的方式，从而使公司的核心能力更趋于完善。随着交易方式的不断变化，外包业务将不断发展壮大。

项目管理外包曾经一度成为个人为公司所提供的一种基本的服务，这种服务被称为"个体服务者"或"雇佣枪手"，因为项目管理专家一般都与委托公司的职员一起在现场工作。这种安排方式对于委托个人从事这种工作的公司来讲是有利可图的，但这不是外包。

这种使用"个体服务者"或"雇佣枪手"的方式，将不同熟练程度和能力水平的人员组合到一起进行项目管理。如果项目管理需要的熟练程度和能力水平较低，那么一般的做法是以公司自己的职员为主，同时借助外来专家所带来的专业技能，但这样会造成一种局面，即公司职员是执行者，而外聘的专家是追随者。应用这种方法会带来人力、财力、时间等方面相当程度上的浪费。

像其他专业性服务一样，项目管理外包服务还将继续被各类组织所采纳，以满足它们的需求。其成长的潜力是巨大的，因为提供项目管理外包的服务者有能力以较低的成本准时地提供更好的产品或服务，它们拥有更专业的技能，可以提供比其他组织自己去完成对其而言非专业的项目管理工作更好的产品。

7.8.4　选择外包供应商

成功地选择外包供应商需要经过 4 个步骤，如图 7.13 所示。这些步骤可以保证公司选择最优的供应商和令人满意的外包关系。

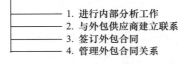

选择外包供应商的 4 个步骤：
1. 进行内部分析工作
2. 与外包供应商建立联系
3. 签订外包合同
4. 管理外包合同关系

图 7.13　外包供应商的选择

- 进行内部分析工作——确定可以外包的职能，估计外包这些职能所产生的技术及战略方面的影响，评价每个可能外包的职能的总成本，分析外包的优点和缺点。把每一职能进行分类，分为"不能外包""可以外包""必须外包"3 类。可以根据表 7.5 所列示的标准进行评判。

- 与外包供应商建立联系——列出一张说明公司需要别人提供产品或服务的信息邀请书，从响应者中选择 2～3 家公司并要求进行尽职调研，通过尽职调研来确定潜在供应商的能力。

- 签订外包合同——从符合尽职调研标准的响应者中选择 1 个组织，与之协商后签订一份合同。明确合同所涉及的范围及界限，合同应包括以下内容：
  - ➢ 生产产品或提供服务所需的资源。
  - ➢ 关键可交付物和交付进度。
  - ➢ 绩效测量指标和其他质量度量指标。
  - ➢ 开具发票与付款进度计划，包括有关付款时间的条款。

> ➤ 合同条款的变更与终止。

- 管理外包合同关系——建立合同管理工作流程、技术审查流程和变更订单流程，并设立指导委员会或监管委员会，该委员会的成员中应包括最终产品或服务的用户或消费者。

表 7.5 选择外包供应商的标准

分 类	标 准
不能外包的职能	<ul><li>是核心能力的一部分</li><li>外包会带来负面的收益或附加值</li><li>会影响战略目标</li></ul>
可以外包的职能	<ul><li>在成本或其他收益指标上既无优势也无劣势</li><li>对战略目标既无贡献也无影响</li><li>自制或外包的效果相同</li></ul>
必须外包的职能	<ul><li>外包肯定可以节省成本</li><li>可以降低对自制工作管理的复杂程度</li><li>外包可以带来更完善的产品或服务</li><li>更好地对公司的需求做出回应</li><li>外包可以比自制采用更先进的技术或方法</li></ul>

选择一个可以满足公司需求的外包供应商不仅是签订合同或加强合同条款执行这么简单。一个好的外包合同是组织进一步增强对产品或服务供应商了解的基础。此外，供应商是否有与合同中规定的有关条款相应的必要经验也是至关重要的。

组织应对尽职调研中的主要内容进行检查，要向使用过该外包供应商的用户咨询以下问题：

- 与组织签订项目管理服务合同的外包供应商是否提供过合同中标明的要求提供的产品或服务？
- 交付的产品或服务对于消费者来说是否有用？
- 该外包供应商是否在合同的微小变更中表现出灵活性，或者每个微小变更都是个问题？
- 该外包供应商对合同的变更要求是否建立在公正、平等的基础上？
- 你是否赞同外包供应商对于产品和服务提出的明确要求？
- 你愿意与该外包供应商再次签订合同吗？

7.8.5 外包项目管理服务和产品

从公司的角度来说，公司有必要确定需外包什么项目，以及外包给哪个项目管理服务供应商：①要明确可以外包出去的项目范围；②明确最佳供应商。

项目管理产品和服务是否可以外包，取决于公司的项目管理的结构、项目管理的成熟度、项目的数量以及公司的管理风格。公司必须明确自己对于项目管理产品和服务的要求是什么。如果一个公司的项目管理的结构很松散，它就有可能无法弄清楚自己到底需要什么。

公司可以把整个项目都外包出去。这种情况多发生在信息技术领域或信息系统领域。这些领域中的公司只关注软件解决方案，而不是软件的设计、开发、测试及交付方面的挑战。表 7.6 有助于只外包部分项目管理工作的公司。

表 7.6　外包部分项目管理工作

项目管理的组成部分	外包的可能性
项目规划	高——通常公司本身不具备项目规划的专业技能，如果项目团队集中进行规划工作，可以使项目的开展建立在一个稳固的基础上，从而为公司带来更多收益
项目进度规划与维护	高——通常公司都具备进度规划与进度维护技能，但对于高素质的技术人员来说这项工作会占用他们太多的时间
项目成本估算	高——项目成本估算是一门学问，它要求一定的技能，而公司一般不具备这种技能。这项工作也会浪费技术人员的时间，他们可以在其他工作上发挥更多的作用
项目进度报告	高——状态及进度报告是日程维护工作的一部分，外包可以完成向高级主管提供前后连贯的标准报告的工作
变更控制 ● 产品 ● 项目	高——这两类都高，这是对变更控制流程的管理，而变更的产生和最终决策是由公司内部来完成的
问题跟踪	高——根据标准程序跟踪问题并收集状态信息是一项程序化的工作，不应成为项目经理的负担
困难跟踪	高——根据标准程序跟踪困难并搜集状态信息是一项程序化的工作，不应成为项目经理的负担
风险评估和风险跟踪	中等——评估风险和减轻风险的工作可以由外包供应商来完成，他们必须与所有被评估项目的项目经理之间形成良好的协作
其他待定	该开放式事项可以量体裁衣以满足不同个体组织的需求

7.8.6　项目管理外包指南

任何产品和服务的外包都必须将各方面的关系考虑清楚，并明确如何去管理这些关系。必须根据一个各方都同意的方案来协调和完成产品和服务的职责交接工作。以下几点对于一个公司如何外包项目管理并得到相关的产品和服务是很有帮助的：

- 产品和服务——明确所要交接的产品和服务（如果公司现在没有可比较的产品和服务，就要重新设立）。对产品和服务进行详细的界定，并召开一个增进相互了解的会议，使外包双方对产品和服务达成充分的共识。

- 标准和格式——明确所要求的标准和格式，它们可以保证外包产品交付的一致性，但也可以与公司自制产品有所不同。
- 交付的频率——确定交付项目产品的频率和生产产品所要求的时间，一般来说，至少每周要提交一份报告，但对某些阶段性的项目成果而言，可能需要较高的交付频率。
- 交付方式——可以以实物或电子版的形式交付产品，或是二者的综合，要为所有的项目成果确定最适当和有效的交付方式。

7.8.7　小结

把项目管理产品和服务进行外包，能为一个公司带来潜在的显著的好处。外包业务能减少公司在某一技术领域上的要求，并能以较低的成本完成这些业务，而且公司在这些技术领域也许并没有相应的资源，外包可以把许多项目管理职能交给项目管理专家去完成。

签订一份外包合同要求外包公司做一些幕后工作，如确定和选择最有资格和信誉的供应商作为承包商。在选择服务供应商上所花费的时间和精力可以减轻对承包关系的管理工作。

外包业务要求对外包的范围进行审慎的评估，并与承包商建立一种合作性的关系。此外，合作双方还应就提供什么样的服务、何时提供、如何提供达成相互之间的充分理解。外包合同可以列明具体的要求，但要使签订合同的各方都满意，还需要与承包商进行充分的沟通。

7.9　建立项目管理系统

7.9.1　引言

有效的项目管理要求组织遵循包含与组织经营配套的项目管理系统在内的一整套方法。项目作为一种战略，必须遵循一套严格的流程，只有这样才能以最有效的方式达到相应的目的或目标。随机的流程产生的必然是随机的结果。

一旦组织致力于项目管理的使用，那么也就意味着组织选择了一套适应性很强的管理系统。本节将对项目管理系统提供基本的指导。

7.9.2　项目管理系统

一旦制定了决策，用项目管理来规范组织，就有必要提出一种策略来构建执行项目管理的框架。项目管理体系的使用提供了一种"思维方式"，以及一种有效的方式来描述"系统方法"如何促进项目管理，使之作为组织战略设计和执行的基石。项目管理系统的基本"子系统"包括以下内容：

- 促进组织子系统：这是一种组织结构设计，是为了将关注点集中于项目资源的使用上，这种子系统的关键特征包括：
  - ➢ 将项目团队叠加在组织现有职能结构中。
  - ➢ 创造一个"矩阵型"组织，提供一个范式，说明职权、职责和担责如何在组织的项目团队、支持性职能要素、工作包经理、总经理和高级管理层之间进行分配和转移。
  - ➢ 在这个矩阵型组织中定义了个人和集体的角色。
- 项目控制子系统：它可以提供选择项目的绩效标准、反馈机制的设计、目标绩效和实际绩效的比较，并为出现的相关问题及时制定纠正措施。这一控制系统主要对以下几个方面有关键需求，包括：
  - ➢ 相关干系人对项目进展情况进行定期和持续的审查，以提供有关项目进展情况的信息。
  - ➢ 所有项目干系人承诺对涉及项目资源使用的关键事项提供准确及时的报告。
- 项目管理信息子系统：该系统包含有效规划和监督项目所必需的信息。对项目管理者有用的信息不仅包括正式的信息，也包括非正式的信息，这些信息包括但并不限于以下方面：
  - ➢ 制订项目计划并将这些计划与组织战略管理举措联系起来所需的信息。
  - ➢ 为持续审查项目进展提供情报所需的正式和非正式信息。
  - ➢ 识别和评估在项目管理中制定和实施决策所需的信息。
- 技术和方法论子系统：它包含诸如计划评审技术、关键路径法以及与进度规划相关的方法和一些专业化的技术，如项目成本估算、技术绩效评估及其他管理科学方法论。运用定量的方法来评价项目资源运用中的风险和不确定性也包括在这一子系统中。
- 文化氛围子系统：是项目管理实践所处的总的文化环境。这一子系统通常包括：
  - ➢ 与项目有关的人的感知、态度、偏好、假设、经验、价值观、道德和行为方式。
  - ➢ 文化氛围可以影响人们的行动、反应、想法、感觉，以及人们的言与行——所有可以影响与项目有关的人的行为规范的东西。
  - ➢ 如果加以正确的开发和应用，提高项目相关人员人际关系技能的教育、培训、团队建设及类似的技术，可以改进项目的文化氛围。
- 规划子系统：用以确立和发展各种战略，包括开展某一项目需要什么样的资源，在项目开展过程中如何使用这些资源等。项目规划的一些基本要素包括：

> 开发工作分解结构，显示项目如何分解为其组件部分。
> 开发项目进度计划和预算，选择技术绩效目标，并明确项目的组织设计。
> 建立一个整合的项目计划，该计划可以作为监督、评价、控制项目进展情况的绩效标准。

- 人员子系统：涉及与人员要素有关的大部分内容，这一子系统包括：

> 有关领域的基本知识，包括社会学、心理学、人类学、沟通、语义学、领导力、激励理论，以及它们的应用。
> 项目经理的管理和领导风格，项目经理应该倡导与项目相关的管理者和专业人员相互信任、忠诚和协调一致。
> 项目经理与项目团队一起开发、展示和鼓励的管理风格将对项目干系人产生显著的影响。

图 7.14 勾画了一个公用事业组织的项目管理系统，它表明了项目管理系统方法的存在和运作如何简化组织的战略管理和职能层次，可以作为项目管理的基本哲学模型。

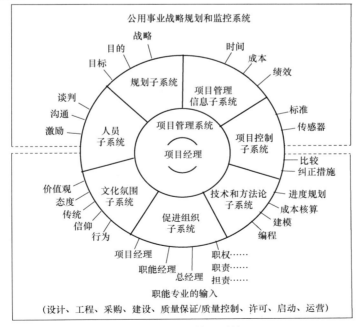

图 7.14　项目管理系统

7.9.3　小结

本节提出了项目管理系统的概念，并将此作为如何看待并管理组织中项目的基本指南。我们认为，如果一个项目管理系统的所有子系统都能正常地发挥作用，那么组织成功地进行项目管理的概率就会大大提高。

7.10　项目成本管理

7.10.1　引言

需要用一种严格的方法来估算、预算和控制项目成本。这个过程始于项目规划阶段，在这个阶段，必须通过估算来确定大致的项目总成本，并构建一个项目预算。项目预算是一份罗列了所有的计划支出类别及每一类别的支出金额的文件清单。

预算与实际成本之间的差异会影响项目总成本，项目范围或持续时间的变化通常意味着成本的增加，生产效率的低下及工作内容的增加也会从负面影响项目预算。

可以通过控制成本支出并对支出进行追踪记录，把支出与预算进行比较，以实现控制成本的目的。控制支出必须采取一种把在第一时间收集到支出信息与预算进行比较和分析的方法。分析的结果就是每一周对于项目支出的状态和进展的定期报告。

成本控制中面临的一个主要困难是如何及时地收集到有关支出的信息。使用公司的会计系统通常会导致支出信息的收集要延误 45 天左右的时间。比如，从公司的利益出发，公司通常会推迟支付某一合同的成本费用，如果在接到承包商的发票 30 天后才付款，就不能获得及时的支出信息。项目通常是以 7 天为一个时间段开展的，因而获得支出信息的延误时间通常也是 7 天。

7.10.2　项目成本规划

图 7.15　成本管理层次

不同公司有不同的管理项目成本的方法。管理项目成本的方法之所以不同，是因为公司需要分别知道详细的项目支出成本及项目总成本。有的公司根据整个项目来管理成本，而另一些公司根据项目中具体的各个工作内容来管理成本。图 7.15 表示了这两种不同层次下方法的差异。

项目成本管理在规划时需考虑的第二个问题

是收集有关成本的详细信息以及汇总的成本信息的能力。许多公司采用其公司会计系统来收集项目成本信息；另一些公司则基于项目层面的系统来收集成本信息。这两个系统之间的差异在于成本信息的及时性。项目要求用最接近真实时间的成本信息来管理预算，至少应该以一周为基础。

而公司会计系统的设计宗旨是力图推迟成本支出时间及其入账时间，通常是在工作结束后 45～60 天才对承包商开具的发票予以付款。为项目所采购的原材料通常是在收货后大约 90 天才开出账单或付款。会计系统的这种时滞效应因为减缓了现金流出而使公司获得收益。但对一个持续时间为 6 个月的项目来说，这种时滞是有悖于成本管理初衷的。

如果要对项目成本采取纠正措施或重新定位，那么所有的成本必须在不超过两周的时间内收集并分析完毕。项目本身可能会有一个非正式的会计系统，但与公司会计系统相比，它们之间对成本金额的差异大约为 15%。这种差异可能来源于提前付款获得的折扣、原材料价格的变化、劳动力价格的变化以及错误的项目支出等。

7.10.3　项目成本的分类

如图 7.16 所示，项目成本通常分为两类：直接成本和间接成本。直接成本与项目所获得的服务或产品之间存在直接的关系；间接成本通常是根据直接成本或其他同因素的一定的百分比计算出来的。

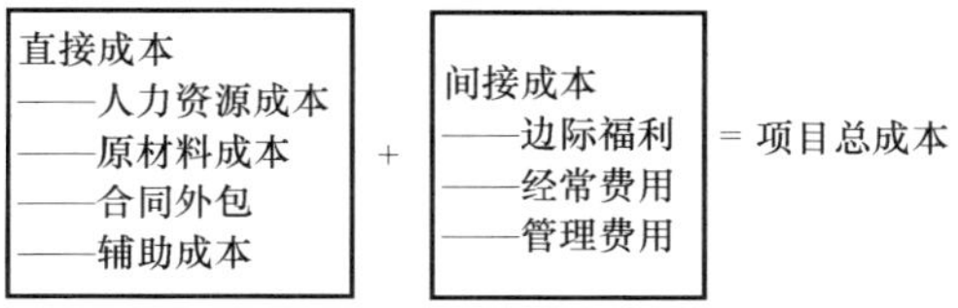

图 7.16　项目成本的分类

项目的直接成本：

- 人力资源成本——在项目中完成任务的劳动力价格，以及任何与项目有关的费用，例如监理费用。
- 原材料成本——项目进行中所使用的或项目结束后成为最终产品组成部分的商品或服务的价格。
- 合同外包——项目的某一部分工作可能被外包。这部分工作可能是项目工作内容的一部分，也可能是项目的支持性工作，例如对某一领域进行独立的分析工作。
- 辅助成本——指其他的不同种类的支出，例如差旅费、招待费和其他小额支出。

项目的间接成本：

- 边际福利——与项目不直接相关的人力资源的福利成本，包括假期补助、诉讼补助、服役补助、健康福利。
- 经常费用——为项目运行提供便利所需的成本，例如房屋租金、电话费、暖气费、水电费、设备维修费及一般性监督支出。

- 管理费用——对人力资源管理的支出，通常针对薪资出纳部门和人力资源管理部门。

以上分类可能会在各个子目录下存在重复的项目。例如，培训费用可以是直接成本，也可以是间接成本。如何决定它属于哪一类要回答以下这个问题：它是完成项目所必需的吗？如果它与项目的完成直接相关，那么它就是直接成本。

如果在一个项目中，公司第一次开展某一培训活动，那么培训活动支出应被分别对待，来确定该支出是否属于项目的福利支出。一个与此有关的例子是种族敏感性培训，这一活动应该是公司范围内的活动，应由公司而不是项目本身来承担费用。第二个例子是关于一种新的软件编程语言使用方法的培训。虽然公司其他随后的项目也会从中受益，但由于现在项目正从这项培训中受益，所以这应属于现有项目的成本。

7.10.4　制定预算

预算代表某项目在一定时间阶段的支出计划。预算综合了所有的项目成本，不论是直接的还是间接的，而且可能还要包括项目的利润。它可以显示在一定期间内每一分类支出项目的现金流量。

预算是所有支出的累积，并应按照支出类别列示。这是一种控制机制，可以保证在已认可的有资金支持的范围内进行项目的支出，超过预算的费用或不是在已认可范围内的支出，必须经高层管理者的批准才能支付。

通过工作包划分之后所确定的任务类别来估计项目成本，并在项目进度计划中体现出来。为完成进度计划中所确定的工作，要有一定的资源作为保证，通常是人力资源和原材料或服务。这些科目要通过明细账来估计其成本并最终汇总为总账。比如，计划一个项目的成本是各种工作分类的成本的汇总，同时也要体现各科目的明细成本。

预算的建立必须与成本相一致，需要涉及的成本包括以下几个项目：

- 原始成本——商品或服务实际要发生的成本。
- 负担率——也称间接成本率，是组织分配的经常费用和管理费用占原始成本的百分比。
- 负担成本——包括间接成本占原始成本一定的百分比的成本。
- 总成本——项目分类中的所有成本。
- 利润率——通常是项目总成本的一定百分比。
- 总价格——客户为这一项目所支付的成本，包括所有的成本及利润。

表 7.7 是成本分类及成本如何计算的一个例子。应该注意的是，不同的成本分类有不同的负荷成本，比如，劳动力由于包括福利支出的缘故因而负荷成

本较高，而原材料成本一般只是一次性支出。

表 7.7　预算中的成本分类　　　　　　　　　　　单位：美元

原始成本及分类	原始成本	负担率	负担成本	总成本	利润率	总价格
劳动力 • 1202 小时 • 45 美元 / 小时	54090.00	87%	47058.30	101149.17	24%	125424.97
材料 • 供应商	2100.00	9%	189.00	2289.09	24%	2838.47
服务 • 清洁	200.00	57%	114.00	314.57	24%	390.07
合同 • 计算机租金	450.00	17%	76.50	526.67	24%	653.07
项目总成本	56840.00	N／A	47437.80	104279.50	N／A	129306.58

　　计算项目的成本时应保证在估计成本的过程中既包括原始成本也包括各种负担成本。公司为计算项目成本制定了一定的标准，相关人员必须根据这些标准来准确地进行项目预算。许多公司对劳动力采用负担成本的计算方法，对材料、合同、服务及其他间接成本则根据原始成本来计算。

7.10.5　劳动力成本

　　在劳动力密集的环境中，劳动力成本在项目预算中是最重要的部分。劳动力成本是在每一劳动力分类所需要的工时的基础上进行估算的。

　　在进行劳动力成本预算时，公司所采用的是平均成本和名义成本，而不是实际支付的工资。这样做有两个目的：一个目的是可以不必披露某个人的实际工资而完成项目的支出预算，因为工资在有些公司中是一个敏感的问题；另一个目的是可以很方便地根据工资提升的幅度来计算未来发生的成本。以下是进行预算估计时劳动力成本的几个分类：

- 实际劳动力价格——对某一个人或某一工作类别每小时应支付的工资，这里不包括工资以外的边际福利和经常费用。
- 负担劳动力价格——对某一个人或某一工作类别每小时应支付的工资，这里包括边际福利和经常费用。
- 平均劳动力价格——项目中的某个人、某一工作类别或一个公司中所支付工资的算术平均数。
- 名义劳动力价格——公司所规定的对某一个人或某一工作分类每小时应

支付的工资，它可能代表了实际的劳动力成本，也可能不是，它可以包括劳动力的负荷成本，也可以不包括。

我们有必要在项目中从始至终都只采纳一种类型的劳动力价格。当获得了一定时期内所使用的劳动力工时信息之后，要保证应用正确的公式计算成本。如果工时是通过公司考勤卡系统来报告的，那么报告的成本与用于编制预算的成本相匹配是很重要的。

7.10.6　预算执行

在项目规划阶段结束时，就需要完成对项目成本预算的批准工作了。一般来说，项目计划工作的成本无须详细记录，但要以一个综合的形式体现出来。这些成本是真实的项目成本，代表着对项目从头至尾的投资。

预算被批准之后就可以以文件的形式被执行。这一文件表明项目可以展开，可以根据项目预算或一系列工作的展开而开始支出活动。这里所说的可以通过支付项目开支展开工作，仅仅是对特定工作任务的支出，而不是对总体工作的展开进行授权。总体工作的展开则意味着为项目的任一部分工作的支出都将包括在预算中。

在工作完成和费用支出后，预算就会随着实际支出的增加而减少。这时需要分析计划费用与实际费用之间的差异，并在适当的地方采取修正性的措施，同时要记录下由于增加了新工作以及其他工作范围的变化而导致的预算的变动，并对之加以管理。

成本管理的一个重要方面是在准确计划的基础上对项目未来将要发生的总成本进行预测。通常，成本基准即预算是乐观的，如果成本有超过基准的趋势，则表明预算成本比实际成本低了，这时，项目领导者就必须向高级管理层申请额外的资金或缩小项目的范围。

7.10.7　小结

对于一个项目进行成本管理有赖于准确地估算成本并进行预算。对成本分类是否准确也影响着预算的有效性，以及预算是否涵盖了项目中的所有成本。如果对已经确定的成本估算有任何偏差，或是计算成本时采用了错误的方法，都会影响预算的有效性。

预算的建立和执行都是严格的过程，这两个过程有赖于为预估的和实际的工作所收集的信息的准确应用。项目必须运用这两个过程来保证成本是控制在计划之内的，并且可以明确指出两者存在差异的原因。

在对预算进行规划和管理时，项目领导者必须意识到，对于产品技术规格或项目进度的任何变更都会影响项目成本。例如，产品功能的增加也需要以时间和成本作为代价，要增加更多的原材料、劳动力。

7.11 项目工作分解结构

7.11.1　引言

　　工作分解结构是项目规划中的一个基本考虑因素。它把要管理的项目元素按产品、服务和功能进行家谱式的分支定义，并以图形方式加以显示。它的主要贡献在于将工作分解为可管理的组件，以便理解项目、让客户认可项目范围，并能够更好地管理项目。

　　WBS 将整个项目划分为代表不同元素的工作包，以分配给项目团队中的某个人或其他干系人，例如供应商、职能经理或承包商。工作包是完成特定项目所需的工作单元，例如报告、硬件、软件元素或服务，可以成为组织内的一个运营单位或干系人的责任，例如作为供应商或客户。工作包的其他特征包括：

- 经过协商，工作包被分配给特定的人，由此人完成这项工作或担任管理工作包的任务。这位工作包经理负责管理工作包是否完成等事宜。
- 工作包有其特定的目标，即在既定的成本和进度内完成，以支持项目的目标。

　　对项目进行工作结构分解有以下几个方面的作用：

- 对组成项目的所有产品和服务进行概述，包括获得的支持和完成的其他任务。
- 展示各个工作包之间的相互关系，以及与整个项目、与组织中的其他职能活动之间的关系。
- 建立职权—职责矩阵组织。
- 估算项目成本。
- 实施风险分析。
- 规划工作包进度。
- 与项目管理有关的信息开发。
- 为在项目运行中控制资源的使用提供基础。
- 为了获得人们对项目的支持承诺，提供可供参考的与项目有关的信息。

7.11.2　WBS 的特征

　　工作分解结构是把一个项目分割成易于管理的增量组件的一种方法，这种方法有助于保证组成项目的各项工作的完整性和连续性。将项目划分为主要群组，然后再次划分主要群组。这个过程一直持续，直到项目分解成为可理解、可管理和可分配的增量组件为止。分解的最低层级是任务层级，它构成了可以分配给单个工作单元的工作包。

　　以下是对一个硬件产品进行分解的几个层级。

- 系统。
- 装配。
- 分装。
- 部件。
- 子部件。
- 零件。

每一个组成要素在数量上都是独特并且是确切的，都是与项目中其他部分不同的。这一数量系统不仅展示了分解的层级，而且表明了项目的各个组成部分之间的层级关系。例如，在飞机制造业中的工作分解结构的形式可能是这样的：

- 1.0 飞机（系统）。
- 1.1 机身（装配）。
- 1.2 机尾（装配）。
- 1.3 机翼（装配）。
- 1.4 发动机（装配）。

这一工作分解结构可以被继续往下分为分装、部件以及子部件的层级。更细层级的划分可能与下面所示的分解相似。

- 1.4 发动机 （装配）。
- 1.4.1 发动机整流罩（部件）。
- 1.4.2 发动机支座（部件）。
- 1.4.3 发动机燃料箱（部件）。
- 1.4.4 发动机（部件）。

在上述例子中，发动机整流罩、发动机支座、发动机燃料箱都可以在内部生产出来，而发动机通常需要签约订购，并在采购过程中要求写出发动机的规格说明书。这样，就需要再次进行工作分解，以便管理。另一个描绘工作分解结构的方法是图 7.17 中所示的树形图。

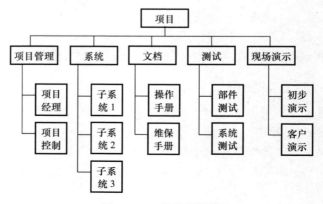

图 7.17　工作分解结构

7.11.3　组装 WBS

以下是一些有助于完善 WBS 的建议。

- WBS 的形成是整个项目团队努力的结果。
- WBS 的设计者必须是有着丰富项目管理经验的人。
- 设计者必须熟悉项目的最终可交付物以及项目可以利用的潜在资源。
- 把项目结构、可交付物以及实现这些可交付物的方法视为一个整体来看待。
- 利用数字代码来标示 WBS 工作包。
- 将代码分配给工作包，以确定工作包的内容。
- 必要时，请求项目干系人予以帮助。
- 一般来讲，应采用自上而下分解的方式来制定 WBS。但必须保证单个工作包被分割后可以还原到整个项目中。
- 在 WBS 中确立组成项目的各个工作包及其定位时，有必要采用头脑风暴法和焦点小组法。
- 请项目团队以外的专业人士确认 WBS 是否可行。

7.11.4　维护 WBS

对于一个稳定的项目来讲，一般不需要或者很少对 WBS 进行维护。如果项目中出现了新的工作或项目范围发生了变更，WBS 则需要进行较大的改动。例如增加产品的技术特色和功能通常会引发更新 WBS 的需要。这种更新发生扩散，则会引发对项目预算和进度的调整。

重新制订项目计划则意味着需要根据最初的 WBS 构建新的 WBS。作为一个一般性的规律，任何对项目较大的改变都会引起对 WBS 的更新。如果项目的完成难以预见，就需要重新搭建 WBS 并重设基准。

通常，WBS 只有在客户需求发生变化的情况下才会发生改变。一个有效的 WBS 在项目发生微小变化的时候也能继续发挥作用，而增加要素会产生一定的问题，这是由代码系统的层级性质所决定的。缩减工作则能够继续使用原来的结构，因为只要在原来的工作包的位置上进行标注，说明该部分已不再是项目的组成部分就可以了。

7.11.5　小结

WBS 的构造是一个严格而又系统的方法，用以确定所涉及的工作包并展示各工作包之间的关系及它们与整个项目的关系。这一部分中阐述了应用 WBS 的诸多目的。WBS 和工作包思维为在项目开展中更好地发挥规划、组织、控制等管理职能提供了很好的帮助。WBS 是项目目标、目的和成果之间不可或缺的连接纽带。

7.12 挣值管理

7.12.1 引言

挣值管理系统（Earned Value Management System，EVMS）是一个已经被美国政府使用了 50 多年的概念。这些年，该系统一直被政府部门采用并进行有效性测试。在美国国防部、交通运输部等政府部门对外签署的重大合同中，该系统不断得到改进。而政府合同的承包商们运用 EVMS 来测量其各类绩效参数的完成情况，并将有关事项向政府部门进行汇报。

这一管理系统也多有诟病，主要是有些人认为历史数据不能为未来担保。对此，曾有人这样说："采用这个系统就好像开车的时候不朝前看却总是盯着后视镜。"但无论存在何种批评，EVMS 仍然是管理大型、复杂合同的最好方法。

> **EVMS 标准涵盖所有业务领域。**

关于 EVMS 的最新释义，也是从多年的经验中提取并不断发展形成的，这些经验包括正面的经验，也包括反面的经验。这一系统之所以在合同管理中能够获得成功，一个主要的原因在于这一体系的运用迫使合同执行者针对整个项目制订精确严格的项目计划。为了成为 EVMS 合格的执行者，合同承包人必须达到 32 个标准，这些标准适用于所有业务领域。EVMS 的基本内容如下：

- 必须从头到尾地规划整个项目工作。
- 必须将总的工作范围、项目进度以及项目成本整合成一份项目基准计划，用以测量项目的进展。
- 必须能够根据工作绩效水平对项目进展进行客观的评估。
- 必须能够分析和评估实际进度与基准之间的偏差，并且能够预计到这些偏差的潜在影响。
- 必须给各个层级的管理者提供相同的信息，这些信息为决策提供基本素材，并对管理行动进行指导。

7.12.2 EVMS 的应用

EVMS 是一个应用于大型项目的管理工具，而对于大型项目而言则需要制定详尽规划并能够对项目施以必要的控制，以避免项目失控和进度拖延等情况的发生。对流程具有可见性的小项目，过于详细规划的时间和费用并非合理必要。进一步来讲，小型项目的预期指标发生变化不会像大型重点项目那样对组织产生那么大的负面影响。

对于大型项目而言，实际情况与计划之间的偏差，比方说成本出现 15%的增加是有很大影响的，这一变动将很可能使组织做出终止项目的决定。对于小型项目来讲，情况则有所不同，15%的变动所带来的负面影响可能只是一种很常见的现象。例如一个 15 亿美元的大型项目如果出现 10%的价值缩水则意味着组织要损失 1.5 亿美元，而如果是一个价值 50 万美元的小型项目，10%的价值缩水只是代表了 5 万美元的价值损失。

在大型的复杂项目的管理中，EVMS 的应用可以起到警示作用，特别是实际情况与计划之间的偏差进一步扩大并将产生严重后果以及未来情况将出现恶化的时候。

EVMS 也为项目的进展情况提供了一种测量方法，用于对承包商进行增量付款等活动。通常，付款额根据合同绩效的挣值减去一个较小的比例确定。这些进展相关付款为合同提供了低于某一时间点实际合同价值的收入流，从而减少了承包商借入营运资金的需要。

7.12.3　EVMS 规划

组织如果想要成功地制定项目绩效测量系统并能应用这类系统，EVMS 过程是非常重要的。对此没有捷径可言，如果跳过其中的某些步骤，将会极大地损害由 EVMS 所生成的信息的质量。在大型项目中采用 EVMS 过程必须严格地遵守有关的应用原则和惯例。

- 工作说明书。用来定义全部项目工作的工作说明书是执行 EVMS 的基础。工作说明书对项目工作范围进行了描述，并在有些情况下可能由产品技术规范做进一步的补充。技术规范是对产成品的各类技术参数如形式、功能、产品零部件配套情况所做的规定。工作说明书和技术规范相结合，共同形成了项目工作的基准参考指标。

- WBS。通常，WBS 将项目产品及其相应的功能分解成多个工作包，是一个用来对项目层级以下的项目组成要素如产品、服务、功能以及数据进行定义的管理工具。而 WBS 所生成的工作包可以分配给不同的团队和个人，从而完成整个项目，图 7.18 就是与此相关的一个示例。

- WBS 词典。WBS 词典是对 WBS 所分解的各个层级的项目工作进行描述的说明性文件。生成这一文件的目的在于项目所在的组织能够与合同发包方、履约承包商以及承包商所在的机构内部进行全面有效的沟通。对工作进行描述应该遵循一定的标准，特别是对新型或较为复杂的工作要尽量确保描述的唯一性和准确性。

- 项目进度计划。项目进度计划是在时间上对项目工作所进行的一种安排，确定了行为的发生和完成的时间，以及行为之间的发生次序。制定一份具有现实意义的时间进度表需要掌握以下几方面事项：

➢ 对工作范围有全面的了解。

➢ 精确地对工作进行分解，使工作被分解成为单个的任务和行为。

➢ 将相应的各种资源合理地分配给各项行为和各项任务。

➢ 在时间进度计划上能对各项行为和任务进行合理的排序。

➢ 给任务或行为的完成赋予充足的时间。

➢ 力求使事实和假设条件贴近真实，以减小信息不足的程度。

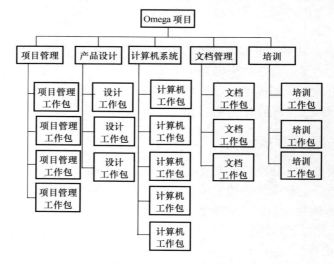

图 7.18　工作分解结构

• 项目预算。项目预算是一个以各个时间阶段为基础的支出计划，这一计划对 WBS 中的各个子项所需要的成本进行估计。项目预算是否有效，依赖于成本估算过程是否科学，以及对相关劳动力、材料以及服务的价格计算是否精确。考虑到通货膨胀的原因以及其他影响价格的因素，长期项目工作中所涉及的价格也许会发生一定的变动。预算制定时需要考虑的因素主要有以下几个方面：

➢ 对所有的工作都已进行了适当的描述和定义。

➢ 对成本的估算建立在一定的现实基础之上。

➢ 在成本估算中包括负担成本（如经常费用、利润/费用以及其他间接成本）。

制订具有现实意义的、准确的计划是一个项目得以成功的先决条件。不制订项目计划或所制订的项目计划存在严重的缺陷，将会在实施和执行 EVMS 时表现得非常明显。几年前有个项目，其运行可以说明 EVMS 对项目计划中所存在的错误具有的敏感性。在那个项目的执行过程中，与某承包商有关的项目累积成本线（Cumulative Cost Curve）表现出向下倾斜的特征。出现这种状况的原因在于，该承包商估计所承担工作的挣值已经达成，而相关工作的价值出现了高于计划近 10% 的情况；当发现这一错误后，项目管理者所采取的一项简易的纠正措施是削减由于累积超额支付所形成的项目的挣值。这一措施就体现为相应的累积成本线向下倾斜。

没有什么可以代替现实而又准确的项目计划。

7.12.4　EVMS 过程

EVMS 利用组织中已经存在的各种系统进行项目规划、项目执行、项目控制以及对错误行为进行纠正。只有当不能按照特定的水平进行运营或者不存在相应的系统时，才需要对这些系统进行改动。

EVMS 使用 WBS 来对所有的项目工作进行定义，并将这些工作与组织中的各项执行要素联系起来。正如图 7.19 所示，整合的组织分解结构与项目 WBS 的交叉点意味着项目在组织中需要完成的工作。这在很大程度上保证了组织中的各项执行要素能够领会那些需要完成的项目工作包，并承担相应的责任。项目进度描述了有哪些需要进行的工作，而预算表明了为各项工作所支付的价格。

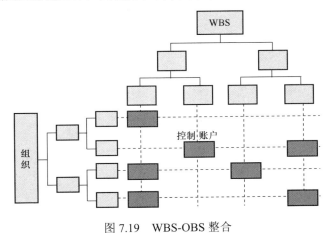

图 7.19　WBS-OBS 整合

表明项目挣值的基准是按照以下方法得出的，即将工作包按照应该完成的时间进行进度安排，并根据同样的时间点生成一条累计成本线，生成这条累计成本线的前提假设条件是所有工作都能够按照进度计划的要求按时完成。对于挣值基准的概念可以通过图 7.20 表现出来，图中有一条叫绩效基准线，名为 PV［亦称 BCWS（Budgeted Cost of Work Scheduled）］，即已开展工作的计划价值（Planned Value）线，项目工作的完成情况可以根据 PV 线进行测量。

当一项工作已经完成并确定了其价值，则图 7.21 蕴含了更多的信息。AC ［亦称 ACWP（Actual Cost of Work Performed）］，即已开展工作的实际价值 （Actual Value）线，反映的是成本变动的情况，如一定数量的已完成工作，其支出超过了原有的预算。当制定预算的过程存在缺陷时，就会出现这种背离，如成本估计的精确度不够、与现实情况不符或资源的价格出现变动。

EV ［亦称 BCWP（Budgeted Cost of Work Performed）］，即已开展工作的挣值 （Earned Value），是指已实际完成的工作的计划价值。当计划中的工作包没有被完成或者完成的工作大于原定的计划时，EV 就会出现背离情况。之所以称为挣值，是因为它是对实际中已完成工作数量以及项目超额完成的进展绩效的描述。

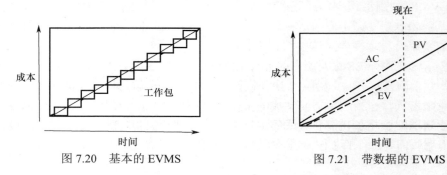

图 7.20　基本的 EVMS　　　　　　图 7.21　带数据的 EVMS

在 EVMS 中使用了两个基本的技术指标，分别是进度偏差（Schedule Variance，SV）和成本偏差（Cost Variance, CV），这些基本方法是判断项目未来发展趋势和确定项目进度情况的度量工具。

- 进度偏差，代表的是 EV 和 PV 之间的差异。当在图形中 EV 在 PV 之下，则表明已完成项目工作比计划中规定的要少，进度落后；如果 EV 在 PV 之上，则表明已完成项目工作比计划中规定的要多，进度提前。
- 成本偏差，代表的是 EV 和 AC 之间的差异。当在图形中 EV 在 AC 之下，则表明已完成项目工作的计划成本比实际成本要低，成本超支；如果 EV 在 AC 之上，则表明已完成项目工作的计划成本比实际成本要高，成本节约。

以上都是基于一种假设，即已完成的工作包都符合原定的技术规范。EVMS 不对项目进行技术绩效测量，技术方面是否符合项目计划是由其他方法验证的。因此，除非已完成的工作包完全符合原定的技术要求，否则进度和成本偏差就没有什么意义。

技术绩效的测量方法不包括在 EVMS 中。

7.12.5　多大的偏差是可接受的？

成本和进度偏差与项目及拥有项目的组织有关。高风险的研发项目可能对偏差所能接受的范围较大，但要依赖于相关的技术进展情况和潜在的发展方向。那些拥有成熟技术的低风险项目的偏差则较小，并且主要存在于成本方面。

项目经验表明，政府对项目变动的承受程度有不同的标准。如政府某一机构曾在一个项目中表现出对成本不甚在意，直到成本的变化超出预算 25％的时候才采取行动，而所采取的行动竟然是今后每年都对该项目的成本基准进行一次调整。这个项目的承包商因此获利颇丰，成本超出预算的部分达到数百万美元，而政府部门照单全付。

另一个例子来自美国海军部，那里的成本超支往往是令人沮丧的源头。于是针对合同制定了一个成本上升不得超过 8％的上限，一旦超过这一限度，将会引发对合同和预算重新审核的过程。这一成本上限始终贯穿合同始终，而不是每年进行一次调整。

项目范围和合同的变化通常也是引起成本变动的原因。曾有这样一个例子，即在项目执行期间，原定的技术解决方案失败，需要确立新的应用技术，这使原来投入原解决方案上的时间和成本成为项目损失，而项目需要确立新的进度计划以配合增加的新的项目工作。同样，当发现需要完成一些没有在原定计划中规定的新的工作时，就需要考虑启动应急储备资金。

那些由于诸如消费者需求发生变化而原先的工作进度计划中没有包含这部分内容，也会引起项目工作范围的变化，这种变化是合理的，从而使得项目基准发生变更。通常，对项目工作范围所进行的新的调整会引起基准线发生移动，这种移动表示需要投入新的人力和更多的资金。

7.12.6　小结

本节是对挣值以及相关系统要求所做的简要描述，重点突出了在使用这一综合全面的绩效测量方法时需要重点关注的方面。为了从挣值管理系统中获得最大的收益，组织必须确保规划过程有利于形成准确详尽的项目计划。执行 EVMS 时需要考虑对进度和成本两个参数进行调整，以适应项目工作范围的调整。

EVMS 不对技术绩效的完成情况进行考察，组织采用其他方法对技术绩效进行测量以确保产品的质量以及完整性。这通常通过验证已完成的产品工作包，或对组件进行测试、演示和组装来完成。

EVMS 是目前为止已知的对大型、复杂项目进行绩效测量的最好的管理工具，这一管理工具通过工作分解、详细规划，以及将成本和进度加以整合来促进对整个项目的理解。它以一种整合的方式将各业务方面、成本和进度联系在一起，这样，就能以一种增量的方式审查和纠正项目的偏差。

第 8 章
项目文化

8.1　理解团队文化

8.1.1　引言

项目文化曾在第 2.8 节的不同背景下讨论过。

文化是指人们在社会中所拥有或追求的一系列教养行为。在本节，文化被定义为在团队驱动的企业内与人们的生活方式相关联的一系列相互协同的共同观念和信仰。在采用团队方式的组织内，一些重要的文化特征来源于以下几个方面：

- 主要管理者或专业人士的"领导—追随者"管理风格。
- 组织领导者树立的典范。
- 主要管理者在领导和管理组织过程中所表现和传达的某种态度与观念。
- 主要管理者和专业人士所坚持和传达的某种设想。
- 组织的计划、政策、程序、规则和战略。
- 组织成员所对接的政治、法律、社会、技术和经济系统。
- 人们所感知到的和/或实际存在的组织绩效特征。
- 为实现组织的使命、目标、目的以及战略所消耗的资源（人力和非人力）的质量和数量。
- 组织成员的知识、技能和经验。
- 沟通模式。
- 正式和非正式的角色。

> 项目文化本质上是项目环境中的一种生活方式。

8.1.2　文化的力量

处于强势的工作文化具有魔法一般的魅力。如果组织中的文化氛围是重视参与的"领导—追随者"风格，那么组织内就会信仰和推行一种创造与创新的哲学。除此之外，组织文化还具有以下特点：

- 当员工以团队方式工作时，他们就会希望有参与影响组织目标的机会。
- 员工感到自己的观点受到重视，自己被作为一个成熟和重要的组织成员来对待。
- 人们应该有这样一种感觉，即组织内不同职能部门和不同层级的人们存在一种强烈的相互依赖的关系。
- 乐于接受组织发展过程中的变革。在管理组织变革时，需要几种策略来增进团队的作用。这些策略包括：

➢ 增强组织文化，鼓励各个层级、各个领域的人为他们所负责的领域的改进出谋划策。

➢ 建立这样一种组织文化，即力求放弃那种通过现有产品、服务和流程的持续改进获得成功的文化。

➢ 使组织成为学习型组织。明确认识到：为了避免知识老化，所有组织成员都必须重新接受培训，重新学习新的技术和专门的战略。

➢ 组织资源的协调，使团队能够将工作重心放在开发和实施新的组织创新活动上，从而形成新的产品、服务和流程。

➢ 提供一种战略管理能力，通过这种能力，组织领导者能前瞻性地为组织准备资源、规划远景和制定准则，通过产品和流程项目来管理和支配组织的未来。

当组织的管理者决定在运营和战略领域采用团队方式时，最终将会导致组织文化的巨大变革。根据实践经验来看，当项目团队被采用时，团队建立前和建立后的组织文化特征将分别如表 8.1 和表 8.2 所示。表 8.2 描述的特征要比表 8.1 中的多，这大概是由于目前人们对采用团队方式比较热衷。

表 8.1　采用团队前的组织文化特征

- 有指导个体行为的正式规则和程序
- 管理职权呈层级结构
- 工作职责范围较窄
- 官僚主义文化
- 变革来自由高层指导的计划
- 组织层级较多
- 领导力来自组织的层级结构
- 机构重组来自高层
- 个人的效率和效果至关重要
- 职权和职责按层级分配
- 存在指挥与控制的思维方式
- 有相当大的过度管理的风险
- 组织与系统的边界受到保护
- 个人对决策负有责任
- 组织是非团队导向的
- 个体思考
- 组织形象比较模糊
- 个人不愿意承担额外的责任

- 个人主要为自己的目标努力
- 员工追随领导
- 员工感到参与程度有限
- 员工被分配职责
- 员工被管理
- 管理者执行管理职能（规划、组织、激励、领导和控制）
- 管理者承担质量职责
- 管理者对下属的绩效负责
- 管理者制定决策
- 员工不愿意承担额外的职责
- 管理者实施管理监督
- 员工对影响他们的组织事务的参与程度有限
- 上司与下属的称呼体现了组织文化的特征
- 对组织成果的分享很有限
- 报酬取决于个人绩效
- 问题主要由管理者承担
- 在管理者发表自己的观点之前，员工总是保留自己的意见
- 战略决策的责任主要在于管理者
- 项目管理被认为是管理中的特殊情况
- 员工不愿意进行变革，因为他们通常很少参与有关变革的理由探讨、变革战略的选择或执行

表 8.2 采用团队后的组织文化特征

- 系统思考
- 组织边界比较模糊
- 正式和明确的相互依赖关系
- 客户与供应商之间的关系更加密切
- 隐性契约中雇主与雇员之间的相互关系发生了变化
- 外部环境考虑因素（家庭、家族、学校）被纳入组织议程
- 问题和机会被认为是与更大系统相联系的一种系统
- 将项目管理作为一种战略要素来处理和促进组织的变革
- 员工开展集体思考
- 临时团队与其他形式的团队在组织战略和运营管理中变得司空见惯
- 组织潜力和绩效之间的差距正在缩小
- 员工愿意甚至坚持对自己的工作、对组织整体承担更大的责任
- 员工真正参与组织事务
- 员工参与组织的管理，包括规划设计与执行、激励、领导和组织控制

- 管理者成为引导者和教练
- 员工进行自我管理
- 组织管理者管理整个组织；他们负责提供和分配资源，设计（在团队的帮助下）和执行系统工作
- 管理者（在团队的帮助下）提供所需的组织设计
- 员工对质量负责
- 员工对自己的绩效负责
- 团队与客户和供应商一起开展工作
- 人们承认，负责做某项工作的人最清楚这项工作该如何开展
- 团队对团队整体以及团队成员的绩效进行评价
- 团队成员根据个人绩效互相提出忠告：团队可能会建议放弃那些不符合团队期望标准的成员
- 分享组织决策、结果和奖励
- 团队取代管理层级上的管理者履行其部分职能
- 组织层级减少
- 团队承担着监管职能，监管工作已经发生了巨大改变或已经消失
- 员工的工作范围很广
- 有关组织及其内部的问题、机会、成功和失败的信息的共享程度更高
- 高层管理者承认他们在从上而下进行组织变革和更新中的权力是有限的，他们鼓励非指令性的变革过程
- 管理者致力于创建一种崇尚变革的文化和支持不同类型的团队开展工作的组织文化
- 推进变革的主要力量来自组织外围，然后扩展到组织的核心
- 变革被看作所有组织成员的一个学习过程
- 为提高组织职能的效果和效率，协调、信息共享和团队工作变得非常重要，承诺、忠诚、信任和信心成为文化的鲜明特征
- 学习新的知识、开发新的技能、改变观念成为组织成员普遍接受和认可的意愿
- 组织成员对组织及其目标具有共同的愿景，并都能意识到竞争的重要性
- 主管、雇员和下属这样的称呼已基本不再使用，组织成员被称为同事、成员、协调员或教练
- 根据员工的绩效及其在组织中发挥的学习、教授、教练和引导角色进行提拔
- 员工致力于整个组织、个人和组织的目标、团队成员以及组织的持续改进
- 已经对组织当前的运行方式展开持久的改进
- 员工希望能够影响他们所属组织的事务
- 员工的期望取决于他们自己的动机以及他们如何适应组织成员共享的组织愿景的需要
- 学习（包括组织中的每个人）呈现出新的重要性
- 管理者的工作是推销愿景，为员工提供共享这种愿景的条件，促进组织内资源的使用，并建立一种使个人和组织的最大利益得到实现的组织文化

- 变革不是目标，而是一个从现在到未来的没有止境的旅程
- 个人在组织中的地位越来越少地取决于他在组织中的角色，而更多地取决于他所能取得的成就，无论是个人完成还是作为组织团队的成员来工作
- 高层管理者关注的是组织的战略管理，管理和协调变革，为组织和原来不存在的干系人创造价值。在变革过程中，高层管理者的监督（持续地）是非常重要的责任
- 变革和组织革新是自发产生，而不是被迫进行的
- 组织成员更加意识到组织面临的竞争压力
- 竞争意识对个人和组织绩效提出了更高的标准
- 管理者彻底改变了做事的方式，他们过度管理组织的机会很小了
- 通过知识、人际关系技巧、领导能力、建立和保持联盟以及专业能力建立起来的权威——影响别人的能力——比个人在组织中所拥有的正式角色带来的权威更加重要
- 领导力成为组织各个层次上职务提拔时考察的一个标准。员工的职业发展鼓励他们更深层次地开发自身的潜在领导能力
- 组织文化有助于创造、激励、提高生产力和质量。因此，组织中存在着以开展业务的方式进行的持续改进的变革
- 参与式管理和共同决策成为组织文化的重要特征
- 管理者与员工的区别变得模糊
- 员工从工作中得到更多乐趣
- 政策、程序和规则仍然存在，但员工更加理解和尊重这些影响行为的指南
- 组织中存在讨论并决策的思维方式
- 员工有参与感
- 在某一层级，每个员工都参与组织的决策过程
- 员工不是等待问题和机会，而是自己寻找可以独自或通过团队解决的问题和机会
- 变革的领导力属于组织中的每一个人
- 组织中对变革的抵制较少。由于员工在发现和带来必要的变革中扮演重要角色，因此他们感到变革对他们并没有太大威胁
- 员工能够直言不讳，畅所欲言，敢于对现有事物的秩序、决策以及人们做决策的权力提出质疑
- 更多的员工清楚管理过程，提高了人际关系技能，并理解了问题和机会所属的更大的系统背景；个人能够体谅和理解对提高组织绩效所负责任人的处境

8.1.3　团队驱动型文化的保持

某些特定行为有助于发展和保持这种文化。

- 管理者和团队领导者必须为企业设计出一种规划、组织和控制团队管理系统的持续而严格的方法，并付诸实施。第 7.9 节所描述的项目管理系统是可用于这方面的一个极好的模型。

- 应定期审查团队，以确定其进展情况、团队作为一个有贡献的组织单位的有效性，以及团队的文化氛围如何发展并与企业文化融合。
- 应对职权和职责进行详细的描述，使团队成员理解他们的个人和在集体中的作用。
- 在做出对团队有较大影响的决策时，应当给予团队成员应有的权力。
- 团队领导者应当采用尽可能多的管理策略鼓励成员参与项目的管理，如头脑风暴法和其他参与方式。
- 必须向团队成员定期反馈信息。
- 团队领导者必须为团队提供充足的资源，以保证工作的顺利完成。
- 管理者和团队领导者必须识别出那些与人相关的文化因素并对这些因素加以利用。这些因素包括：
  - ➢ 奖励有价值的建议。
  - ➢ 鼓励项目组成员直率地表达意见。
  - ➢ 对团队及其成员关注的事情做出迅速反应。
  - ➢ 为观点的开发提供支持。
  - ➢ 接受不同的观点——倾听那些持有异议的团队成员的意见。
  - ➢ 鼓励冒险。
  - ➢ 为专业人才的成长和项目经验的增长提供机会。
  - ➢ 鼓励与项目干系人之间的沟通，使团队成员对项目的广度和深度有正确的认识。

8.1.4 小结

在本节，文化被定义为人们在其所属团队中表现出的一系列教养行为，无论这个团体是一个国家、一个家庭、一个组织还是一个团队。更具体地说，团队文化是指团队中的信仰、习惯、认识、礼节和行为模式的环境。本节认为，组织文化与团队文化必须互相支持。

8.2 团队的积极方面和消极方面

8.2.1 引言

本节论述了使用团队的积极和消极结果。表 8.3 列示了积极结果。

团队的积极结果有两类：①具体的可衡量的直接结果，如生产力的提高，成本的降低等；②间接结果，如提高员工满意度等。总之，团队带来的积极结果清楚地证明，采用团队作为主要的组织设计模式支持企业的运营和战略目标是很明智的。然而，团队本身也存在一些问题。

使用团队会产生积极和消极两个方面的影响。

表 8.3　团队的积极结果

- 生产力提高
- 质量改进
- 成本降低
- 较早地实现商品化
- 改善了供应商关系
- 提高了客户满意度
- 提高员工满意度
- 提高了创造力和创新
- 改善了对干系人的形象
- 售后服务得到改善
- 领导力 / 管理潜能得到开发
- 改进了产品、服务和流程的开发
- 制定和执行管理决策的团队能力增强

8.2.2　团队的消极方面

项目团队及备选团队不是一副灵丹妙药。毋庸置疑，团队能为组织带来积极和有益的结果，但是，团队也会带来相关的成本。与团队相关的大部分消极影响都可归因于组织中某些负责人的"失误"，例如：

- 对职权和职责授权不当，员工对个人在组织中的作用认识不清。
- 由于组织中新的职权和职责划分不明确，导致与"下属"和同事的关系发生变化。
- 接受了团队概念，但当团队建立并开始工作时，却不再积极支持。
- 在有工会组织的公司内，团队通常被认为会带来消极作用，这是因为成员对团队的忠诚度可能高于对工会的忠诚度。
- 在某种意义上，团队被认为降低了传统管理者的作用，人们会产生一种感觉，即原来的管理体制不再拥有"指挥与控制"权威。
- 管理者和主管人员的作用普遍降低，他们感到自己在组织中的地位下降。
- 人际关系技能变得更为重要，这一点将威胁到那些缺乏这种技能的管理者。
- 没有认识到组织中管理者之间相互理解的需要。

- 团队成员如何解决绩效评价和报酬支付问题也是值得关注的一点。

如果通过审计能够在规划时就发现已经出现的失误，那么团队将会产生更多积极的结果。

8.2.3　规划失败

规划失败的原因主要有以下几点：

- 管理者采取不干涉态度，他们"下令"建立团队，然后却将团队置之不理，任其发展，结果是浪费每个人的时间。
- 管理者不能认真负责地对待项目，他们不愿定期审查团队工作的进展情况。当团队误期或工作质量不高时，他们也不采取纠正措施。
- 管理层告知团队，他们拥有工作所需的一切权力，却没有通过适当的公文对此进行明确的描述。
- 管理层没有为团队确定明确的目标和目的，或不能指导团队认真研究适当和可能的目标与目的，不能明确这些目标与目的并对它们进行审查。
- 管理层把提供或扣留资源作为奖励或惩罚团队的一种手段。

8.2.4　团队的成本

采用团队方式并非没有成本。相关的成本包括以下几个方面：

- 不断更新团队成员所掌握的知识、技能和态度所需的维护成本。
- 团队成员的培训、教育成本。当一个成员外出参加培训时，团队中的另一个成员必须承担他的职责。
- 开发性格孤僻成员的创造力和创新能力时的潜在干扰成本。
- 发挥管理角色所需的成本。管理角色并没有消失，而且由于在与团队一起工作时管理者更多地转变为引导者、顾问、老师、教练和战略家等角色，其责任已经具有新的意义，承担了新的任务，管理角色已发生巨大变化，这些变化需要成本。
- 使其他人对团队的消极态度转变为积极态度所花费的成本。
- 培训员工开展在团队中工作所需要的成本。
- 了解管理角色如何发生转变，即由传统模式下的管理转变为团队管理所需的管理成本。
- 改变与职权—职责有关的报告关系所需的成本。一个管理者可能失去他在原来的指挥与控制文化中所拥有的审批权。例如，一个并行工程团队将通过团队工作完成持续的设计审查。由于持续的设计审查已经由团队执行，因此没有必要再由工程经理对设计进行"签字"。
- 由团队进行决策的成本。虽然团队决策代价较高，但对所做决策的分析和评价非常全面，团队决策使更多的人参与决策过程，因此有可能进行更深入的评估。

- 非支持成本。任何组织都有一个制度化的知识储备。如果团队不利用这一储备，他们产生对组织有积极作用的报告结论的能力就会受到限制。

8.2.5　团队的关键要素

团队必须具备表 8.4 中所示的各种关键要素。

表 8.4　团队的关键要素

- 充分信任的氛围
- 团队成员的奉献和互助精神
- 深信团队管理是组织的必由之路
- 成员专心致力于团队的工作，对其他成员负责

8.2.6　小结

在考虑采用团队时，管理者必须牢记以下考虑因素和已知的条件。首先，每个组织都是不同的，每个组织的文化同样也各不相同。对组织文化的认真分析有助于深刻洞察采用团队时可能产生的消极结果和问题。其次，团队不是最终目的；相反，它们是集中利用资源为组织及其干系人创造价值的一种手段。采用团队可能产生明显或隐含的成本。正确评价这些成本有助于制定和实施与团队有关的有意义的和成功的战略。

8.3　团队的建设和发展

8.3.1　引言

团队的建设和发展（Project Team Building and Development，PTBD）是一种活动和过程，在这一活动和过程中形成、发展和提高具有不同需要、来自不同组织单位、拥有不同专业背景的个体的知识、技能和观念，把这些个体组成一个有凝聚力的、积极的和具有献身精神的高效团队。团队建设应当成为团队领导/管理中的一种持续的"生活方式"。在一个得到良好管理的团队中，有效的团队的建设与发展是持续不断地进行的。那些促进人们成为有贡献的成员的典型行为的基本假设包括：

- 组织中与正在进行的工作距离最近的员工最清楚应该如何完成该项工作。
- 参与团队工作，对团队做出贡献，将会增强团队成员的奉献精神和忠诚度，带来较高的士气、工作满意度和高质量的工作绩效。

- 从事有意义的工作可能成为个人满足的源泉，如果提供适当的条件，员工会自动寻求职责并担责。
- 在鼓励思想与行动自由、提倡创意和创造力的工作中，一个人的潜能才能最大限度地发挥出来。
- 人天生是有创造力的，人们的技术和领导能力可以持续不断地提高。
- 员工了解的有关工作和组织绩效的信息越多，在他们的工作职责范围内，他们就越能专心致志，且表现出更多的制定和实施有关决策的能力。

团队建设可以提高项目团队的能力。

8.3.2　高效团队的特征

PTBD 战略的一个主要目标就是建立一个完全整合团队，这一团队具有如表 8.5 所示的特征。

PTBD 要求项目领导者和团队成员对他们的工作效果进行持续不断的评估。

表 8.5　完全整合团队的特征

- 团队成员感觉到他们要求参与组织中有意义活动的需求通过积极的从属团队的方式得到了满足
- 团队成员共同努力创建一种工作、利益、成果和奖励共享的文化
- 团队成员强烈地感受到自己正在从事有意义的活动，以团队活动为荣，并且喜欢这些活动
- 团队成员专心致力于团队和它的活动及其目标和目的的实现
- 人们相互信赖，忠诚于团队目标，享受团队运作过程出现的不同意见和争论的乐趣，非常适应团队工作的相互依赖关系
- 团队工作中存在高度的交互作用和协同作用
- 团队文化是结果导向型的，期望获得较高的个人和团队绩效

8.3.3　团队的持续发展

在团队的工作过程中需要定期进行自我评测。这一自我评测需要提问一些问题，如表 8.6 所示，并对反馈结果进行讨论分析。

表 8.6　团队的绩效——自我评测

- 我们在目标的实现上是否有效？如果没有，为什么？
- 我们的团队中哪些行为是正确的？在团队工作和团队的领导和管理中哪些行为可能误入歧途？
- 我们团队的优势是什么，劣势是什么？

- 在处理不同意见和争论上我们做得如何？
- 我们是否正在创建一种独特的具有支持性的团队文化？如果没有，为什么？
- 为使我们的团队成为有效的实体，我们是否互相帮助？
- 团队中是否存在不参与者？如果有，我们如何对待这些个体？
- 团队领导者和团队引导者是否起到了应有的作用？
- 在团队中工作是否令人兴奋，团队成员是否感觉到属于这个团队有益于他们职业目标的实现？
- 如果有机会，团队中是否存在需要改变的做法？

PTBD 开始于团队的早期形成阶段。一个团队在形成阶段的文化特点包括：
- 关注个人和集体角色。
- 关于工作如何分配和开展还不确定。
- 团队的目标、目的和战略是初步的，可能尚不明确。
- 共同工作时间的不足导致了一些问题，如信任、尊敬、投入和其他支持性因素。
- 将个人目标与团队目标联系起来可能有困难。
- 个人绩效标准尚未建立。
- 团队成员可能不了解将如何进行项目的技术开发和团队管理。
- 团队精神可能很有限。
- 团队领导和指挥不明确。
- 可能存在权力斗争和冲突。

对以下问题的回答进行坦率的讨论将会对以上问题的解决有所帮助：
- 关于团队、团队目标以及团队如何运转，团队成员有什么疑问？
- 团队成员对于他们在团队中的个人和集体角色有什么疑问？
- 团队的可能目标和目的是什么？团队成员期望从对实现团队目标的作用中得到什么？
- 团队成员彼此对对方有什么期望？
- 如何处理一个成员的缺点或不参与行为？团队成员对团队领导者的期望是什么？团队领导者对团队成员的期望是什么？
- 团队中的决策如何制定？如何统一意见和达成共识？
- 团队、团队领导者及其成员如何建立和保持一种信任、忠诚、尊重、坦率和承诺的文化氛围？
- 团队中的冲突如何解决？

8.3.4　管理团队冲突

项目经理需要花费大量的精力用于处理团队中的冲突。冲突可能因观念、技术方法或流程而产生，也可能因个人行为而产生。在处理个人行为时，需要遵循以下方针：

- 当具有不同经历、资格和价值观的人在一起工作时，就会产生争议。
- 在任何团队中都不允许狭隘的和个人的行为，如果项目领导者不能解决这些行为，那么就需要来自人力资源部门的咨询专家的帮助。
- 对实质问题的争论应该与带有个人性质的争论区分开。对前者开展公开和充满想象力的讨论将有助于冲突的有效解决。解决团队中的冲突的方法有很多种。以下所引用的是关于解决冲突的重要性的论述：

"我们日益明白，心理和社会能力在平息冲突时是密切联系的；如果不去面对和解决冲突，那么它最终可能带来间接的破坏性的结果；而那些造成个人之间的冲突的差异通常正是对组织具有重要潜在价值的多元化和互补性的体现。一个能够承认并有效地处理内部冲突的人际或组织体系具有更强的创新和适应能力。"

8.3.5　冲突解决

帮助解决项目团队中冲突的程序包括以下内容：
- 收集并全面理解导致冲突产生的事实。
- 关于导致冲突的真实原因究竟是什么，要在这一点上努力达成一致认识。
- 确认冲突对项目工作或项目团队成员造成的潜在影响。
- 认真识别各个备选解决方案，考虑它们的相对成本和效果。
- 团队应当给出适当的建议，如果需要，要识别多数和少数意见。

如果团队本身不能解决冲突，那么就需要从较高层级的管理者那里寻求解决方法。如果团队遵循了上述程序，那么解决冲突的可能性就比较大，而不需请求高层管理者的帮助。

8.3.6　继续进行的讨论

通过以下关于如何创建参与式团队文化的深入讨论，将会形成一种微妙的团队建设和发展形式：

- 在一个由各自具有独立思想和行为的不同领域的专家构成的团队中，团队成员是否真的为在这样的团队中工作而感到快乐？
- 团队成员是否真正重视其他成员的观点和看法？
- 团队成员个人能否接受不同的意见或争论？
- 团队成员是否真正想了解其他成员的工作情况，或者说他们是否认为自己的工作最为重要，而别的事情即使不去管它也会自然地完成？
- 团队成员确实喜欢在团队中工作吗？
- 一些成员是否更愿意单独工作？如果是这样，那么让他们单独工作，同样可以为组织做贡献，而且效果可能会更好。有些人是不适宜团队活动的，除非他们主管这个团队。

- 团队成员是否乐于和重视帮助其他同事的成长？他们是否愿意看到某个团队成员因某项工作完成得较好而得到特殊的奖励？或者说，当一个团队成员被给予个人奖励时，是否存在嫉妒现象？
- 团队成员是否真正乐于和专心致力于制定和实施支持团队工作的最好的决策？

8.3.7　团队领导者的职责

如果团队领导者能够有效地承担表 8.7 中所列的职责，那么团队的凝聚力就会增强。

表 8.7　团队领导者的职责

- 对于谁将负责团队中的哪些工作，包括最后期限和绩效标准等，做出最终决策
- 对于谁将参与团队做出最后决策，并有权要求对那些虽经不断指导仍表现不佳的成员的工作进行重新分派
- 有权向成员的直接领导者提出关于该成员的绩效状况的评价，包括建议给予特殊表彰、增加奖金或破格奖赏
- 有权对关于个人或团队完成工作的能力的审查做出定论。进度安排、最后期限、报告草案、融资以及对团队运转情况的日常监督等都是团队领导者的重要职责

8.3.8　其他一些关键观点

除上述观点外，还有一些观点对团队领导者会有所帮助。

- 使团队成员提出尽可能多的关于团队战略的建议。
- 团队领导者的角色是引导者。
- 鼓励所有成员最大限度地参与。
- 明确区分团队中个人和集体作用。
- 力图在团队中创建一种轻松的文化氛围。
- 鼓励所有成员倾听别人的意见，并在这方面做出榜样！
- 善于接纳所有的建议，并在选择进一步发展的建议时鼓励项目成员最大限度地参与。
- 不惜一切代价消除敌意和嘲弄的批评。
- 向团队反馈信息——无论是好的还是坏的消息。
- 要求成员定期汇报工作。
- 鼓励团队成员披露好的消息和坏的消息，并指出可能发生冲突的领域。
- 给团队中的人际关系技能的实践设定一个专门的标准。

8.3.9　小结

PTBD 是领导项目团队的一个重要过程。虽然正式的和非正式的方法都可用于帮助团队实现 PTBD，但在实际工作中更多采用的是非正式的方法，并按照本节所建议的指导原则在团队的生命周期中开展工作。事实上，虽然在一个管理较差的团队中 PTBD 也可能带来消极作用，但仍然要进行 PTBD 工作。

任何团队都存在冲突。关于团队工作的实质性问题的冲突是有益的，而那些由于成员个人行为引发的冲突，如不及时有效地解决，则可能削弱团队的能力。应该制订一个关于处理冲突的草案。

8.4　项目团队的角色和职责

8.4.1　引言

明确项目团队的角色和职责，对于每个成员理解自己的责任和义务是很关键的。这种角色和职责还包括对其他成员及干系人的义务。明确责任和义务也为选择项目工作所需的资源提供了方法。

角色和职责界定不明，可能使重要的项目工作之间出现缺口或重叠。对项目团队中每个人的角色和职责明确界定，就能保证覆盖所有的项目领域，同时节省了用于恢复那些遗漏了的职能的时间和精力。

这里所说的角色和职责是指项目管理中的业务方面。技术方面的问题如工程和物理问题则因具体项目的不同而各异，其角色和职责在项目开始时就已被界定。此外，项目团队成员与学科或技术相关的任务也不在此列，这些成员的角色和职责应该在项目计划中明确。

本节只讨论项目团队的角色和职责。通常，没有关于高级管理层、项目发起人、客户以及其他干系人角色的明确的定义或规定。然而，他们对于某一特定项目的角色和职责可以在项目章程中有所规定。项目的外部干系人也应当包括在项目章程中，并根据每个项目具体情况加以定义。

> 有效的团队要理解每个成员的个体和集体角色。

8.4.2　项目中的关键业务职位和职能

由于项目多采用与所从事的行业相对等的职务名称，因此，这里所说的管理职位和职能并非对所有的项目都是适合的。项目中有通用的可以描述和界定职责的职位。这里所讲述的就是这些项目运营管理方面的任务和责任。

项目团队成员的职位包括以下几种：项目经理或领导者、项目规划人员和项目控制人员。尽管这些职位名称依不同的行业而不同，但它们都只包含项目的业务职能。项目的技术职能则是由项目工程师或技术专家完成的。

每个职位的专业技能受该职位上的人的技能、知识和能力的限制。一般来说，不同职位所要求的专业技能如表 8.8 所示。

表 8.8　职位与专业技能要求

职务名称	要求的技能领域			
	规划	指挥	组织	控制
项目经理或领导者	规划的概念、原理、技能和知识	领导、管理、咨询、教练、指导技能	编制工作计划，分派工作	听取报告，采取纠正措施，为分派的任务提供后续工作
项目控制人员	规划技能、写作技能、信息收集技能、分析技能	无	编写报告、分析信息	收集信息，汇报绩效数据，跟踪绩效
项目规划人员	规划技能、写作技能、信息收集技能、执行项目的知识	无	制订计划、汇集信息	修改计划、推广计划、调整计划

项目经理或领导者具有指挥项目工作、汇集所需技术、交付产品或服务的独特权力。他的职责是规划、组织、指挥和控制项目中所有人员的活动，总体负责项目内部工作，协调与组织内其他部门之间的关系，以及与客户进行接触。

项目经理或领导者一般具有如表 8.9 所示的任务和职责。

表 8.9　项目经理 / 领导者的任务和职责

任务管理	项目领导力
• 划分项目阶段	• 创造和维持愿景
• 分派活动	• 确立良好的公共关系
• 估算活动	• 管理期望
• 安排阶段进度	• 团队内部沟通
• 审查分派的工作	• 激励和赋能团队
• 跟踪状态和进展，重新制订项目计划	• 建立有凝聚力的团队
• 汇报项目状态和进展	• 保持一种"能做"的态度
• 管理项目和产品的变更	• 提供团队支持和报酬

项目控制人员是指通过跟踪和收集信息保持项目工作的现状和进程的人员。这一职位对于项目的准时完成及向高层管理者和客户汇报项目进度来说是很关键的。通常，项目控制人员为项目经理或领导汇集信息。

项目控制人员收集信息并对其进行分析，以确定信息的有效性，然后将其汇编成报告。经过汇集和编写的信息就成为有关项目进度情况的文件。所收集的信息是否准确和有效，一般是由项目控制人员来检查的。

项目规划人员职位要求从事者具有规划的知识和能力，能够制订和推行连贯一致的项目计划。他必须拥有有关规划的概念和原理的深厚知识，并具有良好的沟通能力，以确保该计划传达正确的信息。

一些组织认为项目计划人员的工作主要是安排进度计划。事实上，一个合格的计划人员必须能够收集信息，并汇总成报告，描述需要完成的工作和如何完成该项工作。这就包括了项目计划工作的所有要素，如工作范围陈述、风险计划、质量计划以及采购计划等。

8.4.3　技能和知识的要求

项目中的关键职位对具体的技能和知识有一定的要求，如果不具备这些要求，就会影响项目的成功。这些技能和知识方面的任何薄弱环节都可能对项目产生消极影响，降低项目团队工作的有效性。

表 8.10 列出了每个职位的基本要求和提高位于这些职位上的成员的熟练程度所需要进行的培训和其他方法。"X"表明需要一定的熟练程度，而没有指明相关的知识和技能的范围。

表 8.10　通用的知识、技能、能力要求

任务、知识领域或技能	项目领导者	项目控制人员	项目规划人员
熟悉项目管理工具：			
● 计算机	X	X	X
● 进度计划软件		X	X
● 文字处理软件	X	X	X
● 电子表格软件	X	X	X
● 绘图软件	X	X	X
沟通技能（口头和书面）	X	X	X
项目生命周期和方法论的知识	X	X	X
与以下人员互动和沟通：			
● 高级管理层	X		
● 项目团队	X	X	X
● 项目发起人	X	X	X
● 职能经理	X	X	X
● 内部客户	X		X
● 外部客户	X		X
● 行业或贸易代表	X		

续表

任务、知识领域或技能	项目领导者	项目控制人员	项目规划人员
向以下人员提供关于信息 和决策的简明报告：			
• 高级管理层	X	X	X
• 项目团队	X	X	X
• 项目领导者	X	X	X
• 职能经理	X		X
• 内部客户	X		
• 外部客户	X		
• 行业或贸易代表	X		

不同的职位对每项知识和技能水平的具体要求不同。例如，项目领导者就不要求具有使用项目进度软件的技能。编制进度是计划人员的工作，而维护和更新进度计划是控制人员的工作。对项目领导者进行进度计划软件技能的培训将会分散他完成重要任务的注意力。

沟通技巧是项目获得成功必不可少的技能。首先，项目团队成员必须制订计划，这就需要具有一定的书写能力，然后，需要将这一计划简要地传达给别的成员，这需要口头表达能力。较差的沟通能力是很容易识别的，它反映在项目的计划和执行过程中。

8.4.4　小结

项目团队成员必须具备支持项目计划和执行过程的知识、技能和能力。这些重要能力将在项目的文件、必要条件的传达和进度情况评估中有所体现。贫乏的知识和技能将导致较差的计划，而丰富的知识和技能将产生可靠的计划。

对项目关键成员的角色和职责进行界定，将会确定工作和沟通的界限，使工作不会重叠或遗漏。明确的角色和职责将使项目的启动更快，并确保将资源用于项目中的适当职能。如果角色和职责不明或没有界定，就会导致人们偏好轻松的工作而不愿承担繁重的工作。

项目团队的非技术成员，如项目领导者、项目控制人员、项目规划人员，必须具备项目业务方面的关键技能。这些关键技能应当作为选拔和任命这些职位上的人员的标准。其他的技能可能也比较重要，但这些知识和技能是提高团队的能力所必需的。

8.5　项目经理的能力

8.5.1　引言

称职的项目经理具有某些特定的关键属性，这些关键属性在观念上和实践中指导着他在项目管理中的行为。能干而成功的项目经理具有以下能力：

- 对特定知识的掌握（K）——通过学习和实践达到对某些事情的通晓。
- 掌握并能运用某种技能（S）——将自己的知识有效地运用于项目管理工作的能力。
- 正确的态度（A）——对某一事物或状况有积极的感受和开放的思想。用一个简单的公式来表达要求具备的个人能力，即

$$K+S+A=能力$$

这三种能力的平衡是成功管理一个项目的关键，其中任何一种能力的不足都会限制项目经理的管理能力。例如：

- 拥有丰富的项目管理理论和实践的知识，却没有能力运用这些知识。
- 拥有通用的管理技能，却没有能力将这种技能应用于矩阵结构的组织中。
- 由于缺乏对原理的培训和实践，管理理论和实践知识不足。
- 以消极的态度待人，正如本书第 5.7 节中道格拉斯·麦格雷戈的"X 理论"所描述的那样。
- 缺乏作为一位项目经理面对项目干系人时所需要的熟练的人际关系技能。

能力是表现良好的本领。

8.5.2 坚实的知识基础

一位成功的项目经理必须具备的关键知识基础，包括对通用管理理论和实践的全面理解，涉及的重要内容有：

- 对组织战略管理的重视。
- 关于项目管理理论与实践的应用性知识。
- 执行管理职能：规划、组织、激励、指挥、监督、评价和控制。
- 决策的制定和执行。
- 对组织的各种干系人的管理。

一位项目经理应具备的技能包括：

- 在矩阵结构组织中运用管理学概念、过程和技术的能力。
- 在考虑项目时能够尊重和真诚地对待干系人。
- 对在矩阵结构中工作的团队成员提供教练、引导、辅导和咨询的能力。
- 与项目干系人建立和保持联盟关系并使其支持项目的能力。
- 与所有项目干系人沟通的能力。
- 良好的人际关系技能，使项目经理能够从容面对项目中各种各样的成员，赢得他们的尊重，使他们乐于接受指导和支持。

项目经理应具有的态度包括：

- 尊重项目的所有干系人。

- 以本书第 5.7 节中麦格雷戈的"Y 理论"所描述的观点看待员工。
- 提供干系人愿意接受和效仿的智力和情感标准。
- 负责满足项目干系人在支持项目团队成员时产生的专业和个人需要。
- 认识到"矩阵"型组织设计仅仅是"他们做事的一种方式"。

以上对称职的项目经理必须具备的知识、技能和态度做了简单解释。项目经理的成功依赖于以上一系列个人能力的综合。图 8.1 对这些能力进行了进一步的描述。

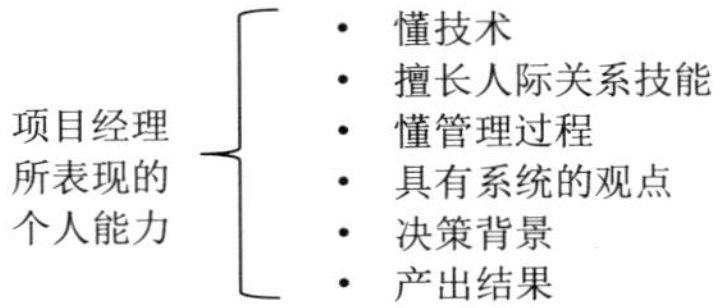

对这些能力的介绍和讨论如下：

- 懂技术——了解项目中涉及的"技术"的能力。"技术"一词在这里是指达到项目目标的方法，与向用户提供价值的项目整体技术目标有关，如

项目经理
所表现的
个人能力

- 懂技术
- 擅长人际关系技能
- 懂管理过程
- 具有系统的观点
- 决策背景
- 产出结果

图 8.1　项目经理的能力

一座桥梁、一条公路、一架飞机、一个信息系统或一个订单登录系统。项目经理不必拥有深厚的技术知识，因为项目团队成员将提供这种知识，但他必须对技术有足够的了解，从而能够提出适当的问题并知道是否得到了正确的答案。

- 擅长人际关系技能——拥有建立团队、与团队成员和干系人一起工作所需的人际关系技能，从而创造一种对团队、干系人和项目忠诚、承诺、尊重、信任和专注的文化氛围。项目经理必须认识到，导致项目经理失败的一个最重要的原因，就是他们的人际关系技能不足。
- 懂管理过程——通过对基本的管理职能如规划、组织、激励、指挥和控制的认识，了解整个管理过程。包括在项目中建立支持这些基本职能的管理系统——特别是完成"工作包"所需资源的利用方式。
- 具有系统的观点——理解项目系统环境的能力。这是指把项目看成一系列子系统的结合，而项目管理系统也是一个更大的组织系统——战略管理系统的一个子系统。
- 决策背景——懂得如何在项目的系统环境中制定和实施决策。决策的制定和实施需要注意下列重要问题：
  - ➢ 明确决策的问题与机会。
  - ➢ 建立评价决策所需的数据库。
  - ➢ 考虑利用资源完成项目目标的各种备选方案。
  - ➢ 对有关风险和成本因素做明确的评估。
  - ➢ 选择合适的方案。
  - ➢ 制定所选方案的实施策略。
  - ➢ 实施决策。

- 产出结果——一位成功的项目经理的主要特点就是具有获得项目管理的成果的能力。

8.5.3　小结

本节对增强项目经理能力的关键要素做了概括性描述。我们发现，项目经理的能力是以个人所拥有的能够影响项目环境的知识、技能和态度为核心的。本节最后指出，一位项目经理的成功依赖于一系列个人能力的综合，而这些个人能力内在地包含了知识、技能和态度等关键要素。

8.6　项目管理中的政治

8.6.1　引言

政治在项目中发挥着重要作用，因为政治的含义在于"为自身利益服务"。"自身利益"并非一个贬义词，但它可能损害我们有义务去创造的利益。同时，自身利益还会使项目中那些一心只考虑组织利益的人感到迷惑。

政治可能导致几种情况的发生。它可能意味着我们支持某些项目而不支持另一些项目；我们可能会对自己选择的项目更加重视，投入更多精力，而对那些自己认为没有价值的项目不加理睬；它也指我们可能不对那些无益于个人利益的项目提供支持。

政治在人际关系中也扮演着重要角色。这包括一个人是否受欢迎和受尊重。人与人之间的差别以及对不同情况的反应决定着对某一事物的喜欢或不喜欢。

有时个人在项目中的失败就是由于他们对政治不理解以及不清楚谁是最有影响力的人。影响力不一定来自某一职位，它更多地来自人与人之间的关系。很明显，组织中各个管理者的影响力是不同的。

> **政治耗费了项目干系人的大量时间。**

8.6.2　项目的选择和发起

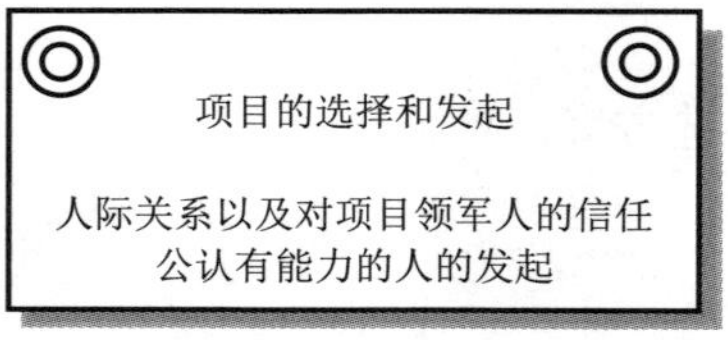

项目的启动经常建立在主观标准上，即看高级管理层是否喜欢该项目的领军人。对领军人的喜欢可能有很多原因。一般而言，高级管理层会相信和信任与自己的个性和风格相似的人。图 8.2 总结了因政治原因而进行的项目选择。

项目的选择和发起
人际关系以及对项目领军人的信任
公认有能力的人的发起

图 8.2　项目的选择和发起

高级管理层没有足够的时间选择项目和亲自进行所有的检查，以确定项目的可行性。因此，他们相信项目领军人的选择，遵循领军人的建议。这种人际关系提供了许多解决问题的途径。

高级管理层的支持将使被支持的人拥有更多的自由。支持不是一个贬义的概念，它可以用于培养一位下属，使之承担能给组织带来收益的职位。被支持的人因他的能力和他的支持者而为人所知。

例如，假设一位高层管理者有一个为他服务了几年的下属，那么高层管理者对他就可能非常信任和有信心。这一道理同样适用于项目经理与高层管理者之间。项目经理与高层管理者一起工作了多年，已经取得了高层管理者对他的能力的信任和信心。

8.6.3　个人扶持

组织中的个人经常因具有较强的晋升潜力而受到高层管理者的扶持和提拔。被扶持的人可以就重要的职业前途问题向扶持者征询意见。为什么选择某个人作为扶持对象而不是其他人，这一点完全是高层管理者的个人选择偏好。

扶持和提拔对于被扶持的人以及组织本身都有很多好处。高层管理者希望组织在近期和远期都有很好的发展；通过选择和帮助有前途的人，组织可以选出最有潜力和最出色的人才。组织的晋升制度通常只在一定水平上关注个人当前的表现，而不能选出具有长期潜力的人才。

8.6.4　对项目的影响

项目资源的分配有时可能不是依据项目本身的优先或紧迫性需要，而是建立在人际关系的基础上。分配可能是以对申请人的信任程度为依据的，而不是以客观标准进行的，这是人的特点所决定的。当组织中没有优先级排序系统时，通常会出现这种情况。

被提拔的人在项目检查中会受到偏袒，获得别人无法获得的信息。支持者拥有使"他的人"看起来表现不错的既得利益。这种现象在局外人看来是很明显的，而对于支持者和被支持者来说不一定明白。

8.6.5　项目中政治的示例

通过一些示例可以清楚地理解项目中存在的政治现象。这些示例不涉及具体的人物和地点，仅为学习目的而不加评论：

- 在某个组织中，有一个重大项目被认为是组织中近 50 个项目中管理得最好的一个。组织中的每个人都知道这位项目经理，并且知道高层管理者已经公开地把他视为组织未来最有前途的领导者之一。显然，他是不能犯错误的，对他的绩效评价标准自然是根据提拔他的领导的口径而定的。

12 个月后，一个新的项目经理被任命。在新项目经理上任六个星期后，对项目的检查结果却显示该项目是近 50 个项目中最差的一个。除了项目经理，项目成员仍是原班人马，然而项目从最好的一下子变成最差的。显然，对于新的项目经理绩效的评价采用了新的标准。

从对原项目经理一位大学同学的采访中得知的一些情况，才让我们对产生以上情况的原因有所认识。原来那位项目经理的个性及人际关系技能非常强，他可以使每个人都喜欢他。大学毕业后 15 年中，他以自己的表现赢得了高层管理者的信任和赏识。

新的项目经理则没有取得高层管理者的信任，且在组织中不为人知。这两个人的主要区别在于别人对他们的看法。新项目经理与前者一样有能力，但没有得到上级的支持。

- 1989 年，某项目经理与公司总裁关系密切。这种关系使总裁非常信任项目经理的能力。一个偶然的机会，该项目经理被发现涉嫌操纵项目基金，即挪用别的项目的资金。接到报告后，虽然事情已经被证实，但总裁不相信此事。

资金被挪用的那个项目的经理报告了这件事，却被指责为不信任总裁的朋友。他因报告资金挪用事件引起的冲突而辞职。

后来，总裁的朋友被提升为副总裁。然而，不到一个月，他的任期就被终止了，因为公司发现他利用公司的信息做自己的生意。这并没有纠正几个月前发生的事情，却对公司造成了损害。

- 1998 年，两位项目经理同时在一个组织中做类似的项目。一位项目经理是公司的职员，另一位是合同顾问。两个人同样胜任工作。然而，当在矩阵型组织内分配资源时，身为公司职员的那个经理得到了优先分配。

第二位项目经理不认识资源配置人员，也不熟悉申请资源的程序。身为公司职员的项目经理总是能够得到充足的资源，而他总是资源不足，于是后者的项目就会受到影响。

组织中的"熟人"总是会在分配资源或其他方面受到优待。因此，对于外部人员来说，被大家所了解、熟悉组织的程序和惯例是很重要的。

8.6.6　在政治环境中工作

有一句话说："通往成功的彼岸有三条船。"最好的那条船是亲属关系（Kinship）。例如，如果岳父拥有公司，那么女婿就只需维持这种家庭关系即可。第二条船是扶持关系（Sponsorship）。扶持关系是指一位高层管理者对你的前途格外关照，并帮助传播你将要得到提升的消息。第三条船是表现能力

（Showmanship）。这种能力是指你的出现将会令你的上司、同伴和下属感到耳目一新，并赢得他们的赞叹。

如果你拥有亲属关系，又获得了扶持，那么效果当然会更好。如果这二者你都不具备，那么你就需要具有表现能力才能脱颖而出。一个人必然会因为他的能力和表现而出名，然而这也需要别人的传诵和自己展示才能。

要让他人看到你比那些得到扶持的人更有竞争力，有更强的能力。你必须首先认识到组织在用人方面可能存在亲属关系和扶持关系的现实情况，并要在不评论那位受到扶持的人的任何弱点的前提下，比那个人表现得更为优秀。

在一个政治氛围浓厚的环境中工作时，应遵循以下指导方针：

- 把精力集中在自身努力上，而不是被扶持的人身上。
- 经常出现在能够最好地表现自己而且无须与被扶持的人做比较的场合。
- 不要把感受到的差别待遇作为借口。
- 不要把被扶持的人以及扶持者看成敌人。
- 在请求支持时利用事实和数据，千万不要夸大要求或需要。
- 记住被扶持的人的弱点并不一定是你的优势。
- 尊重他人，理解政治过程。
- 如果新到一个公司，要快速地了解公司的惯例和程序，要明白不是所有的规则都会被实施和利用。
- 如果是一位外部人员，比如顾问，要通过工作展示自己的独特知识和技能。不要用言辞或过去的成绩来推销自己。
- 要负责任，尊重他人，通情达理。

还有一些以不同组织的经验为基础的规则，可以作为以上指导方针的适当补充。每个组织都有其独特的环境，具体来讲，可以根据以下几个方面来划分：

- 上市公司，由大量公众股东拥有。
- 私人公司，由少数几个大股东拥有。
- 家族公司，由少数几个人拥有并管理。
- 私人非营利组织，在董事会领导下，由一名执行董事进行管理。
- 专业协会，由董事会领导下的执行董事管理，董事会每年一换。

每个组织都有其管理权力的来源和任期，服务的对象也各不相同，因此，环境也会因不同的管理风格和所服务的利益而发生变化。

8.6.7　小结

组织中经常发生一些政治行为；组织中的亲属关系和扶持关系产生了许多不同的关系。政治的自身利益有可能会损害组织的利益，并会导致冲突的发生。一个在组织中工作的人，必须自觉或不自觉地承认和理解政治的存在。

　　因个人偏好和个人风格相似而产生的关系会形成一种政治环境。通常，人们相信被扶持的人拥有最好和最准确的信息。虽然这并不一定正确，但对于没有得到扶持的人来说，必须努力在这种环境中获得成功。

　　正如格言所说，是金子总会发光，好的工作终究会受到赏识，一个人的优秀和突出表现总会得到上级的认可。这就要求为自己制定一些个人原则，不贬低被扶持的人或试图获得扶持关系。这需要全心全意地为组织努力工作，期望这种贡献将有益于组织。

　　由于感知或体现的价值观不同，不同的组织结构具有不同的政治环境。管理层为不同的利益服务，因此，将会有不同的风格。认识管理层所服务的利益将有助于个人面对组织中的政治环境。

第 9 章
项目沟通

9.1 项目管理信息系统

9.1.1 引言

项目管理信息系统包含规划所必需的信息和对项目资源利用的控制。PMIS 也提供确定项目成本、进度和技术绩效目标的依据，并确定与组织战略总体内容相适应的项目。

非正式的信息是通过项目干系人的相互影响、非正式组织以及其他来源产生的。非正式信息的重要价值在于它所给出的重要信息，是关于项目团队以外的人对本项目的真实感受和看法。图 9.1 展示了一个表达项目支持系统中的各个部分之间的联系及组织目的的模型。

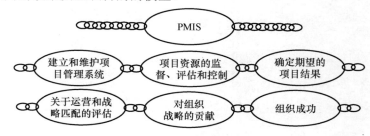

图 9.1　PMIS 的连接

PMIS 的目标是为项目提供项目管理系统的设计和开发。而 PMS 又为监督、评估和控制项目资源提供模型，这也就确定了实现项目结果的可能性。然后，由上级经理/用户/发起人评估这些结果，确保运营和战略的配合，这也为该项目提供了评估和实现组织战略和组织成功的具体方法。

9.1.2 关于 PMIS 的一些关键问题

当确定对 PMIS 的需求时，项目经理应考虑下述问题：

- 项目的充分规划、组织和控制需要哪些信息？
- 哪些信息有助于项目干系人获取并管理信息？
- 为了掌握项目状态，组织的关键经理需要获取哪些信息？
- 某一个特定项目的干系人需要了解组织接口中哪些其他的项目或项目集？
- 高层管理者在评估组织中运营和战略匹配时，需要了解项目的哪些信息？
- 有制定项目实施决策所需的信息吗？
- 项目信息会不会太多？
- 项目缺少足够相关信息的代价是什么？

- 现有的 PMIS 会增加项目的价值吗?

9.1.3　对 PMIS 产生的期望

项目经理应该对 PMIS 的作用抱有很高的期望，这些期望包括：

- 了解项目的有关成本、进度、技术绩效目标以及可能的运营与战略匹配。
- 提供规划、组织、指导和控制项目所需的信息。
- 让项目干系人了解项目的状态。
- 允许利用其计划和控制的资源对项目进行支持。
- 便于项目干系人之间进行顺畅的沟通，让他们了解项目状况的"好"和"坏"的信息。
- 预测将来在利用项目资源方面可能产生的成果。
- 帮助识别项目的"成功"和"失败"。
- 检验项目中资源使用的战略是否恰当。
- 理解项目的需要以及项目变更可能导致的结果。
- 最后，PMIS 可用来调查项目的过去、现在和预期未来状态。

9.1.4　"最好的"PMIS

"最好的" PMIS 为项目提供了下列运作的基础：

- 识别项目与计划之间的明显偏差以及引发偏差的原因。
- 尽可能强调可能会影响项目的定量和具体定性因素。
- 指出对项目基准可能产生的影响，包括需要修改的内容、时间和原因。
- 对可规划、可实施的具体纠正措施提供洞察，纠正措施应包括对职权和职责进行适当的分配。
- 为方便项目决策的制定和实施，提供明智的、相关的和及时的信息。
- 建立工作分解结构，以具备在任何时候审查项目工作包的能力。审查内容包括工作包的标识、与之相关的成本编码和进度，以及负责该项工作的人员。

9.1.5　PMIS 的原则

表 9.1 阐述了 PMIS 的原则，并在下面做出了更详细的说明。

表 9.1　PMIS 的原则

- 改进项目管理质量
- 干系人的认识
- 反映工作分解结构
- 生命周期范围
- 正式/非正式来源

- 促进决策
- 支援组织信息系统
- 减少项目的意外事件
- 将精力集中在关键项目领域

- 项目管理的质量可能是 PMIS 质量的反映。
- 所有项目干系人都需要项目状态的信息。
- 工作分解结构为项目管理提供了信息的共同点。
- 在项目进度和项目的整个生命周期中所需要的信息。
- 项目管理信息来自各种不同的来源，包括正式和非正式的来源。
- 信息为项目决策和实施提供了依据。
- PMIS 应和更大的组织信息系统相连并与之兼容。
- PMIS 应尽量减少项目经理和其他关键干系人对项目的发展感到惊讶的机会。
- 除例外调整外，系统的注意力应集中在需要注意的关键领域，而不是简单地集中在项目所有领域的报告上。

9.1.6　小结

本节列出了设计和实施 PMIS 的几个关键要素，目的是为项目管理提供相关的、准确的和及时的信息，并提出了一些期望和原则，作为对项目干系人思考和行动的有价值的指导。

9.2　项目沟通

9.2.1　引言

沟通在项目中整合和协调干系人的努力方面起到非常重要作用。理解沟通的基本原理和项目环境，能够提高信息交流的质量从而对项目施加积极的影响。

本节介绍了沟通在项目管理中的作用。对于如何提高项目沟通有效性提供了指导建议，并给出了与项目参与者沟通时的考虑因素。

9.2.2　什么是沟通？

沟通是个体之间通过共同的符号、信号或行为系统交换信息的过程。与沟通有关的关键考虑因素有：

- 项目团队中的项目经理和成员应该具有的或许最重要的技能。

- 在沟通过程中交换的信息。
- 经常使用的一些沟通方法有计划、政策、流程、目标、目的、战略、组织结构、直线职责图、领导者和追随者的风格、会议、信函、电子邮件、电话、团队互动以及由项目团队的项目经理和成员树立的榜样。
- 人们通过实际的接触、可见的身体语言（非语言沟通）及书面或语音符号进行沟通交流。

在沟通工作中，可以应用的几个基本概念如下：

- 沟通的信息应尽可能具体。
- 了解发送者和接收者所期望的内容。
- 考虑发送者和接收者的理解力。
- 选择进行沟通交流的方式或媒介。
- 考虑沟通工作所需要的时间。
- 考虑对信息有所误解的情况为何出现。

与人之间进行沟通时应遵循的一些附加准则：

- 有兴趣和动力积极仔细地倾听所发送的信息。
- 体会发送者发送信息的意图。
- 仔细考虑发送信息的方法，是口头形式、书面方式还是非语言方式。
- 为收到的信息制订及时的信息反馈计划。
- 如果需要的话，询问清楚信息及其含义。

9.2.3　沟通模型

图 9.2 给出了沟通过程的模型。

图 9.2　沟通过程的模型

9.2.4　非正式沟通的作用

人们为了社会交往、友情陪伴、情感依靠等方面的需要，会在自己的工作地点参加各类非正式团体。项目经理的人际关系风格会影响项目团队进行的非正式沟通。为提升非正式沟通的价值，项目经理应按下述方法开展工作：

- 接受非正式沟通的事实，并确定它是如何帮助或妨碍项目团队和其他干系人的。

- 通过非正式组织寻求获取反馈信息的方法。
- 用非正式的领导者作为项目及其干系人的信息来源。
- 认识到非正式组织中人们的态度和行为会反映大部分项目所处的文化氛围。

9.2.5 倾听是沟通的难点

倾听能力是一种重要的技能。由于一些情感上的原因，有可能会忽视进一步提高倾听技能的需求：

- 倾听可以揭示一些不知道或者不想知道的问题。
- 项目团队成员会隐瞒项目或者他们工作中的坏消息。
- 组织中的坏消息不容易传达给高层管理者，但是好消息总会很快地汇报给组织的高层管理者。
- 不愿听取与自己先入为主的想法或偏见相反的任何意见，这是人的天性。
- 人们想到的总是比他们听到的要快，这经常导致人们对信息的反应过快。
- 人们总是倾向于只听事实，经常忽略了隐藏在事实后的含义。
- 我们在感情上应克服不愿听取不同意见而专心倾听想要听取的内容这样的倾向。
- 在听的过程中，当信息发送者还没有彻底完成信息发送前，大多数人经常是在考虑如何反驳或回答。
- 和下级沟通总是比和上级沟通容易，或者总是比和平级群体与同事的沟通要容易。
- 在倾听时，没有认识到有效沟通的全部潜力，这是因为：
  - ➢ 没有认真倾听，人们不能自由交谈。
  - ➢ 只要有一个不好的倾听者，沟通的质量就会被削弱。
  - ➢ 沟通网络中的"噪声"可导致信息失真。

9.2.6 情感因素

沟通中最有影响的问题之一就是情感障碍，例如伦理、道德、信仰、偏见、政治等。在发送或接收信息时，项目团队成员在思维上会有一些倾向。表 9.2 列出了一些影响沟通的主要情感因素。

表 9.2 影响沟通的主要情感因素

- 只听自己想听的情况，而不是发送者发出的情况
- 过于感性将影响信息的主题内容
- 忽视了与我们想要听的和关注的信息的相反内容
- 接收者的先入为主想法，也许会受到过去经验的影响
- 不同的符号和文化，例如对全球市场的理解
- 对信息来源的先入为主的评价，包括对消息源可信度的积极、消极或漠不关心的感觉
- 阻碍发送者或接收者发送或接收有意义信息的自我心理

9.2.7　项目沟通时的难点

- 人们在希望问题远离自己时，将会隐瞒有关该问题的信息。
- 团队成员认为该信息是项目成功的关键信息，不愿和别人分享该信息。
- 项目经理只讲不听，这种单向的沟通不能利用需要的反馈信息，这样就不能注意到项目的开展情况。
- 项目评审会议至少要有双向的沟通，但结果常常是个人演说。
- 人们不理解图 9.2 所示的沟通过程，这样就减少了有效沟通的机会。

9.2.8　非语言沟通

信息的隐藏常常包含在不同形式的非语言沟通中，例如：

- 面部表情。
- 肢体语言，如点头、眨眼。
- 动作语言，如将脚翘在办公桌上。

非语言沟通可以分为 4 类：

- 身体——例如，面部表情、音调、触觉、味觉和肢体动作。
- 艺术——例如，创造性的表达方式、器乐演奏、音乐、舞蹈、绘画和雕塑。
- 标志——这里指与机械化沟通有关的标志，例如，旗帜、21 响礼炮、喇叭声响和警笛。
- 符号——例如，宗教、地位或利己主义符号。

9.2.9　书面沟通

在项目管理中，书面沟通包括建议书、报告、计划、政策、信函、备忘录和传送信息的其他方法。准确的书面表达是一门艺术。当信息表达得简单、清楚、直接时，所采用的就是最好的书面表达方式。考虑到听众、作者、读者的目的及对不同信息类型的设计等方面的方法时，书面表达也就成为一门科学。项目经理和项目团队成员应练习书面表达。

书面表达内容广泛，以至于我们没有足够篇幅来叙述我们需要做些什么，但是，我们在此列出了一些有用的规则：

- 阅读大量有关写作的文章和书籍，可以帮助你提高写作水平。
- 要经常问自己：我们的内容写清楚了吗？
- 任何书面表达的内容都应全面并易于理解。
- 建议书或报告应该用简单、易理解的语言表达，并使用表格、条形图、饼状图或其他图解配合说明。这样写出来的建议或报告将比用技术术语、含混不清的概念以及意思不明确的叙述语言编写的建议或报告更易于理解。

- 准确的书面表达取决于足够的准备工作。在你开始书写之前，应先将你想说的话列一个提纲。
- 明确进行有关信息传达的基本目的。
- 花时间搜集并分析数量和质量数据库，这样可以提高信息的质量。
- 适当组织资料拟定标题和小标题。
- 准备一份信息初稿，如果可能的话，让人按下列要求进行审查：
  - ➢ 这个信息客观吗？
  - ➢ 这合乎逻辑吗？
  - ➢ 信息背后的推理有谬误吗？
  - ➢ 信息表达清楚了意图吗？
  - ➢ 细节内容是太多还是不足？
  - ➢ 使用的语法、标点、格式、编号和缩写的规则是否正确？

9.2.10　小结

本节叙述了沟通相关的事项，以及沟通在项目团队管理中的重要性；提出了一些基本概念和沟通过程以及作为范例的沟通模型，即项目干系人如何看待沟通过程，同时说明了沟通的重点和难点，以及提出在项目中如何更好倾听的建议。本节最后简要地论述了在项目管理中怎样做好书面沟通。

9.3　项目会议中的沟通

9.3.1　引言

项目经理要在沟通方式上花费大量的时间，例如书写、阅读、倾听及发言，而且大部分沟通是在会议中完成的。

在会议上的发言应遵循 3 个基本原则：

- 告诉他们你将要告诉他们什么！
- 告诉他们！
- 告诉他们你已经告诉了他们什么！

项目会议会造成时间的浪费——有些会议肯定如此！项目会议通常要达到以下目的：

- 告诉——传递项目信息。
- 销售概念或建议——例如，项目管理的新战略。
- 解决——和与会人员一起针对问题或机会提出解决办法。例如，在进行产品设计选择时，以参加设计评审的方式进行。

- 教育和培训——提高项目团队成员的知识、技能以及改善他们的工作态度。

9.3.2　规划会议

图 9.3 中列出了召开项目会议的一些基本目的。规划会议的项目经理应清楚地知道召开这次会议的真正目的是什么。

规划会议涉及决定议程、使用的资料、时间、地点、目的、预期的结果（可交付物）和与会者需要的信息。关键的规划问题包括：

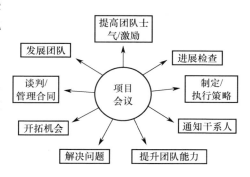

图 9.3　项目会议的基本目的

- 会议是否真的有必要召开?
- 通过会议，希望获得什么?
- 会议要探讨的主要问题是什么?
- 会议需要哪些事实?
- 潜在的备选方案或解决方案是什么?
- 会议最后可能产生什么样的建议?
- 如果会议没有召开，又会出现什么后果?

9.3.3　组织会议

组织会议要考虑的一些主要事项包括：

- 议程。
- 合适的地点。
- 识别并通知与会者。
- 任命主席。
- 向与会者传递各自所需的信息。
- 会议将如何进行。

9.3.4　有效和无效的会议

道格拉斯·麦格雷戈（《企业中人的因素》第 32～34 页）用平实的语言说明了有效会议和无效会议的特点。他对这些会议的说明可以为项目经理提供规划和实施会议的标准。按照他的观点，有效会议的特点有以下几个方面：

- 非正式的、融洽的气氛。
- 人人参与讨论。
- 大家都理解会议的目标。
- 成员们能互相倾听别人的意见。

- 虚心听取不同意见。
- 大部分决定都能达成一致。批评是坦白的、友好的。
- 人们可以自由地表达自己的观点。
- 采取行动，任务分配明确。
- 主席在会议中没有摆出一副高高在上的态度。
- 会议小组知道自己在做什么。

相应地，麦格雷戈也描述了无效会议的特点：

- 气氛冷漠，让人厌烦。
- 很少有人参与讨论，一些人控制了讨论过程。
- 很难看出会议的目标。
- 人们没有真正地互相听取别人的意见。
- 小组里的不同意见一般得不到有效解决。
- 做出决策和采取行动往往过于草率。
- 行动决策不明确。
- 主席总是摆出一副高高在上的态度。
- 存在批判，但是令人尴尬和紧张。
- 个人感受没有表达出来。
- 会议成员无法讨论自己的主张。

9.3.5　控制会议

对会议的控制意味着要确保会议能达成目的。控制会议应强调下列因素：

- 设定时间限制，并遵守这些限制。
- 从论述会议的目的开始。
- 限制讨论。
- 总结进展，或没有进展。
- 鼓励和控制不同意见。
- 花费一定的时间去评估会议的进展情况，并确定哪些工作可以提高会议的质量。
- 用麦格雷戈的有效会议和无效会议的描述作为评判高质量会议的标准。

9.3.6　会议的一些关键指南

有明确的目的，或仅当会议可能达到期望的结果时才举行会议。

- 开会前应做好充分准备，包括准备议程和分发给与会人员的资料，以有意义的方式参加会议。
- 鼓励积极参与——告诉人们：可以激动，但不能生气。
- 不时总结会议进展，并且当会议已达到目标时，或当进一步的讨论已没有任何价值时，要在会议上做出十分明确的结论。

9.3.7 小结

本节叙述了规划和执行项目会议的简要理念和机制。正确规划和执行项目会议能促进对项目工作的成功管理。项目会议同其他的管理问题类似，为了积极有效地参加会议，人们必须花费一定的时间制订计划、协议、安排、议程并准备所需要的资料。然后，才能召开会议和控制会议。

9.4 谈判

9.4.1 引言

项目经理的一项重要职责就是他要具有与项目干系人就项目目的和目标进行谈判的能力。而要实现项目的目标，还需要一个获取和利用能支持目标的资源的过程。

谈判是讨论、协商以及向干系人呼吁并安排项目支持的过程。项目经理和项目团队成员通过谈判履行他们的职责，以下是相关的几个例子：

- 获取职能经理的同意，获取支持项目所需要的资源。
- 与供货商谈判，保证项目的设备、材料和服务的供给。
- 与项目业主谈判可执行的项目以及项目成本、进度和技术绩效目标等条件。
- 与项目团队成员达成一致，包括工作包经理和组织中其他专业人员，要考虑他们在项目工作中个人和集体的作用。
- 采取措施向高级管理层简要介绍项目进展情况，包括他们为支持项目而必须做出的决策建议。
- 与不同的干系人合作，并获取他们的同意，这些干系人包括但不限于以下团体：工会、政府代理人、当地社区官员、专业协会、媒体、环境保护专家、政治/社会机构、教育/培训机构、调停小组以及消费者协会等。
- 与那些自认为和项目有利害关系的人或机构进行互动。

9.4.2 谈判的类型

项目经理会遇到正式谈判和非正式谈判两种情况。虽然一些正式谈判的基础工作是由非正式谈判完成的，但是，合同谈判与合同管理基本上都是由正式的管理人员操作运行的。下面对谈判属性进行进一步分类：

- 正式谈判是将期望的结果转变成合同或承诺的过程，其中谈判双方都希望通过部分产品或服务的交换使合同得以完善，双方进行交换需考虑的因素可能是财务上的，也可能是其他方面的。

- 非正式谈判实施是合同双方出于某些考虑而对某些有价值的内容达成一致的过程，如使项目团队的成员承担项目中某一特殊角色的谈判即非正式谈判。

在进行任何谈判时，谈判双方都应具有关于所谈判问题的丰富知识、达成协议的技能及商定条件时要把握谈判的态度。在进行任何谈判时，充分的技术知识以及受欢迎的人际关系技能都是必不可少的。

9.4.3　冲突

在任何项目问题的谈判中，都存在潜在的冲突，例如：

- 项目的范围——要完成什么内容。
- 完成项目工作包及整体项目的进度计划。
- 成本因素。
- 项目的质量以及项目投入使用后的服务。
- 项目的人员利用。
- 沟通的有效性。
- 项目可能涉及的风险及不确定因素。
- 与项目供货商有关的采购策略管理。
- 将项目子系统整合到整个项目可交付物中的方式。
- 当项目完成时，项目运营和战略的匹配程度。
- 干系人对项目成功或失败的感受。
- 为了最终完成项目，在解决资源利用中的潜在冲突时，关键战略的制定具体涉及以下内容：
  - ➤ 谈判的准备工作，包括与项目团队的其他成员商议，确认利益关系。
  - ➤ 确定谈判的问题及优先考虑的事项。
  - ➤ 制定建议书，整合审查事项的问题和预期结果。
  - ➤ 研究对方的情况，包括了解参与谈判的其他组织的优势或劣势，估计他们可能采取的策略。
  - ➤ 组织中掌握谈判进程的人员。

9.4.4　谈判权力

与人与人之间的任何互动一样，拥有控制力、权威或某种影响力是很重要的，并且可能会对与之进行谈判的人产生权力。谈判者可用的权力来源包括：

- 谈判人员的法定权力和事实权力（详见第 2.3 节）。
- 对与自己保持一致的人予以奖赏的权力，这包括那些实在的奖励，例如金钱、晋升和其他报酬。其他奖赏则可能比较重视人的内在价值，例如，赞美的语言、表扬、认可或在项目团队中对个人的表现进行书面表彰。

- 对他人行为的消极回应，如惩罚的形式，包括延迟向供货商付款、取消分包商资格或由于某种原因建议开除项目团队成员。对他人行为进行消极回应时，应注意到它的负面作用。
- 与正在进行的谈判事项有关，但不常用的专业技术知识和指标，例如在合同谈判时，有必要考虑工程研究人员在技术领域所掌握的先进知识。
- 参与谈判的人员所具有的收集信息、利用信息的能力。
- 与正在进行的谈判事项有关的专业知识，而这些专业知识已经被事先表现出来的能力所证实，这种能力被项目团队中的一些成员所拥有，并且已经获得过成功。
- 政治能力，包括与干系人建立伙伴关系联盟。
- 进行谈判的各方应记住并尊重表 9.3 中的权力使用指南。

表 9.3　谈判能力

- 应考虑另一方的权力，他可能和你的权力一样大或比你的权力还大
- 运用权力的人要承担一定的风险和成本
- 感受到对手所具有的权力与对手所具有的实际权力
- 运用权力时应考虑另一方的期望值
- 开始进行谈判时，谈判者应始终牢记他们的目标、目的和计划策略
- 进行谈判，要准备好备选方案和弹回策略
- 做决定时所表现出来的效率和效果能增强谈判者的谈判权力

9.4.5　谈判时的常见风险

在制定和执行谈判策略时，争论双方应认识到表 9.4 列举的一些潜在风险和问题。

表 9.4　谈判中的潜在风险和问题

- 没有考虑对方的能力
- 谈判立场缺乏灵活性，包括缺乏妥协的意愿
- 期望对方做出过多的让步
- 将谈判过程看作双方都想使对方失败的竞争过程
- 不愿意出现一个双赢的结果
- 不愿制定谈判策略，尽管谈判方已经进行了大量的准备工作
- 试图进行多方谈判，而不是与有能力并且有权威控制其他团队的人员进行谈判
- 不能从征兆中分辨问题／机会
- 未能考虑处理替代手段的替代策略，以与另一方达成协议
- 对谈判对手了解不足，他们具有的价值观、过去的经验、偏见、成见和动机，与你在谈判过程中能占据的上风几乎相同

9.4.6　小结

本节论述了项目管理中有关谈判的基本内容。读者需要注意的是，谈判能力是项目经理的一个关键和可取的属性，而且它是一个研究领域，有关这方面的书籍已出版了很多。本节的目的是描述有关谈判理论和过程的一些基本内容，以鼓励项目团队成员从项目管理文献中寻求更好的帮助，并通过阅读本节内容提高他们在这一重要工作中的实际能力。

第 10 章
项目管理的改进

10.1 项目管理组织能力

10.1.1 引言

项目管理能力为组织提供了通过使用项目来实现组织战略目的和目标的最佳机会。组织项目管理角色中的个人能力是组织能力和项目成功的一个贡献因素，项目是实现组织增长和盈利能力的基石。

项目管理中的个人能力定义为"知识+技能+态度/行为=能力"。详见第 1.3 节对个人能力的更多讨论。

组织项目能力被定义为建立和维护一个项目支持系统，以促进通过项目来开展工作。该系统的范围从战略规划到日常工作的运营职能，始终专注于通过项目完成工作成果。

10.1.2 战略考虑

在战略规划中有意识地尝试以项目模式执行工作，战略规划文件的设计考虑了工作类型和支持项目工作的组织。一些考虑如下：

- 制订战略计划时，项目是成功的主要基石。
- 项目组合管理对于有效率且有效果地开展工作至关重要。
- 项目集是"大型项目"，其子项目通常作为单一实体进行管理。
- 组织设计可能需要进行调整以适应项目支持。
- 组织必须采用与组织使命或目的一致的项目管理理念。
- 战略目标和对象与项目经理共享，以支持战略和项目实施之间的一致性。
- 定义高级管理层和董事会在项目选择、审查和参与方面的角色和职责。

组织可能需要其他要素来确保战略和项目自上而下的一致性，也许最重要的考虑是高级管理层和董事会对项目的支持。

10.1.3 管理组织的项目

管理项目并不是一项微不足道的任务，任命项目经理来负责计划和实施工作，这需要组织的全力支持。支持系统包含以下要素：

- 基于客观标准的项目选择系统。这些标准与组织的使命、目的、行业和项目类型相匹配。项目经理通常不执行项目的选择。
- 在包含所有项目的项目管理系统中建立政策和程序。这为项目的规划、实施和支持提供了指导。
- 建立并支持项目优先级（需求紧迫性）系统，以便项目经理了解组织将如何为给定的项目分配资源。

- 首先将资源分配给高优先级项目，然后将资源分配给不太紧急的项目。
- 当优先级相似时，将小项目分配并分组到一个项目组合中实施。
- 建立并安排高级管理层对项目的定期审查，以确保按照项目计划取得进展。

项目支持的一般领域应记录在案，并由项目计划中的详细说明加以补充。该项目计划与通用政策不同，可作为项目经理追求项目目标的指南。

10.1.4　发展项目团队

有能力的组织可以根据评估和培训为项目建立有效的团队，以弥补团队的不足。首先，需要对团队成员进行评估，识别知识和技能方面的差距，以进行培训安排。该评估应基于团队成员的角色和责任来进行。另外，项目经理在被任命之前，应具备基本的合格的领导力。

项目团队有两种基本类型——核心团队和全职团队。核心团队通常执行业务和技术管理，而执行团队成员通常来自矩阵组织的其他职能部门。全职团队由业务和技术经理以及执行工作的个人组成。全职团队在需要某项技能时间期内具备该专业技能，需要时间完毕时将资源从团队中释放出来。

这两类团队的团队发展是相似的，因为团队绩效基于一些技术或业务技能以及态度和行为特征。技术和业务技能很容易学习，而态度和行为的改善需要更长的时间。高绩效团队和低效率团队相比，行为特征会存在很大的差异。

可以预计的是在团队环境中发展项目团队将增强组织的能力。通过团队练习培养的有能力的团队应该是更有效率和效果的执行者。

10.1.5　发展项目经理

有能力的组织会有办法来培养项目经理，以有效果且有效率的方式来领导项目。认识到这点是培养能够为指定项目带来预期结果的项目经理的第一步。

项目经理通常在没有经验的情况下被任命来领导项目，这使得许多项目经理处于困难之中，承担着这个具有挑战性的角色，尤其是当他们只有技术经验时。因为领导力不是从书本上学来的，而是通过担任各种领导角色的经验来获取的，所以许多项目经理发现这种情况令人难以抗拒。

具有领导经验的项目经理比没有充当领导角色的项目经理更有可能成功地指导项目团队。人们执行工作并受到项目领导者的影响——无论是积极的还是消极的——以满足项目的要求。培养项目经理以履行其领导职责只能通过接触需要作为领导者思考的情况来实现。以下是一些角色和机会的例子：

- 项目经理被任命为没有人力资源的项目。在这种情况下，项目经理和执行者是同一人，这允许项目经理执行业务和技术职能。项目经理没有获得任何领导经验，这不是一个为大型项目培养项目经理的良好环境。

- 在一个拥有四个人的小项目中被任命为项目经理。项目经理执行部分业务功能，还会执行部分技术功能。领导的机会仅限于向个人分配任务和跟踪进展，这种环境能培养一些领导力，但主要侧重于业务和技术功能。
- 在一个中型项目中被任命为项目经理，有 18 人直接向他汇报工作。项目经理领导团队，同时对项目进行审查和技术监督。控制的跨度使得领导 18 个人变得困难——获得领导经验的机会是通过"灭火"而不是提供领导力。
- 在一个大型项目中被任命为项目经理，有 8 个人直接向他报告。项目经理分配任务并跟踪进展，同时将工作的整体成果指向最终产品。这种环境需要具有领导能力的技术人员来进行规划、组织、激励、指导和控制活动。这样的项目不是培育新项目经理的基地，但是，可以通过在称职的项目经理的指导下，担任其助理或副手，以学习领导技能。

为小型、中型和大型项目培养称职的项目经理首先要求个人对项目环境具有正确的态度以及相应的行为。改变态度和行为具有挑战性，需要付出大量努力，而且往往需要很长时间。个人可以通过学习侧重于成本、进度和技术绩效管理知识与技能的项目管理课程来学习项目管理技术方面的知识。

学习项目管理课程，同时通过必要的态度和行为特征进行选择，两者相结合可能是培养称职的项目经理候选人的最佳方法。培养称职的项目经理要建立在个人经验基础之上，使其在个人能力范围内接触实际项目。

10.1.6　组织能力检查清单

一份用于指导高层管理者评估项目管理过程中组织能力的清单，有助于识别项目实施中的优势和劣势。下面的清单明确了一些传统问题并提出了可能的原因。

- 进度延误：
  - 项目启动时规划不周（时间估算不准确、工作活动被忽视、管理层规定的进度不切实际）。
  - 在实施过程中对项目范围进行了太多变更。
  - 资源优先级低。
  - 项目团队薄弱。
  - 项目经理偏弱。
- 成本超支：
  - 项目启动时计划不周（成本估算不准确、工作活动被忽视、管理层规定的预算不切实际）。
  - 发现了额外的工作。

➢ 存在太多需要纠正的"权变措施"。

➢ 项目团队缺乏成本管理纪律。

➢ 项目经理缺乏对成本控制的关注。

➢ 材料和劳动力成本膨胀。

- 技术绩效不足：

➢ 不正确的规格说明书。

➢ 不稳定的需求（实施过程中的变更）。

➢ 使用了错误的材料。

➢ 追求最先进的技术。

➢ 不当的工作程序。

➢ 技术不足的人员。

➢ 被忽视的特性或功能。

➢ 超出组织能力的技术。

10.1.7　能力的其他考虑因素

很多时候，项目被认为是在一位项目经理控制下的独立工作。这在某种程度上是正确的，但这也同时要求重要的工作不能仅仅由一个人来判断。高层管理者可以通过监督和参与来确保项目取得成功。通常，因为没有识别出高层管理者的角色，导致项目被搁置了，直到出现重大问题。

此处描述了一些高层管理者的角色，以提供相关信息和可能采取的行动参考。为便于查阅，高层管理者角色按项目大小进行了描述。

- 小项目（少于 30 天）：

➢ 审查和批准项目启动文件。检查清晰、简单的需求说明书和产品描述。

➢ 检查项目是否符合战略和运营计划。

➢ 审查项目最终产品。

➢ 表扬项目团队取得好的结果。

➢ 确定需要改进的领域。

- 中型项目（30～180 天）：

➢ 审查和批准项目章程。

➢ 审查和批准项目计划（包括所有组成部分，例如进度、预算、规范、工作说明书和风险计划）。检查项目是否符合战略和运营计划。

➢ 评估项目是否存在过度风险。

➢ 评估资源是否可用于项目，包括技能和资源数量。

➢ 评估项目是否会盈利。

➢ 为项目进展审查设置里程碑。

> ➤ 定期审查项目结果。
> ➤ 表扬项目团队取得好的结果。
> ➤ 确定需要改进的领域。

- 大型项目（181 天及以上）：
  > ➤ 审查和批准商业论证。检查项目是否符合战略和运营计划。
  > ➤ 审查和批准管理策略——复杂的或不复杂的。
  > ➤ 审查和批准项目章程。
  > ➤ 审查和批准项目计划（包括所有组成部分，例如进度、预算、规范、工作说明书和风险计划）。
  > ➤ 评估项目是否存在过度风险。
  > ➤ 评估人力资源是否可用于项目，包括技能和资源数量。
  > ➤ 评估项目是否会盈利。
  > ➤ 为项目进展的定期审查设置里程碑。
  > ➤ 定期审查项目进展。
  > ➤ 审查项目结果。
  > ➤ 表扬项目团队取得好的结果。
  > ➤ 确定需要改进的领域。

上述针对高层管理者的行动清单并非包罗万象，但需要根据正在进行的实际项目量身定制。高层管理者根据组织内项目的类型和规模，制定一份清单以确保涵盖所有领域。

10.1.8　小结

组织中的项目管理能力需要为适合战略和运营结构的项目提供良好的指导。作为所有项目的保护伞，组织制定具有目标和目的的战略计划，这是项目管理能力的基础。该保护伞确保项目支持组织的使命或目的。

本节列出了一些领域，用以表明组织需要改进哪些方面才能被视为完全胜任项目管理。根据项目、组织和项目实践，高级管理人员还需要考虑其他因素。

10.2　重振项目团队

10.2.1　引言

在项目执行期间，往往会遇到挫折，而且有可能出现以下显而易见的情况，即如果按照当前的方法继续执行项目，项目注定会失败。一般而言，组织不会对不能给客户带来好处的技术方法进行总结。这样，现行的项目计划就难以实施，这使项目处于不稳定状态。

由于客户很少考虑项目需要付出的人力代价，这导致项目不能履行对客户利益的承诺。项目领导者承受着巨大的压力，同时团队成员的工作经常远远超过预计的工作时间。由于对一些不可能实现的事情极力尝试，致使项目工作人员的精力和体力耗费很大。

当发现项目团队无力完成任务时，高层管理者应集中精力使技术工作回到正轨上来。项目团队领导者常常因为不能有效地完成项目而被撤职，也许更换项目领导者可以提高项目团队的工作效率。

10.2.2　挑战性的项目环境

由于规划不周密或客户提出了新的要求，许多项目变得难以管理。当项目工作缺少人手时，不切实际的完工日期和毫无弹性的工作范围也会形成不良的项目环境。新需求会引起工作流程的变化，也会引起项目团队成员在分工上的变化。一个接一个的变更实质上会降低生产率并延缓项目的进展，常常会出现这样的情况，即项目团队已经开展了大量的工作，但在项目上没有获得任何进展。

由于每个任务看起来都像一个新的起点，而项目成员为推动项目进展而做出的巨大的努力总是得不到他人的认可，这时，团队成员常常会变得灰心丧气。此外，对项目而言还会出现这样一种不利的情形，即高级管理层根据所花费的时间来考核项目进展。对项目实际进展的测量又经常被人遗忘，导致员工假设认为"如果有足够的时间开展项目工作，我们就会实现目标"。

10.2.3　项目团队成员能力的下降

一门心思想使项目获得成功的团队成员会为项目付出额外的努力，但这些努力不一定都有利于项目的推进。忠实于项目团队领导者、项目的执行组织和客户都会促使项目团队成员付出额外的努力以确保项目的成功，但奉献精神和品质忠诚也会产生一些对项目的不利影响。

图 10.1 概括了导致项目团队能力降低的因素。

下面叙述了导致团队能力降低的因素及其原因。每个因素都被作为互不相关的个体，分别描述，但它们对项目团队成员同时起作用。下面对引起项目团队能力下降的主要原因进行分析。

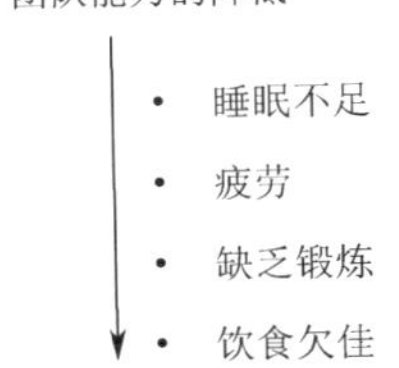

团队能力的降低

- 睡眠不足
- 疲劳
- 缺乏锻炼
- 饮食欠佳

图 10.1　导致团队能力降低的因素

- 由睡眠不足造成的团队能力下降，这是由于在开展正常工作之前做了额外的工作，或者是为了完成工作任务熬夜造成的。睡眠不足主要是因为每天加班，或者是为了按时完成项目而连续工作造成的。团队成员并没有受过一周连续工作六七天并且每天工作 12～18 小时的特别训练。

- 由于连续工作造成的疲劳。当连续几周甚至超过几周都工作 60～80 小时，个人的工作效率就会急剧下降。工作效率相当于正常工作情况下每周工作 40 小时的效率甚至更低。6～8 周以后，如果一直加班工作，那么你的精力将急剧下降。

- 家庭成员引起的压力将严重降低个人的工作效率。团队成员在家庭以外付出过多的时间以及由此造成的过度疲劳，都会导致大家都不愿意看到的家庭冲突出现。

- 若要求人们连续工作很长时间而没有休息，缺乏锻炼会使人的思考能力和体力下降。项目的许多任务需要坐在办公桌前完成或参加会议，致使脑力和体力得到锻炼的机会极为有限。

- 从自动售货机购买食品或购买快餐，人们会因饮食欠佳影响工作效率。长期食用高卡路里和低营养的食物，会影响一个人的身体机能。即使在中等的效率下，也会使工作能力降低。

这份效率和效果降低的主要原因清单中也应包括健康问题。项目团队成员可能经常感到发冷并且有呼吸问题。头痛、胸口痛、关节痛以及呼吸困难都是疲劳和健康情况变坏的征兆。

长期工作而没有得到正常休息也可能导致出现安全问题及工作上的失误。安全问题包括在设备周围工作时因注意力不集中造成的人员伤害、交通拥挤时疲劳驾车或在能见度低的情况下驾车以及由于未能注意到潜在危险而不顾驾驶安全等。疲劳和警惕性降低会导致工作上的失误增加，而失误是由于身体和大脑的疲劳两方面因素造成的。

10.2.4 项目团队领导者的责任

项目团队领导者有义务对项目团队成员的健康和福利负责。当项目团队成员的健康和福利状况下降时，项目团队领导者就不能带领他们高效地完成项目。项目领导者要在团队成员做好工作与其健康和福利状况之间保持微妙的平衡。遗憾的是，团队领导者常常认为项目团队成员个体不会因为项目而损害到他们的健康。

团队领导者需要注意团队成员出现的疲劳征兆或反常情况。在团队成员的个人作用及能力大幅度降低前，这些征兆能够预测出可能出现的工作效率下降的情况。首先，项目团队领导者必须了解团队每个成员，并了解他们在正常状况下的能力。与正常表现不一致时就表明他的能力已经有所下降。部分征兆如下：

- 迟钝的或不同以往的较慢的反应都表明该成员比较疲劳或健康状况不佳。
- 含混不清的发言或较差的发音表明该成员的大脑反应能力变慢。

- 走路磕磕绊绊或对日常行为自控差表明该成员没有能力进行常规活动。
- 通常情况下，一个安静或沉默的人突然大笑或大声谈论事情。
- 平常开朗、爱交际的人突然安静下来并准备离开组织。
- 在穿着打扮上有很大的改观，如从原来的谨慎保守变为不修边幅，或者从原来的随心所欲变为谨慎保守。
- 情绪的巨大波动、激励以及创新方面出现的任何过激变化。
- 对没什么价值的事件争论不休。

团队成员工作时间的长短应由团队领导者负责。过长的工作时间会消耗团队成员的精力，并降低他们的工作效率。尽管每个人对工作时间超长的反应是不同的，但是如果缺乏睡眠，将对人产生有害的影响：

- 研究表明，被剥夺正常睡眠的人经常在上午 4—7 点昏昏欲睡。这样，他们理性分析问题的能力将会降到一个低点，他们的警惕性也会下降到最低水平。
- 每晚只睡 4～5 小时且这样的情况持续 5～7 天后，人的警惕性和表现能力会大大降低。如果不进行连续观察，那么这些人的警惕性和表现能力的降低是难以察觉的。
- 如果 48～72 小时都不睡觉的话，人将变得没有任何效率。每个人恢复正常体力的时间取决于个体的精神和身体状况，恢复体力和脑力不是建立在线性的基础上。但是一般至少需要 12 小时的睡眠，才可能勉强恢复到有效状态。

10.2.5　项目成员精力的恢复

预防是项目团队成员避免压力和疲劳的最好方法。首先，项目团队领导者必须确保他对如何恢复团队战斗力的过程进行了仔细的思考。如果项目团队领导者缺乏保持团队有效工作的能力，那么，由他指导项目团队的恢复是不合适的。

有效的项目团队领导者能根据情况确定整个项目团队是否需要一个恢复期，或者确定是否只有几个人需要恢复期。通过评估和识别个人承受压力和疲劳的能力，团队领导者应按图 10.2 的建议，综合使用图中列出的超时工作后恢复精力的方法。

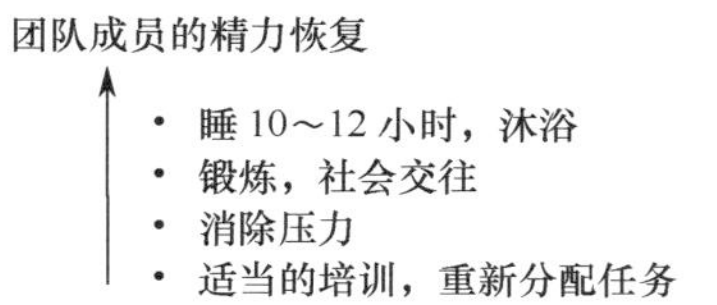

团队成员的精力恢复

- 睡 10～12 小时，沐浴
- 锻炼，社会交往
- 消除压力
- 适当的培训，重新分配任务

图 10.2　团队成员的精力恢复建议

- 如果疲劳是由于缺少睡眠引起的，就应保证项目团队成员补充10～12 小时的睡眠时间，并且在醒来后进行适量轻度的活动。洗一个热水澡，换上干净清爽的衣服，将会使他（或她）产生良好的自我感觉。吃清淡的食物和适度的社交活动会加快恢复的速度。注意：开始恢复时的睡眠只能起到即时的缓解作用，在几天之内都还需要补充额外的睡眠。

- 当超过正常工作时间后感到疲劳时，项目团队成员应进行适量的活动。例如散步或爬楼梯。热水澡和干净清爽的衣物将会使他（或她）的自我感觉发生改变。吃适量的食物和不谈论工作的社会交往对恢复也是有益的。或者也有必要改变个人的工作角色，以确保有一个新的不同以往的精神面貌。

- 判别产生压力的原因并最大限度地降低压力。如果压力完全或部分是因为个人问题造成的，那么这种情况应由专业的保健医生给出治疗建议。如果压力是因项目而产生的，那么最好将这个人转到另一个项目或其他的工作领域中。

- 由于睡眠不足、疲劳或压力而导致的个人能力下降，都不能保证任务的顺利进行。项目团队领导者应确定个人是否有完成任务的技能和知识。一般来说，认为项目会对个人产生很大压力的人，都不具备完成习惯工作的必要能力。不能允许团队成员在没有技能和知识的情况下去完成工作。要么对这些人进行培训，要么重新给他们分配工作。

我们还可以找到影响个人能力的其他因素，这些因素也需要引起我们的重视。一些问题可能需要项目以外的人给予帮助。项目领导者应抓住每个机会向高级管理层、人力资源部和专业保健医生寻求帮助。

10.2.6　预防措施

防止项目中人力资源的使用效率降低也许是项目恢复团队活力的最好方法。在问题出现的早期识别并重视这些问题是最好的恢复手段。在主要问题发生前，早期识别能控制问题的范围并可以改变问题恶化的趋势。

◎ 团队过度劳累的预防措施 ◎

- 信任和信心
- 表示关心
- 互助系统
- 沟通
- 规划
- 奖励
- 工作环境

图 10.3　团队过度劳累的预防措施

在紧张的项目工作期间，项目团队领导者可使用几种预防措施，以避免项目团队成员工作过度劳累，如图 10.3 所示。

下面这些段落解释了图中所概括的项目团队工作中遇到的情况。预防总是比恢复要好，特别是在恢复期受到自然条件限制时更是如此。

- 信任和信心。团队成员必须信任且对团队领导者有信心。始终如一地公平对待团队成员将会形成这种信任和信心。信任是团队成员"租借"给项目领导者的，直到他认为所得到的信任已获得保证。信任建立在"做出承诺和信守承诺"的基础上。不遵守诺言和故意撒谎将破坏领导者和员工之间的信任。

- 表示关心。项目领导者对团队及个人必须表示出真诚与关心。项目领导者必须了解团队集体和个人所面临的问题，以寻找改善环境的机会。一个只考虑自己利益的项目领导者，其下属会加以效仿，项目团队成员没有别的选择，就只能考虑个人利益。

- 互助系统。当新成员根据分配加入项目团队时，如果能找到合适的人帮助他们，这些新成员将获益良多。同事间的互助系统同时也是同事间的互相支持的系统。项目进入紧张期后，个人就会感到压力、疲劳或睡眠不足，这时，互助系统就会发挥作用。

- 沟通。当需要调整节奏步伐和寻求帮助时，人们就会进行频繁的沟通。要向团队成员简述有关疲劳、压力和睡眠不足的征兆，这些征兆是能力降低的早期预兆。要讨论正常睡眠和剧烈活动后进行休息的必要性。告诉项目团队成员，保持良好状态对项目的成功和维持团队迎接挑战的能力是极为重要的。

- 规划。如果规划糟糕或项目缺乏稳定性，那么项目团队领导应采取措施防止优先级发生变化或工作产生变更。要使工作进展处于稳定的状态中，要避免去做那些仅仅是为了使项目"看起来有所进展"的工作。团队成员必须明白，现在做的所有工作都是很重要的，否则，他们就不会关心工作质量。

- 奖励。不要因为超时工作而对项目团队成员进行奖赏。要奖励那些做出成绩的成员，如果工作了很长时间却仍然没有完成工作的人得到奖赏，就会让人们感觉到项目工作时间才是重要的。要与那些不能按计划完成工作的人沟通，确定他们为什么在工作上花费了那么多的时间。但是不要惩罚正在证实自己对项目的贡献和忠诚的项目团队成员，只要改变进行奖赏的标准就可以了，不能根据工作花费的时间进行奖赏。

- 工作环境。确保工作环境是为完成工作而布置的。如果温度变化太频繁，而且项目团队成员又恰好在温度变化较大时工作，会影响团队的工作。项目领导者需要考虑到工作环境中的每一个因素，以便为项目团队创造一个良好的氛围。

项目团队领导者的职责是关心项目团队成员的需要，帮助他们减轻疲劳、避免生病、减轻压力并避免睡眠不足。一个由团队领导者精心呵护的团队，其表现肯定比一个团队成员的需要受到忽视的团队优异得多。用专家判断来解决成员面临的个人问题以及团队能力下降的问题，这些都是项目团队领导者的主要责任。

10.2.7　小结

项目领导者和高层管理者需要考虑如何恢复项目团队的工作状态问题。具有挑战性的项目一般都会出现项目团队领导者和团队成员工作过度疲劳的情况。工作过度疲劳是由紧张工作导致的睡眠不足、压力和疲劳所引起的。项目的工作环境一般会对项目团队成员的能力和激情的消耗产生影响。

项目领导者有责任通过预防措施和恢复措施保证项目团队成员的精力。由于在纠正措施采用之前一般不允许有项目人员急剧减少的现象出现，因此，预防是最有效的保证项目团队活力的方法，而执行恢复项目团队活力的措施需要花一些时间和精力，这些都是项目技术性恢复所必需的。在具有挑战性的项目中，一般既需要有预防措施也需要有恢复措施。

10.3　挑战性项目的补救

10.3.1　引言

项目经常会出现不稳定的情况，其标志是项目事先承诺的给予客户的收益不能按客户的期望交付。集中精力找到技术解决方案的努力遭到挫败。当前的计划——假如有的话，显然没有为项目领导者或项目团队提供项目成功运作的指南。项目要么停顿，要么进展太慢。这些情况都会造成项目出现不稳定的情况。

高级管理层意识到，必须完成一些事情才能将项目收益交付给客户。一般情况下，第一个措施就是在这个项目中投入更多的资源。这么做的前提假设是，资源越多或更多的人做同一件事，就会找出解决问题的办法。但接下来，你就会发现资源并不是越多越好，而且之所以出现问题，是因为整个过程存在一定的缺陷。第二个措施通常是换掉项目团队的领导者。

高级管理层倾向于将精力集中在期望的结果上，而不会去试图了解项目失败的原因。他们把项目团队领导者看作单一的信息来源，但团队领导者常常为恢复团队的战斗力而不堪重负，以至于他（或她）根本没有时间去修复过程中存在的缺陷。项目团队领导者也可能会因为加班工作而导致过度疲劳。

10.3.2　挑战性的项目环境

一般项目会因为规划不充分或不完整而陷入困境。新需求的出现可能表明在项目实施之前，我们根本没有完全理解项目的范围。不断变更产品定义就是项目不稳定的征兆。当项目计划中只有最基本的进度时，则表明制订的计划是不充分或不完整的，显然，不恰当的项目范围与不完整的规划相结合是项目失败的标志。

表 10.1 列出了挑战性项目的标志。

表 10.1 挑战性项目的标志

- 对要完成的项目工作缺乏了解
- 报告假设了比现在完成的实际生产率更高的生产率
- 项目计划过于复杂以至于整个项目团队不能理解
- 项目计划过于简单以至于不能为符合项目目标和交付项目收益提供充足的指导
- 变更频率过高，而对变更产生的原因揭示过少
- 进行了过多的返工而在计划中的工作没有实际进展
- 突然出现新的工作，表明项目范围扩大了或者是在不太了解项目的情况下就开始工作
- 项目团队成员对将来要进行的工作感到茫然
- 项目团队成员在等候如何进行下一步工作的说明
- 由于过长时间的工作而使项目团队成员承受压力并感到疲劳

10.3.3 补救措施

对失败项目的补救需要有创造性的想法。必须评估情况以确定导致失败的真实原因。但在现实中往往会出现这样的情况，即尽管当前工作是无效的，但是项目团队领导者和高层经理都不愿意停止项目工作以及对现行工作进行评估。必须对不良的项目状况及时曝光并制定纠正措施。

图 10.4 说明了在开始补救工作之前需要进行哪些评估步骤，这些高水平的行为为改进项目提供了方向。

在评估挑战性项目的步骤中，详细地叙述了检查要点。这些检查要点都非常尖锐地直指项目本身，同时也包含其他领域的考虑，包括：

图 10.4 评估项目的步骤

- 审核项目计划是否适当。
  - ➢ 计划的详细程度。
  - ➢ 计划中假设条件的数量。
  - ➢ 计划中还未解决的问题数量。
  - ➢ 计划的综合性。
  - ➢ 计划的完整性。
  - ➢ 计划的可理解性。
- 审核项目工作的状态和进展。
  - ➢ 计划的进展和状态。
  - ➢ 与计划进展相比较的生产率。
  - ➢ 与预算费用相对的实际费用。
  - ➢ 与计划相比较，产品完成的百分比。
  - ➢ 在项目或产品中产生的变更总数。

> ➢ 过程中的变更数量。
> ➢ 已完成的变更数量。
> ➢ 进行变更的难度。
- 确定计划是否足以保证项目的工作。
  > ➢ 计划足以指导项目成功完成。
  > ➢ 已经完成的工作与计划是否一致。
  > ➢ 计划中包含要完成的工作说明。
- 确定是否给项目分配了合适的资源。
  > ➢ 比较计划使用的资源和实际使用的资源，以示差别。
  > ➢ 按项目要求对被分配工作的个人进行比较，以确定他是否具备这项技能。
  > ➢ 评估项目工作中的人力资源是否理解项目工作，以及是否了解他们在项目中的作用。
- 评估使用的方法论、技术、标准和工具。
  > ➢ 这种方法论具有提供产品的能力吗？
  > ➢ 项目团队正在遵循方法论吗？
  > ➢ 采用了最佳实践吗？
  > ➢ 采用了项目管理标准吗？
  > ➢ 项目正在使用合适的工具吗？

10.3.4　能力评估领域

对上面列出的任何缺陷进行补救都是困难的。如果过程存在缺陷，那么获取技术性解决方案的概率就比较低。需要对项目领导者、项目团队和项目流程的能力进行评估，才能确定项目得以完成的概率。表 10.2 给出了由 6 种综合能力组成的能力评估矩阵。

表 10.2　能力评估矩阵

能力评估						
要素	能力 A	能力 B	能力 C	能力 D	能力 E	能力 F
项目流程	是	是	是	否	否	否
项目领导者	是	否	否	是	是	否
项目团队	是	是	否	是	否	否
合理的排列	1	2	3	4	5	6

能力的范围在这些要素中的分配是不同的，能力的差异在于这些领域之间的平衡。如果要使项目成功，所有要素至少都要具有一定的能力。该矩阵可用作评估失败项目的指南，以确定应该把重点放在哪里。

最重要的要素是项目流程。如果流程有缺陷，那么不管是强调领导水平还是努力工作的程度都不会找到正确的解决办法。流程必须能够充分运用到项目中去。流程包括制订计划和实施计划。一般情况下，要克服有缺陷的流程需要采取强硬的措施或者对计划进行调整，但这样的结果会使项目产品的质量降低。

项目领导者既要具有业务方面的能力，如项目管理能力，也要有对技术的理解能力。在一个真正合格的项目领导者身上，应该具有经过事实证明能够以符合客户期望的方式向客户交付项目产品的能力，而他所交付的产品是通过适当的流程和有能力的项目团队完成的。

项目团队成员应具有和他们的职责相关的知识和技能。这种匹配并不总是理想的，但是应接近这个要求。不相匹配的知识和技能要求会导致有缺陷的产品。

10.3.5　项目补救

明确项目各个方面的重要性，并据此排序，这种做法为项目的补救提供了解决的方法。任何解决方法都必须以符合客户的需求为核心，这些需求要么是客户原来就有的需求，要么是协商后客户新提出的需求。

有些项目补救方法已经非常通用。下面列出的措施只是一个引子，在此基础上，还有许多富有创造性的方法。需要注意的是解决方案应该简单并易于实施。

- 纠正流程中存在的缺陷，以确保项目具备被完成的基本能力。这些纠正措施可通过增加或减少步骤以实现对流程的变更。流程的主要变化将使项目有一个全新的开始。这样，对项目进行补救的时候应该只尝试为了完成项目必需的变更。不过，将来的项目会因改进的流程而获得好处。
- 修订项目计划，使之能够真实反映在认定的限制条件内可以完成的工作。如果有技术方面的问题，那么应首先寻求技术解决方案，然后明确该解决方案所需要的时间和成本。如果项目计划灵活性较小，那么必须准备另一个计划，从而指导项目团队寻求正确解决问题的方案。
- 更换掉不能完成工作或过度疲劳的项目领导者。如果委派了新的领导者，那么原来的项目领导者也应该留在项目团队中，从而为新领导者提供相关信息。
- 只有在评估需要的新资源后，才给项目团队增加资源。如果还有其他需要进行的工作，并且新资源必须适应新的工作，那么增加资源可能对项目产生有害的影响。新增的资源必须与完成项目所需要的解决方案充分契合，而不是仅仅投入项目中去那么简单。
- 解决问题并在项目计划中对假设条件进行限制，这样可以使项目补救方案更为简化。如果必须使用一些假设条件，那么就要评估每个假设条件不会变成现实的风险。尽可能避免进行那些不确定性强的假设条件，如果必须采用某些假设条件，就要制订相应的应急计划。

- 在补救方案已贯彻到新计划中之后，要将所有的项目团队集中起来，并向他们简要地叙述新的要求。当新成员提出新的解决方案时，项目团队的现有成员也可能提出个人的解决方案。项目团队必须协调一致，从而起到调整和恢复项目计划的作用。在这个关键阶段，所有项目团队成员必须遵守计划。

10.3.6　预防措施

对不稳定或具有挑战性的项目采取预防措施，早期察觉为补救工作提供了最好的时机。预防措施通常源自人们已经发现项目开始偏离原定计划。项目经理要仔细考查出现的主要征兆，然后发出警告，并允许高层管理部门判断这些问题，从而对项目发展方向施加影响。

项目不稳定是由于接受了太多的改进项目产品的挑战，或者是由于工作中潜在的但必须存在的要求造成的。可以通过制订较好的计划来防止不稳定项目的出现。假定的新机会之所以能把不稳定因素引入项目中，是因为所谓的变更被人们认为是完成项目所必需的或者它能够提高产品性能。

最好的预防措施就是为项目制订计划并遵守计划，这样，只要对计划进行很小的修改就能够完成项目。计划反映的是需要完成的工作，最好能为如何交付合格产品提供清楚的图解。将过多的假设条件引入计划中所产生的不确定性和未解决的问题，都会增加项目失败的可能性。

10.3.7　小结

项目日益变得富有挑战性，有的甚至在实施初期就出现了失败的征兆。通常，这些征兆难以察觉，直到这些征兆能够清楚地表明项目与期望的结果不一致时，人们才会有所认识。一般情况下，这种偏差需要进行大量的修正工作，才能使项目达到期望的结果。

为了确定项目失败的原因，必须判断和识别有可能造成失败的原因。可能存在的流程缺陷对项目的影响最大，其次是计划不完整或不充分。

对项目失误加以预防是一种最简单并且是最经济的纠正措施。而当项目出现失败的各种征兆时，要把那些对项目完成有重大影响的因素编入修补计划，并采取纠正措施。这些纠正措施的范围包括从对计划进行细微的变更直到重新制订计划。

10.4　项目的稳定性

10.4.1　引言

项目的稳定性情况通常与规划阶段直接相关。如果项目出现了不确定的情形，往往意味着在制订计划时把一些处理不确定性以及影响项目成果的因素遗漏了或者没有列入议程。项目的稳定性直接与规划的水平和详细程度以及制订计划时可获得的有效信息相关。项目不稳定要么是因为无法预料项目的未来状况，要么是编制项目计划时没有进行充分的考查。

规划是许多项目的弱项，许多项目计划制订得并不完备。针对这种不确定性，最好的解决方法就是条理清楚地执行项目。因此，在项目实施前，主要流程中的麻烦和问题都应该被解决掉。

项目领导者和项目团队通常在他们的研究领域和学科内是技术上的合格人才。但是，关于制订计划，他们往往没有经过培训，因此毫无经验。高技术人才可能不太重视计划的制订，认为它不是项目的重要部分。而事实上，计划要求个人具有能够展望未来并保证计划实施的能力。遗憾的是，许多人都做不到这一点。

10.4.2　项目稳定因素

通过计划能对项目中不确定的和可能的不稳定情况提出警告。明确计划内容并将内容细化需要丰富的经验。此外，制订计划的人还必须有这样的能力，即知道项目在哪些地方、在什么时候缺失重要的信息。

在项目计划和项目稳定性之间存在一种平衡。图 10.5 对其进行了描述，如果项目计划的权重增加，则项目的稳定性也会增加。

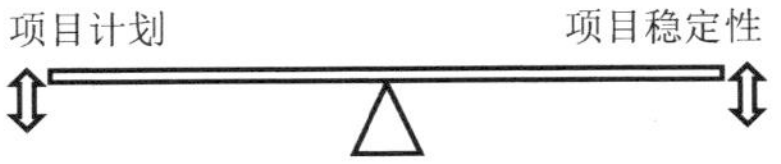

现将规划期间要考虑的主要要素叙述如下。这些要素只是一些基本考虑因素，各个组织还要根据各自的项目计划列出其他的要素，并把清单增加到各自的项目计划中。

图 10.5　项目计划与项目稳定性的平衡

- 项目目标是泛指的，它们仅仅表明了人们期望项目能够达到的最终结果。但是，对于这个最终结果，不同的人有不同的解释。只有通过有效的评估才能真正描述最终结果。例如，如果目标是建立一个运输系统，那么最终结果可能就是通过对给定地区的公路系统和铁路系统的载客量进行详细技术分析加以体现。如果给定了项目范围，那么时间和成本目标就更容易实现。时间是一个日期或期限。成本是项目的价格，可以是总数或者是阶段支出。

  使用成功的测量标准将精力集中在最终产品或过程的结果上。每个目标都应该有一个或多个成功的测量标准。

- 制约因素经常被列作项目计划的一部分。它是对项目限制因素的说明，项目计划一般不反映那些对项目具有正面效应的因素。未纳入限制条件的因素往往就是影响项目计划实施的正面因素。这样，我们就能够更精确地描述事实。事实能为计划的制订提供正面和负面两方面的建议。

根据实际情况确定项目的限制性因素。在项目开始时，如果事实不充分，那么就等于出现了计划不稳定的征兆。项目中的正面和反面情况都是重要的。

- 假设条件必须是关于项目未来的积极情况。如果假设条件是消极的，那么就必须采取措施纠正这个假设条件的结果，所以假设从来都不是消极的。消极假设条件通常具有风险事件的特征。

  假设条件是对事实的补充。当事实充分时，就可以不需要假设条件。太多的假设条件表明项目的不稳定性。第一个经验法则是：如果假设条件是事实的三倍，那么就应检查项目的稳定性。第二个经验法则是：如果在项目进行期间，每周有多于一个的假设条件出现时，就应检查项目的稳定性。

- 风险事件是一种有害的情况，它可能破坏项目。风险事件与费用短缺会造成项目延误，甚至整个项目的失败，这类事件对项目产生的危害程度各不相同。

  风险需要在项目早期加以强调。要避开重大风险，并制订一个合适的临时计划。对于小的风险，可采取规避或承担两种态度。

- 产品描述、技术的完整性及功能性说明应加以评估。需求不明确有可能导致错误的解决方案。客户对需求的定义与技术人员所做的假设之间可能有很大的差别。这个差别或客户的潜在需求可能引发项目中对问题的处理出现不同的解决方案。

  产品描述应在计划周期的早期阶段提交给客户进行检查。在开始工作前，需要对产品达成完全一致的意见。只有重复开发或研究项目，才可能对产品有一个"软性"的说明。

10.4.3　项目不稳定的征兆

在项目执行期间，会存在出现问题的征兆。单一的不稳定征兆可能反映项目的不良状况。若出现多个不稳定征兆，则表明项目可能出现了螺旋式下降的趋势。

下面列出了执行不稳定项目时出现的征兆，及早判明危险征兆对于项目补救来说是非常重要的：

- 项目领导者对完成项目需要进行的剩余工作缺乏了解。这表明完成工作的计划不清晰，可能也表明实际上对于下一步工作的完成存在一定的不确定性。

- 项目领导者提供了一个假设未来生产率比目前生产率更高的报告。通常，项目都存在一条学习曲线，这条学习曲线表明在很短的时间内要使生产率实现很大的增长是根本不可能的。若对生产率的快速增长持乐观态度，项目领导者应做出必要的解释。

- 制订了整个项目团队成员难以理解的、过度复杂的计划，项目团队一般不会实施复杂的计划，这些计划对于他们来说仅仅是摆设，无法揭示真实的操作过程。对计划的要求是简单且易于理解。

- 过分简单的计划在符合项目目标和交付项目结果方面不能起到充分的指导作用。计划不能针对所有的领域，并且绝对不能包含"任何人都知道它"的这种假设。所有的工作都需要计划，并且要使大家的工作意见达成一致。

- 过多的变更请求以及对出现变更的原因揭示不足。每一次出现新的变更，都会使项目变得更加不稳定。在一般情况下，变更是各种变化的合成与叠加。应牢牢控制项目的变更或暂停项目，直到建立了一个新的项目基准。

- 对计划执行的工作多次返工并且没有实际进展。返工会浪费劳动力和金钱，返工也证明了计划的不充分或者存在太多的不确定性。这时，需要重新制订计划，并使项目运行与项目的目标一致。

- 突然出现新工作。这说明项目工作的范围有所扩大。出现预先未考虑到的新工作是计划或者与客户签订的协议不完备的表现。新工作是由于产品描述太简单，或者是由于没有很好地了解客户对最终产品的要求而产生的。

- 项目团队成员对未来的项目工作缺乏了解。存在于项目团队成员心中的不确定性表明项目领导者与他们的沟通不够。计划中可能也没有列出足够的细节。如果项目领导者没有按他的约定与项目团队成员就项目计划进行沟通，则需要及时纠正。如果计划不充分，那么就需要重新制订计划。

- 项目团队在等候下一步工作指示。应该向项目团队成员提供未来任务的工作说明，这样他们才有可能连续流畅地进行工作。如果出现项目团队成员等待指令的情况，则表明项目团队缺乏积极性，并会给项目领导者产生一定的影响。需要采取措施以确保项目团队成员以最高的效率开展工作。

- 由于超过正常工时的工作，使项目团队成员承受压力并感到疲劳。项目领导者应控制长时间工作时数。突然增加工作量在短时期内不会出现什么问题，但过长的加班时间将会使项目团队按期望的质量和效率开展工作的能力下降。

10.4.4　预防措施

最好的预防措施就是在制订计划的规定时间内仔细考虑整个计划，尽可能消除风险和不确定性。具有相关知识和技能的计划人员能保证计划制订的完整性和充分性。但是，高层管理者和项目经理必须支持计划工作。

不稳定项目的预防措施和早期的察觉给补救工作提供了最好的机会。在任何项目检查时或项目执行期间，要能识别那些缺乏稳定性的项目的征兆。

如果觉察到项目开始偏离计划，而这一计划又相当不错的话，人们就会采取预防措施，需要对出现的不良征兆进行判断以提高警觉，需要高层领导者对项目的发展方向施加影响。

过多改进项目产品的"机会"，或者工作中"发现的需求"均可使项目的不稳定性增加。由于假设出现了完善项目产品或者可以提高产品性能的可能，使得新机会给项目带来不稳定性。

最好的预防措施就是为项目制订计划并遵循计划，直到按要求或只需进行很小的修改就可完成计划。计划须反映要完成的工作，并且最好为交付技术上合格的产品提供清楚的图解。把过多的假设条件引入计划会增加项目的不确定性和未解决的问题，实际上就会增加项目失败的可能。

10.4.5　小结

项目不稳定的原因可能是由于项目一开始所使用的信息不充分并进行了过多的假设，从而使计划的质量低下。项目不稳定也可能是在项目实施期间进行太多的变更造成的，这些变更会产生一个新的计划，导致返工、生产率降低并对项目团队产生影响。

正确的计划是预防项目不稳定的最好方法。表明项目不稳定的征兆有助于及早察觉到项目存在的问题并制定纠正措施。将不稳定的项目稳定下来以及制定适当的纠正措施是确保项目成功的最好方法。

10.5　评估组织级项目能力

10.5.1　引言

评估组织的项目能力决定了该组织是否适合使用项目作为其开展业务的战略。尽管许多组织已将项目管理作为其核心能力之一，但这些组织并未经过调整，以从使用项目作为成功的基石中获得最大收益。

在一个已经考虑并采用了适应项目的变革的组织中，项目经理的能力最能体现。项目经理在一个继续"照常营业"的组织中努力实现项目成功，有时会因缺乏高级管理层的支持而失败。项目经理和组织都会遭遇组织项目能力的不足。

组织项目能力被定义为建立和维护一个项目支持系统，以促进通过项目开展工作。该系统的范围从战略规划到日常工作的运营职能，始终专注于通过项目完成工作结果。

10.5.2　基于绩效的能力

企业以给自身和客户带来收益的方式，高效、有效地实施项目的能力，是组织项目能力的测量标准。组织必须实施从启动到收尾和产品交付支持项目的政策和程序。政策和程序是绩效的指南，绩效结果是测量组织能力的标准。

项目绩效是根据项目在实施期间和完成后的结果来测量的。在适当的时间以适当的数量有效地为项目提供资源，遵循程序和实践，应该会产生最佳结果。成功的项目决定了一个组织是否有能力以有效的方式采用项目战略。

10.5.3　确定组织级项目能力的程度

组织级项目能力可以通过组织审计来确定，该审计特别关注支持项目实施的基本要素。可以进行审计以评估对导致项目成功的最佳实践的遵守程度。以下段落概述了考虑因素。第 7.6 节中介绍了审计技术。

（1）战略计划。组织必须有一个战略计划，概述选择和实施项目的战略。该计划必须在支持项目实施的项目类型和组织结构方面为组织提供广泛的指导。一些考虑因素如下：

- 组织是否有战略计划来说明项目将完成什么类型的工作？
- 组织是否有促进项目工作的结构？
- 项目计划中是否详细阐述了计划的战略指导？
- 高层管理者和项目经理在实践中是否遵循战略指导？
- 组织是否有文档化的项目选择标准？

（2）高级管理层领导力。高级管理层必须展示领导力并为项目经理树立榜样。他们必须在项目选择过程中积极主动，并在不篡夺项目经理特权的情况下保持对项目绩效的可见性。一些考虑因素如下：

- 高级管理层是否参与项目选择过程？
- 高级管理层是否审查和批准项目计划？
- 高级管理层是否定期审查项目进展？
- 高级管理层是否直接重构或重新定向挑战性项目？
- 高级管理层是否直接终止失败的项目？
- 高级管理层是否可以就重大问题与项目经理协商？
- 高级管理层是否审查已完成项目的结果？
- 高级管理层是否奖励项目团队的良好绩效？

（3）项目资源。项目资源范围从人力资源到物质资源再到资金资源。任何领域的短缺都会对项目产生负面影响，并降低其成功的可能性。组织有责任确保这些需求得到满足。一些需要考虑的领域如下：

- 组织是否根据项目优先级和进度目标适当地为项目配备人员？
- 组织是否为项目配备了正确的技能来完成工作？
- 组织是否拥有适合项目中需完成工作类型的正确技能组合？
- 组织是否为批准的项目提供足够的资金？
- 组织的职能部门是否积极支持项目？
- 组织是否将超出项目人员技能水平的项目工作外包？
- 组织是否将人力资源公平地分配给项目的资源经理？

（4）胜任的项目人员。项目人员通常需要培训以提高能力并满足项目工作的要求。虽然并非项目中的每个人都需要具备项目经理的能力，但有特定的需求和专业技能可以支持项目的成功。一些需要考虑的领域如下：

- 组织是否具有所进行项目工作类型所需的项目能力？
- 组织是否积极测量项目能力并在正确的技能和知识领域开展培训？
- 组织是否有旨在提高项目经理能力的培训计划？
- 针对经常被分配到需要一些基本项目管理技能的项目，组织是否有相关人员的培训计划？
- 组织是否为高层管理者提供了信息简报，以说明项目的政策、程序和实践？

（5）项目方法论。组织必须采用单一的项目方法论，该方法论可以轻松促进项目的实施并获得高成功率。该方法论应包括项目的总体指导以及要使用的实践。它应该有从项目选择到项目收尾流程的范围。一些考虑因素如下：

- 组织是否有已发布的项目方法论？
- 组织的员工在进行项目工作期间是否遵守该方法论？
- 该方法论是否明确说明了启动项目和收尾期间所有行动的要求？
- 是否根据项目经验教训定期审查该方法论以进行改进？
- 方法论中指定的技术是否有足够的工具支持？
- 该方法论是否规定了从最初选择到收尾行动管理项目的最高效和最有效的做法？

（6）最佳项目实践。项目是独一无二的，其中的经验揭示了未来开展项目的更好方法。这些最佳实践通常使组织比其他组织具有竞争优势。优势可能是成本更低，项目工期更短，或者同样成本下产品质量更好。一些考虑因素如下：

- 组织是否收集并记录每个项目的最佳实践？
- 在项目开始之前是否审查了最佳实践以供采纳和使用？
- 最佳实践是否定期更新新的实践？
- 项目经理是否了解最佳实践并使用它们？
- 项目经理是否报告整个项目生命周期的最佳实践？
- 高层管理者是否报告了项目选择的最佳实践？

- 高层管理者是否在项目监督期间报告最佳实践？

10.5.4　评估组织的项目管理能力

评估一个组织的项目能力应该遵循自上而下的检查过程。需要计划来确保涉及组织的重要方面，有助于项目的成功。该计划可以遵循以下顺序：

- 在收集任何信息之前，询问高层管理者项目绩效是否足以建立感知基准。这种感知随后将用于显示具体实践在哪些方面因超出或低于预期而有所不同。不同的高层管理者对此会有不同的看法。
- 审查战略计划以确定项目指导是否充分。如果该计划未涉及项目或在指定项目政策、程序或实践方面薄弱，则应注意这一点。战略计划中的任何弱点都是改进的机会。
- 审查组织设计，看它是否与项目工作的战略计划保持一致。此外，请注意这些项目是否被认为是组织成功的基石。
- 审查与项目相关的商业计划和组织政策与程序，以便为项目计划人员提供足够的指导。应特别注意项目选择过程，通过该过程将项目筛选到组织的业务中。
- 审查过去和正在进行的项目计划，以确定它们是否为项目实施提供了足够的指导。特别令人感兴趣的是项目的计划绩效和实际绩效之间的偏差，在可能的情况下，要确定偏差的原因。
- 调查项目经理和项目员工以确定系统中的优势和劣势。查看流程、实践、工具和项目类型以识别不一致。此外，确定他们拥有的知识和技能以及已进行的培训类型，让项目经理和员工描述项目方法论的一致性挑战。
- 分析收集到的信息，将结果与有能力使用项目的"模范"组织进行比较。通过组织可采取行动的具体发现，确定有助于组织健康发展的优势和劣势。
- 向高层管理者报告评估结果并提出改进建议。与那些最容易修复的弱点相比，建议优先考虑允许组织修复那些具有最大影响的弱点。

10.5.5　谁来评估？

基于谁是行动机构，有两种典型的评估类型。自我评估是一种由组织内部小组进行的评估，该小组了解组织面临的许多挑战。其次，是由一个组织外部小组进行的独立外部评估，这样会对系统有新的认识，并会积累一些进行评估的经验。

自我评估的优点是可以知道组织结构和组织政策等背景信息，并且使用内部人员可以确保机密性。其缺点也很多，因为个人可能对某些实践存有偏见，他们可能在进行评估方面经验不足，而评估使自己远离了自己的主要工作。其他缺点也可能普遍存在，例如强化错误的实践和可能对变革加以抵制。

独立外部评估的优点是重新审视当前的实践，并将这些实践与组织外部的其他实践进行比较。外部评估团队不应对任何给定的政策、程序或行为有先入为主的偏见。该评估团队应该识别需要变更或修复提高组织项目能力的关键方面。缺点包括从项目的角度、外部团队的成本以及将团队安排到组织的工作环境中，找到在调查组织的各个方面都有经验的评估团队很难。

独立的外部评估团队应该比内部团队提供更好的结果报告。外部团队还应在技能和知识之间取得最佳平衡，以进行和报告评估。然而，决定使用内部评估团队还是外部评估团队，取决于高级管理层是认为有多个问题需要解决，还是主要问题需要解决。

10.5.6　小结

评估组织的项目能力是朝着通过减少返工、更好的交付进度、降低每个项目的成本和改善项目人员的工作条件来提高项目成功率的方向迈出的重要一步。当项目是开发和交付产品的主要手段时，组织就应该展示如何实施这些项目的能力。

本节以总结的方式讨论了组织项目能力的一些关键方面，并提出了要检查与整体能力保持一致的建议领域。它提出了进行评估的通用流程和可以提供对评估有用的信息领域。